职业教育工学一体化课程改革规划教材·老年服务与管理系列
北京劳动保障职业学院国家骨干校建设资助项目
总主编　王建民

老年心理慰藉实务

主　编　王　婷
副主编　杨　萍　王鹏云

中国人民大学出版社
·北京·

北京劳动保障职业学院国家骨干校建设资助项目

编　委　会

贾　真　北京京北职业技术学院
齐玉梅　荆楚理工职业学院
马丽娟　东北师范大学人文学院
许川资　CFU 家庭支持资源中心
杨　萍　北京市华龄颐养精神关怀服务中心
黄文杰　东北师范大学人文学院
刘世文　东北师范大学人文学院
赵　强　北京鹤逸慈老年生活用品有限公司
王红歌　北京鹤逸慈老年生活用品有限公司
苏兰君　北京信息职业技术学院
朱军伟　邢台学院
张　妍　北京劳动保障职业学院
章艳华　淮安信息职业技术学院
杨爱春　北京诚和敬投资有限责任公司
崔文一　北京英智康复医院
韩艳萍　东北师范大学人文学院
付　玉　东北师范大学人文学院
惠普科　北京劳动保障职业学院
弓永钦　北京劳动保障职业学院
雷　雨　重庆城市管理职业学院
刘　琼　北京京北职业技术学院
王　允　大连职业技术学院
曲　波　东北师范大学人文学院
王鹏云　中国科学院心理研究所
陈捷文　甘家口社区卫生服务中心
肖品园　北京京北职业技术学院
邢　媛　北京鹤逸慈老年生活用品有限公司
程俊飞　北京无障碍设施中心
欧阳青　禄祥源（北京）科技发展有限公司
薛　齐　北京劳动保障职业学院
张　洁　用友新道科技有限公司
肖三喜　北京市海淀区职工大学
贾金凤　北京市朝阳区寸草春晖养老院
王艳蕊　北京市乐龄老年社会工作服务中心
尚振坤　北京市第一社会福利院
郝莹莹　甘家口社区卫生服务中心
徐海峰　北京劳动保障职业学院
张艳宁　临沂职业学院

总 序

中国的老龄化趋势日趋严峻，养老服务人才严重短缺，为了加快养老服务人才培养的步伐，北京劳动保障职业学院与同类院校、行业企业专家共同编写的国内首套“老年服务与管理”专业系列教材终于出版发行了。作为整个系列教材立项的支持者和编写过程的见证者，我感到无比兴奋与欣慰。

第一，本套教材的推出是促进专业发展的“及时雨”。21 世纪的第一个十年刚刚过去，我国老龄人口已经突破 2 个亿，老龄社会已经快速到来。老年服务业开始成为“夕阳事业中的朝阳产业”，老年服务人才已经成为老年服务企业竞相争抢的对象。面对老年服务产业人才短缺现状，不少具有战略眼光的高职和中职院校纷纷开设老年服务类专业。然而，教材的短缺已经成为制约专业教学发展的重要瓶颈之一。在此时推出本套系列化教材可谓“好雨知时节”、“久旱逢甘霖”，某种程度上可以说填补了国内空白，相信一定会很好地满足老年服务类专业教学的迫切需要，发挥其应有的作用。

第二，本套教材是真正以能力为导向的项目化教材。项目化教材是“坚持能力为重”的最好体现。《国家中长期教育改革和发展规划纲要（2010—2020 年）》关于“坚持能力为重”是这样论述的：“坚持能力为重。优化知识结构，丰富社会实践，强化能力培养。着力提高学生的学习能力、实践能力、创新能力，教育学生学会知识技能，学会动手动脑，学会生存生活，学会做事做人，促进学生主动适应社会，开创美好未来。”职业教育改革的实践证明，能力不是教师“讲”出来的，不是学生“听”出来的，能力是靠学生自己动手、动脑“练”出来的，而项目和任务是训练能力的最好载体。参与教材编写的专家和老师们高度认同这些观念，所以，本套教材打破了传统的“知识体系”，确立了现代职业的“能力体系”；改变了惯常的“章、节”编写体例，创建了以项目和任务贯穿始终的新体例。而且，每一个项目和任务都不是孤立存在的，而是根据具体的工作情境设计出来的。因此，这是一套真正意义上坚持能力导向的项目化教材。使用本套教材的学生，定会成为学习的真正主体，在教师的引导下，靠项目和任务的驱动去学习知识、创新方法，在完成一系列项目和任务的过程中提高分析问题和解决问题的能力。

第三，本套教材是学校、企业、行业多方合作的结晶。《教育部关于全面提高高等职业教育教学质量的若干意见》（教高［2006］16 号）对如何进行教材建设明确提出：“与行业企业共同开发紧密结合生产实际的实训教材，并确保优质教材进课堂。”在本套教材的编者中，既有企业实践一线的业务骨干和管理者，又有养老行业的知名专家。企业专家贡献他们的实践经验，为教材提供真实的案例；行业专家发挥他们的战略思维优势，为教材开发指明方向。教材中涉及的学习项目和典型工作任务都是专业教师和行业、企业专家一起从实际工作中提取出来的，切合实际，便于教与学。

第四，本套教材是学院国家骨干校建设结出的硕果。北京劳动保障职业学院 2011 年被评为国家骨干高职建设院校，其中项目化课程改革是骨干校建设的一项重要内容。“三年磨一剑，今日把示君。”经过三年艰苦努力，学院不仅在办学硬件方面提升了一个档次，而且在专业建设方面也打磨出了一批精品专业。其中“老年服务与管理”专业成为学院的品牌专业，在北京市乃至全国高职院校中都享有一定的知名度。该专业的所有核心课程都完成了项目化课程改革，并随之产生了相应的项目化校本教材。有观念的改变和课程改革经验的积累，才能编出优秀的教材，从这个意义上讲，本套教材的产生是学院国家骨干校建设结出的硕果。

本套系列教材共 16 本，几乎涵盖了“老年服务与管理”专业所有专业基础课和专业核心课，这是一项浩大的工程。我为北京劳动保障职业学院专业教师的勇气和能力感到骄傲，为多位行业、企业专家能够积极参与到教材编写中来而深深感动。祝愿这套系列教材能为全国有志于为老年事业服务和奉献的同行们提供教学和培训参考，为促进中国老年事业健康发展贡献自己绵薄的力量！

北京劳动保障职业学院院长、教授　**李继延博士**

2014 年 12 月 10 日

前 言

为何而写

很多对长寿老人的健康调查都表明，长寿老人大多具有超于一般人的心理优势，即使经济和身体状况不如一般老人，他们的生活满意度和快乐感都比一般老人高。因此，心灵抗老成为公众追求长寿的热衷话题。

中国的老龄化趋势给老年人社会服务体系的发展带来了一系列挑战，特别是老年心理关爱领域。越来越多老年人群的聚集及老年人对丰富精神服务的希冀，是新时期对老龄工作者的职责要求。在全国第二届老年心理关爱研讨会上，全国人大常委会原副委员长顾秀莲指出，老龄工作者要顺应时代发展的新变化和老年人的新需求，从构建和谐社会、发展老龄事业的角度提高认识，把握老年心理关爱工作的重要性，坚持科学化、人性化地实施老年心理关爱。

一线老龄工作者都会有这样的体会：老人的事无小事。老年心理关爱是一项结合了心理学、社会学、社会工作、教育学等多种学科知识的工作。提升养老照护人员的心理服务能力和水平，增强其责任感、使命感和奉献精神的任务，不是一朝一夕就能完成的，需要在长期的老龄工作中逐步培养，提升其应对各种问题和矛盾的能力。但是，整个社会对老年人心理的了解尚处于模糊区域：做子女的不了解正在老去的父母所发生的心理变化，认为老人在老化过程中表现出的性格、情绪、行为等改变是“越老越不懂事”；老年人自己也不了解自己，不能接纳自己躯体机能的下降，漠视心脑血管病变引发的认知功能或行为的改变，认为“人老了都会这样”，结果错过了最佳的训练改善和治疗时期。

作为老年服务与管理专业的教师及学生，仅仅停留在“看见”老年人心理需求的层面是不够的。首先，我们要致力于让老人明白：人到老年，生理、心理、生活环境和人际关系等都会发生许多变化，这些都会给自己带来很多新的问题，使自己的心理状态失去平衡，影响身心健康。其次，我们要让老人的子女和老龄工作者明白：当老人患“离退休综合征”“家庭空巢综合征”时，当老年再婚夫妻遇到相对频发的矛盾冲突时，当高龄老人遭受重病或丧偶等各种沉重打击时，给老人提供心理上的调适与支持就显得尤为重要；当老人出现越来越明显的固执、过敏、吝啬、啰唆、孤僻甚至像儿童般任性等各种症状时，年轻人要想到这是老年期心理衰退的常见现象，不要横加指责，要懂得与老人相处的艺术，积极协调关系。

总之，本书的出版符合当前社会发展的现实需要。我们力求提供一本既有理论引导，又有实践技能的应用教材，同时也希望能为关注老年心理健康的读者提供一本专业书籍，让更多的人懂得一些老年心理学的知识，明白今天的服务是在为自己的明天积累。

行文风格

本书深入贯彻党的二十大精神，以习近平总书记关于职业教育和教材工作的指导意见为导向，落实以人民为中心的发展思想，积极应对人口老龄化国家战略，发展养老事业和养老产业，力求成为适应时代要求的精品教材。本书根据《教育部关于以就业为导向深化高等职业教育改革的若干意见》中提出的高等职业院校必须把培养学生动手能力、实践能力和可持续发展能力放在突出的地位，促进学生技能的培养，以及教材内容要紧密结合生产实际，并注意及时跟踪先进技术的发展等指导精神编写。

本书的编写引入了项目化的教学理念。我们采取“项目引导、教学做一体化”的原则，选取了老年心理服务过程中的典型项目情境，以任务为主线，通过设计详细的工作任务，将理论知识融入到每一个实践操作中，打破了传统教材将基本原理、基本应用分成若干个独立章节编写的模式；以强调心理服务能力的培养、心理服务技能的提高来设计教材的结构、内容和形式，紧密结合实际情况，旨在充分体现高等职业教育的应用特色和能力本位，突出养老服务人才应用能力及创新素质的培养。

全书涉及老年人个体及群体的心理变化特点和老年人心理健康工作方式等内容，包含大量老年人认知、家庭、婚姻、社会适应等方面的典型案例，共计十个工作项目。行文时，按照老年心理慰藉方法的教学逻辑，首先，介绍一个老年人心理服务的项目或任务情境，并提出具体任务。其次，根据理论观点、研究结果，以及基层服务经验，针对每个任务情境，提炼出基础知识、理论分析等核心内容，进而提出相应的心理慰藉技能。再次，本书设计了同步训练、教学做一体化等栏目，巩固训练学生的全面能力并提高其职业素养。最后，为了便于学生进一步理解任务的设计目的、技能依据，在每个项目结束时，增加延伸阅读栏目，补充课外知识，尽可能保证知识的完整性。

写作本书的初衷是与老年服务与管理专业的同人、朋友及学生分享一些符合老年心理发展规律的心理服务技能，这就要求本书内容必须易学、可操作。在有限的篇幅里，用通俗易懂的语言给出详细且有效的工作技巧，这对我们来说是一个挑战。为了保证实用性，本书不得不削减一些经典理论。由于老年心理服务立足于对人的不同发展阶段的心理特征变化规律的掌握和运用，因此心理慰藉技能不能无视老人所处社会环境中不同年龄段的人们的影响。这些心理现象的多样性、复杂性，以及心理服务侧重于语言表达的工作方式，也对技能方案的可操作性编写构成限制。尽管如此，我们仍尽最大的努力来保证行文的系统性、连贯性和可操作性。

适用范围

本书读者群设定为高等职业院校老年服务与管理专业的教师及学生。此外，也适合不同岗位的老龄工作者阅读，如企事业单位的离退办、社区老年活动中心、老年学校、干休所、老年病房和为老年人提供服务的社会团体等。我们相信，只有当关注老年心理的机构和工作人员都具备一定的专业化知识时，整个社会的老年心理服务专业化水平才能提高，帮助老年人提升心理健康，实现“健康老龄化、成功老龄化、积极老龄化”的最终目的，才具有一定的可行性。

结语

老年心理服务工作的核心到底是什么？北京华龄颐养精神关怀服务中心的杨萍老师给出十二个字：重在社会参与，贵在终身学习。这是一个需要奉献精神和耐得住寂寞的岗位。但是我们坚信，我们今天给予老人的，就是明天年轻人会给予我们的，因为有一天我们也会老。

本书的整体结构和写作思路由北京劳动保障职业学院工商系老年服务与管理专业的老师们共同设计。项目、任务情境的设计得到了北京市华龄颐养精神关怀服务中心杨萍、中国科学院心理研究所老年心理中心王鹏云的协助，这两位老师皆具有丰富的老年心理服务工作经验以及老年心理科研经验。理论技能的编写及统稿工作由王婷完成。

感谢北京劳动保障职业学院的老师对编写工作的支持和鼓励，感谢在我涉足老年心理服务领域后，无私向我提供各种支持与帮助的朋友及家人，感谢北京劳动保障职业学院老年服务与管理专业的学生们为我提供教学改革的动力。同时，也要向为本书的付梓提供诸多支持的中国人民大学出版社的编辑表示由衷的谢意。

最后，全体编者向所有接受过我们心理服务的老年人表示最诚挚的感谢和敬意。

虽然本书始终遵循教材编写的基本原则，但限于时间仓促，个人能力有限，在实践方面的编写仍存在着很大的不足。我国老年心理服务工作处于初始阶段，许多方面的内容尚需完善，这给本书的编写带来了一定的困难。恳请使用本书的教师、学生及广大读者不吝指谬，以便本书不断完善和提升。

编者

目录

项目一

老年心理认知

学习目标

知识目标

1. 掌握老年人心理老化的特点；
2. 掌握老年人个性心理特点。

能力目标

1. 具备分析老年人老化心理特征的能力；
2. 具备评估老年人心理健康状况的能力。

项目情境

小王是某大学老年服务与管理专业的毕业生，毕业后被安排到街道老年事务科。上班后不久，科长告诉小王，希望她负责街道老年人群的心理服务工作。为今后顺利实施工作，小王对街道所辖社区中老年人的情况进行了深入而详细的了解。经过与社区老年人接触后，她感觉到社区内老年人及其家属对身体健康的关注程度要远远高于对其心理健康的关注程度。一些子女完全无法客观地看待父母正常的心理老化现象，认为父母“越老越不懂事”“经常故意与子女作对”等，一部分老人也无法接受自己变老的客观事实，觉得自己躯体行动不便，慢性病缠身，给子女造成了负担，成为家庭的累赘。面对这种现状，小王决定从普及老年人老化心理变化特点的角度入手，展开心理服务工作。

任务一

老年心理特点认知及应对

任务情境

一年一度的重阳节即将来临，社区老龄工作人员很早就开始着手为社区里的老年居民准备丰富多彩的“重阳节”文化活动。小王拟定今年的主题是“知老、爱老、敬老”，目的是让老年人进一步了解自己，让家属进一步了解老年人，让老龄工作人员增强为老年人服务的意识和主人翁精神。活动形式是在家属及工作人员中开展一场“高龄老人体验活动”。

任务描述

1. 讲解高龄老人体验服的结构、功能。
2. 制定认知功能老化、感知觉老化的应对措施。
3. 按照下述步骤，组织同学体验高龄老人体验服。

第一步：请全班同学分组，每组5～6人。一位同学扮演高龄者，其余学生作为协助者，帮助扮演高龄者的学生进行活动。

第二步：请体验者填写体验记录单（见表1—1）。

第三步：请扮演高龄者的学生发表体验高龄生活的心理感受或感想。

第四步：请协助高龄者的学生发表照护高龄老人的感想。

第五步：请各小组同学展开讨论：老龄化社会中的青年人有何责任？

表 1—1　　　　高龄老人体验记录单

<table>
<tr><th colspan="2">项目</th><th>完成动作</th><th>生理感受</th><th>心理感受</th></tr>
<tr><td colspan="2" rowspan="2">操作前准备</td><td>高龄体验服准备</td><td></td><td></td></tr>
<tr><td>取出衣服口袋的手机、钥匙等坚硬、尖锐物件</td><td></td><td></td></tr>
<tr><td rowspan="14">操作过程</td><td rowspan="2">穿体验服</td><td>佩戴特制的护肘、护膝、沙袋和橡胶手套</td><td></td><td></td></tr>
<tr><td>使用辅助工具：耳塞、眼镜、拐杖</td><td></td><td></td></tr>
<tr><td rowspan="3">完成规定动作</td><td>伸展动作：抬臂、抬腿（前后左右各个方向）</td><td></td><td></td></tr>
<tr><td>屈体动作：坐下、深蹲、起立</td><td></td><td></td></tr>
<tr><td>平衡动作：行走、上下楼梯、跳跃、跑步</td><td></td><td></td></tr>
<tr><td rowspan="5">完成日常生活动作</td><td>取书、翻动书页、阅读</td><td></td><td></td></tr>
<tr><td>接听电话、敲击电脑键盘</td><td></td><td></td></tr>
<tr><td>给后背挠痒、取梳子梳头</td><td></td><td></td></tr>
<tr><td>从桌子上取杯子、倒水、喝水、把杯子放回桌子</td><td></td><td></td></tr>
<tr><td>从钱包里取钱</td><td></td><td></td></tr>
<tr><td rowspan="4">完成自选动作（同学自行设计）</td><td></td><td></td><td></td></tr>
<tr><td></td><td></td><td></td></tr>
<tr><td></td><td></td><td></td></tr>
<tr><td></td><td></td><td></td></tr>
<tr><td rowspan="3">小组间竞赛</td><td>第一轮</td><td>每组选一位同学戴上涂有白胶的眼镜看报纸，并限时 1 分 30 秒读完 1 则新闻。在限定时间内完成且正确无误者被“点赞”。每组有 3 次求助机会，即由其他同学协助读报纸，每次以 1 句为限。</td><td></td><td></td></tr>
<tr><td>第二轮</td><td>每组选一位同学戴上粗布手套，在指定的地点收拾物品，计时 1 分钟。在限定时间内完成且正确无误者可被“点赞”。
（物品：曲别针、一元硬币、吸管等）</td><td></td><td></td></tr>
<tr><td>第三轮</td><td>自行设计活动</td><td></td><td></td></tr>
<tr><td colspan="2">操作后</td><td>脱去体验服，整理服装，回归原位</td><td></td><td></td></tr>
</table>

相关知识

一、术语理解

（一）老年心理学

老年心理学又称老化心理学，是第二次世界大战以后在心理学中迅速兴起的一门新兴分支学科，主要研究人在成年以后，随着年龄增长、逐渐年老而发生的心理活动的变化及规律。老年心理学的研究对象并不局限于老年人，它涉及的年龄范围应该是人从机体成熟直至老死的整个后半生。要了解老年人心理活动的特点，必须将老年人的心理活动和青年人、中年人的心理活动做比较。

（二）老化

通常大众会将“衰老”等同于“老化”，但实际上二者的含义略有差别。老化是动态过程，指个体发生衰老变化的时间历程。也有学者认为，“老化是导致有机体自然死亡的一系列恶化或退化过程”，并指出老化具有四个共性：普遍性（只要是生物，从低等到高等、从哺乳动物到人类，在性成熟之后或迟或早必定会发生老化）、内在性（老化是生物内在的固有过程，是由其本身遗传性所决定的）、进行性（老化是渐进的、不可逆转的），以及有害性（老化会导致生理功能普遍下降，个体衰弱直到生病或死亡）。

（三）人类老化

作为最高级生物的人类，既有生物老化的共性，还有精神、心理的老化及社会适应力的退化。精神老化属心理学范畴，而中枢神经系统和感觉器官的老化又是心理老化的生物学基础。所以人体老化的特性应当强调一点，即从生理到心理、从个体到社会以及与环境因素的相互作用，才是决定人老化最重要的共性。

（四）衰老

人的一生可以简单地划分为几个时期：生长期、成熟期、老年期（衰老期）。衰老是人经历了生长期和成熟期之后，即完成了生育传代任务后的最后一段过程。衰老变化是渐进的、不可逆的和不可抗拒的，既表现在外部形态的老化，又深刻地表现在内部结构与生理功能方面“悄悄地”退行性改变。这些变化打破了人体的内在平衡，最终表现为人因对环境适应能力的下降，生病不治或死亡。因此，衰老可以定义为：个体生长发育最后阶段（老年期）的改变，是有机体在成熟期后对环境适应能力的降低，也是对疾病的易感过程。

（五）生理衰老与病理衰老

生理衰老强调自然衰老，是指人体组织结构和生理功能都发生退行性改变，从生理到心理再到社会参与方面都出现衰退，但这不是病。病理性衰老则是由于老年人对环境适应力的减弱，易受各种老年病的袭击，如糖尿病、心脏病、癌症等非传染病和肺炎等传染病。人老不一定都患病，但衰老给疾病以可乘之机。一旦患上老年病，就会出现病理衰老，反过来又会加速机体的老化。二者既有区别又有联系。

（六）长寿

长寿涉及两个概念，预期寿命与寿命极限。前者是指在特定的社会物质生活条件下，人类享有的平均寿命，而后者是每个物种的生命极限。过去的 200 年，人类平均预期寿命的增长经过两次飞跃：第一次从 18 世纪的 30 岁到 1900 年的 45 岁；第二次从 45 岁到 20 世纪末的 76 岁。虽然预期寿命在不断地增加，但并不是无限的。寿命极限称为“寿限”，是不同物种由其遗传因素所决定的最高寿命，这一极限很难超越。根据理论推算，人类寿限应当是 100～150 年。值得思考的是，为什么现在百岁老人逐年增加，而人类平均预期寿命与寿限却相距甚远呢？

二、要点提示

（一）老年心理变化的生理基础

生理变化是心理活动变化的物质基础，老年期的生理变化对个体的感知觉、记忆力、注意力、情绪、创造力等心理功能可产生显著影响。

1. 感知觉变化

感觉是指人通过五官、皮肤等来接收信息，知觉是对信息的整体反应。通常把二者统称为感知觉。人体主要通过五种感觉与外界进行接触，具体包括视觉、听觉、味觉、嗅觉和皮肤感觉。

（1）视觉。

老年人视觉变化的特点主要是视力下降、老视、散光，对弱光和强光的敏感性明显降低，以及对颜色的知觉、深度视知觉等都发生改变。

引发视觉老化的原因有很多。首先，眼睛水晶体的曲率变平导致折光率降低。其次，水晶体在人体40岁以后开始变黄，老人对颜色的辨识能力减弱，特别是蓝绿色变得很不明显，一切事物看起来都是黄褐色的。再次，老年人瞳孔的缩小导致进入眼睛的光线减弱。此外，有效视觉区域面积变小，离视野较远的事物很难被察觉。

（2）听觉。

老年人的听觉变化特点是耳聋或耳鸣。老年性耳聋是对高音调声音的听力下降，耳鸣则是人们在没有任何外界刺激条件下所产生的异常声音感觉（类似高频的铃声或口哨声），由于这种声音感觉持续不断，无法消失，成为困扰老年人的主要问题。

（3）味觉和嗅觉。

老年人味觉由于味蕾数量的大量减少而变得迟钝。感觉甜、咸的味蕾衰退较快，感觉苦、酸的味蕾则衰退相对缓慢。与味觉变化的规律相似，嗅觉感受的灵敏度也随着年龄的增长而下降。

（4）皮肤感觉。

皮肤感觉分为触觉、痛觉和温度觉。60岁以上的老年人皮肤上敏感的触觉点数目显著下降，皮肤对触觉刺激产生的最小感觉所需要的刺激强度在年老过程中逐渐增大。老年人的温度感觉和痛觉也变得迟钝。皮肤感觉失调的合并发生，会对老人构成很大的影响。

2. 大脑与神经系统的老化①

（1）大脑的老化。

大脑有两个半球，左半球和右半球。中间的一条称为胼胝体的神经纤维将两半球联系起来。大脑的最外层称为大脑皮质。从心理学的角度看，皮质是大脑中最为重要的部分。随着个体的老化，皮质变得更容易受损伤，而且，随着大脑的衰老，皮质可塑性变差，未受损的皮质部分不太可能接管已受损的皮质区域的功能。

（2）神经系统的老化。

大脑包含着一系列变化多样的神经元，又称神经细胞，它是大脑和神经系统的基本单元。随着年龄的增长，神经细胞开始凋亡，脑的重量也在逐渐减轻，到生命终结时，脑的重量比最高时减轻了5%～10%，即100～150克。但有研究表明，神经细胞可能随着年龄增长而萎缩或衰弱，但并没

① 参见王华丽：《老年心理辅导师实务培训》，25页，北京，中国劳动社会保障出版社，2015。

有死亡。损伤或正在凋亡的神经细胞有时候会吸收脑部的蛋白质而形成老年斑。对人脑进行解剖发现，海马（负责记忆的区域）和大脑皮层都有老年斑。老年斑一般要到90岁以后才可能出现，但在患老年痴呆症的病人大脑中发现有大块的老年斑，这或许表明老年斑阻碍了其他正常神经细胞功能的发挥。

（二）老年心理的认知特点

1. 注意力

注意力是人的心理活动对特定对象的指向和集中，是伴随着感知觉、记忆、思维和想象等心理过程共同发挥作用的。

老年人的注意力渐渐不如从前，想去注意什么的时候，总是心不在焉。人在年轻时能感知和注意外界环境中对象的数量原本就不多，到了老年时可能注意一个对象都困难。另外，老年人注意的选择功能也受到损害，不能清楚地分辨什么是重要信息，什么又是次要信息；在保持对信息的注意方面，也存在着结构和内容的更多缺失，难以保持信息的完整性；而对于注意的调控能力，则不可避免地走向僵化和低效。注意力的分散和难以集中，结合视力、听力的减退，很容易使老年人在外出活动时发生危险，或在不经意时遭受财产方面的损失。

2. 记忆力

记忆是指人们将感知过、思考过、体验过、操作过的事物的印象保持在头脑中，以后又在一定的条件下以再认、回忆的方式表现出来或回忆起来的心理过程。

正常老化的记忆变化特点：记忆的速度和效率下降，长时记忆随增龄明显衰退，短时记忆几乎无变化；学习时间比年轻人长；容易遗忘细节信息。老年人记忆具有可塑性。从记忆过程来看，老年人对年轻时发生的事往往记忆犹新，而对老年后发生的事遗忘较快；从记忆内容来看，老年人的意义识记（即在理解基础上的记忆）保持较好，而机械记忆（即靠死记硬背的记忆）减退较快；从再认活动来看，老年人在所记对象再次出现时能够认出来的记忆保持较好，但是直接回忆起对象的记忆则明显减退。

3. 智力

心理学家卡特尔认为智力可分为“晶态智力”和“液态智力”。前者主要是后天获得的，与知识、文化、经验积累和领悟能力等有关，如理解力。后者主要与大脑、神经系统、感觉和运动器官的生理结构和功能有关，如记忆、空间定向和推理能力等。

老年人的智力并非传统观念所认为的那样会全面退化，表现为由于脑神经功能衰退，液态智力随增龄下降明显；而晶态智力随年龄增长减退较晚，直到七八十岁才有所减退，而且减退速度缓慢，有时候晶态智力在老年还会有所提高，如常识、词汇理解等。

4. 日常问题解决能力

日常问题解决能力又细分为以下两种：工具性问题解决能力和人际性问题解决能力。工具性问题解决能力是指对个体的生存具有工具性意义，但不涉及人际情感因素问题的能力，如买菜、洗澡、打电话、购物等。对于大多数老年人来说，这种能力是相对保持甚至是随年龄增长有所提高的。对于高龄老人来说，这种能力相比年轻老人会较差一些，可能是受健康因素所致。人际性问题解决能力是指处理社会关系情境中出现的人与人之间的问题的能力，如缓和夫妻矛盾、消除朋友间误会等。老年人能够更有技巧地处理人际上的冲突，相比年轻人而言，老年人也会更多采取退让、回避或改变自己态度的方式来解决问题。

（三）老年心理的情绪特点

情绪是个体对客观事物的态度和体验，如喜、怒、哀、乐等，有时还伴有外部表情的变化。

老年期是负性生活事件的多发阶段，随着生理功能的老化，各种疾病的出现，社会角色与地位的改变，社会交往的减少，以及丧偶、子女离家、好友病故等负性生活事件的冲击，老年人常会产生消极的情绪体验和反应。常见的消极情绪有失落感、孤独感、自卑感、抑郁感及疑虑感等。

多数老人有很好的情绪调控能力，所谓“得而不乐，失而不哀”是其情绪状态的表现。但是由于老年期中枢神经系统内发生的生理变化以及内稳态的调整能力降低，老年人的情绪一旦被激发就需要花费较长时间才能恢复平静。

近年来，有研究发现，与年轻人相比，老年人能够更多地感知周围的美好事物，有更多的积极情绪。随着人的衰老，大脑对情绪上的消极刺激变得不再那么敏感，这使得老年人对美好积极的事物做出更多的回应，对黑暗和悲伤的事物则多少有些“麻木不仁”。

（四）老年心理的人格特点

人格是人类个体在先天遗传素质的基础上，通过与后天社会环境的相互结合而成的相对稳定而独特的心理行为模式。其内涵包括个性、素质、爱好、才能、理想、信念、道德品质、责任心、荣誉感等。人格在很大程度上是稳定的和具有一定连续性的。生活中所经历的重大事件，如自然灾害、人为事故等会对人格改变发生作用。

老年人的人格主要表现为开放经验与外向人格特质的降低，即老年人会变得内向，社交范围集中在亲朋关系，常感到孤独。其他表现还有：做事保守不易冲动、适应性减弱、爱发牢骚、依赖性较强、缺乏灵活性、执拗、易受骗等。此外，有些老年人人格与年轻时明显不同，如出现性子急、耐心差、爱发牢骚、絮絮叨叨等情况，这可能与老年人接受新观念、新事物的速度减缓有一定关系；有的老年人则变得偏执、多疑、幼稚化等，这可能与病理生理引起的变化有关。

三、方法技巧

由于个体生理老化和心理老化是密不可分的，因此老年人的心理老化训练需要与躯体训练紧密结合在一起。

（一）感知觉老化应对

1. 视觉老化应对

提供良好的照明度是改善老年人视觉的有效条件。老年人一旦有了老花眼，需尽早通过规范验光配一副合适的眼镜，尽量不要图便宜从地摊上买劣质眼镜。佩戴适合自己的眼镜能起到延缓视力快速下降的作用。

在日常生活中，老年人要注意锻炼身体，增加户外活动的时间，注意用眼卫生，保护眼睛。近距离工作或看电视的时间不要持续太久，大约半小时就应该休息一下。注意饮食结构均衡，适当多吃水果、蔬菜等富含维生素的食物，也可以适当吃一些动物肝脏，补充眼睛所需要的维生素 A、维生素 D。

2. 听觉老化应对

日常生活中，老年人要注意保健和锻炼，延缓老年性耳聋的发生。例如常做鸣天鼓操：两手掌心紧贴两耳，两食指翘起叠在中指上面，用力下滑，重力叩击脑后枕部。如果听觉退化已成为必然趋势，则可以通过改善外部环境来减少听觉退化对人的消极影响。例如保持环境安静，尽量避免或减少噪音对老人听力的干扰。除此之外，老年人还可以佩戴功能良好的助听器。

3. 大脑保健

(1) 食物健脑法。

人脑需要有多种营养物质来滋补，才能有效地推迟和抑制脑细胞的衰老退化。一般来说，凡是能促使人体血液呈现碱性状态的食物，都具有良好的健脑作用。现代医学研究发现，含卵磷脂、脑磷脂、谷氨酸的食品能提高大脑活动功能，延缓大脑衰老，此类食物有蛋黄、大豆、蜂蜜及富含 DHA（二十二碳六烯酸）的食物，如沙丁鱼、大马哈鱼、贝类等。另外，脑的大敌是烟酒，因为烟酒能“毒害”脑细胞，导致大脑代谢异常，加速脑细胞死亡。

(2) 睡眠健脑法。

在现实生活中，睡眠状况良好的人，不但精力充沛、头脑清晰，还充满活力。而睡眠不好、被失眠困扰的人，不但经常精力不佳，情绪也不好，甚至有些人还患有神经衰弱。所以要想保持头脑健康，必须调节好睡眠，保证每天有 7～8 小时的睡眠时间。

(3) 环境护脑法。

工作或学习的环境对于养护大脑十分重要，夏天要选安静清凉的环境，而冬天则要选保暖、空气流通的环境，学习或工作的效率会很高；反之，如果夏天在闷热的环境中（温度超过 34℃），不但工作效率低，而且大脑的消耗会明显增多，对大脑十分有害。此外，温馨放松的色彩，轻松的音乐，都可以让大脑得到充分的休息。

(4) 静修动练健脑法。

古代养生家主张静修和动练护脑。“静修”就是静坐冥想，美国科学家通过对多批自愿受试者进行“静坐冥想”训练，一百天后发现其中 80%的人的记忆力得到提高，其中约 1/3 的人，脑中分泌的“内啡肽”（又称快乐素）明显增加，感到心情愉快，这说明静坐具有很强的健脑效果。“动练”不但能增强体质，还能改善心理状态，使人对生活充满信心，对健康长寿充满信心。中国民间流行的“动练”方法有五禽戏、八段锦、大雁功和太极拳等，最简单的是玩铁球、踢毽子、爬山、慢跑等。另外，编织、手指操等手工活动也对大脑的保健非常有利。

（二）认知功能训练

1. 智力衰退应对

首先，要消除不良信念，例如某些智力明显减退的情况，可能是由于脑血管等其他疾病造成的，而非智力本身的问题。其次，要明确老年人的智力有着很大的可塑性和提升的空间。例如对老人进行图形关系训练能够明显提高老年人的液态智力，通过持之以恒地学习、积累，也能够把潜在保存的智力转变为运用的智力，可使老年人的智力水平发挥得更好、更充分。此外，日常的身体锻炼对老年人的智力有保护作用，建议老人每天坚持适宜的体育锻炼。手部活动对于保持智力有着促进作用，老年人在茶余饭后可以多做手指操。比如双手十指互相叩击八个八拍，每次坚持十组，每天至少一次。做手指操不仅是在简单地叩击手指，同时也在叩击大脑中的相关部位，可以缓解脑部的疲劳。

2. 记忆力训练

对数字进行识记，方法分为顺背和逆背数字。把表1—2中的数字按顺序记住并复述出来，按先后顺序背述为顺背，按相反的顺序背述为逆背。

表1—2　　数字识记表

位数	顺背	逆背
2		1—4
3	5—6—3	6—3—8
4	5—4—1—6	2—1—7—8
5	3—1—9—4—7	5—1—6—8—2
6	6—2—9—5—7—3	5—9—8—1—9—4
7	5—0—1—4—3—2—6	8—1—3—9—2—6—5
8	9—8—1—5—2—6—3—7	9—4—7—3—6—8—5—7
9	2—4—5—9—6—1—7—8—3	

评分标准：一般成人的结果，顺背为6～8位数，逆背为4～5位数。优秀者顺背为8位数，逆背为6位数。此法为即刻记忆测量，与受试者的注意力集中程度及意识清晰程度关系密切。

3. 集中注意力训练

下面的100个数字是打乱顺序后排列的，请按照顺序在里面找出15个数字来，例如，从1～15或从2～16或30～44等，记录下找到这15个连续数字所花的时间。重复训练，可提高注意力集中能力。

12	33	40	97	94	57	22	19	49	60
27	98	79	8	70	13	61	6	80	99
5	41	95	14	76	81	59	48	93	28
20	96	34	62	50	3	68	16	78	39
86	7	42	11	82	85	38	87	24	47
63	32	77	51	71	21	52	4	9	69
35	58	18	43	26	75	30	67	46	88
17	46	53	1	72	15	54	10	37	23
83	73	84	90	44	89	66	91	74	92
25	36	55	65	31	0	45	29	56	2

4. 综合训练

日常生活中，老年人不仅可以专门针对某一项认知功能单独进行训练，也可以设计一些活动，对认知功能进行综合训练。认知功能训练适用于老年人群，可采取个人形式，也可采取小组形式，根据活动内容和老人躯体状况而定。

下面列举一项活动，可以同时训练老年人的注意力、记忆力及空间辨识能力。

（1）活动名称：快速扭转①。

（2）活动时间：10分钟。

（3）活动程序：这个活动要求成员按照主持人的口令做相反活动。活动分两轮进行，第一轮属于

① 参见王大华，彭华茂：《玩出年轻头脑》，66～70页，北京，北京师范大学出版社，2011。

全身运动，比较容易；第二轮是局部动作，难度稍高。两项活动可以全部进行，也可以任选其一。

1）第一轮：全身动作。

第一步，排列队形。主持人请大家站在场地中央，前后左右间隔一臂距离。

第二步，讲解规则。

主持人：下面我会说一些口令。请大家做出与我的口令相反的动作。如我说“向左转”，大家就要向右转；我说“抬头”，大家就要低头。

练习：口令：身体向左转；对应动作：身体向右转。

第三步，正式活动。每下达一个口令之后，停顿片刻。请大家互相监督是否做对。然后主持人给予口令（“请大家回到准备状态”），回到初始位置和姿势等待下一个口令。

主持人要及时给予反馈“大家做得都很不错”。如看到一些老人做错，也要给予反馈“我看到有些人好像做错啦”。然后继续下达下一个口令。本轮活动总共有 8 个口令，其余 7 个见表 1—3。

表 1—3　综合训练口令

序列号	口令	动作
1	身体向右转	身体向左转
2	向前走一步	向后退一步
3	向左跨一步	向右跨一步
4	摸左耳朵	摸右耳朵
5	举右手	举左手
6	抬头	低头
7	拍右腿	拍左腿

2）第二轮：局部动作。

第一步，讲解动作含义并示范。主持人边做示范边讲解“大”“小”“上”“下”“左”“右”的意思。

主持人：这是一个“大西瓜”（同时在胸前用双手比画出一个西瓜的模样，动作幅度夸张一些，明显表示“大”）；这是一个“小西瓜”（同时在胸前比画出一个拳头般大小的西瓜）；这是“上面”（同时将双手举过头顶），这是“下面”（同时将双手放在腹部位置），这是“左面”（同时将双手放在身体左侧），这是“右侧”（同时将双手放在身体右侧）。

第二步，讲解活动规则。这个活动也要求队员做出与口令相反的动作。比如听到口令“上面有个大西瓜”，就要求队员做出“在腹部比画出一个小西瓜”的动作。要求方位和大小都与口令相反。

练习：口令：上面有个大西瓜；对应动作：在腹部比画一个小西瓜。

第三步，正式活动。每下达一个口令之后，停顿片刻。请队员互相检查动作是否正确。然后回到初始准备状态。本轮活动口令见表 1—4。

主持人同样要及时给予反馈。

表 1—4　局部动作口令

序列号	口令	动作
1	下面有个大西瓜	在头顶比画小西瓜
2	左边有个大西瓜	在身体右侧比画小西瓜
3	上面有个大西瓜	在腹部比画小西瓜
4	右边有个小西瓜	在身体左侧比画大西瓜
5	下面有个小西瓜	在头顶比画大西瓜
6	右边有个大西瓜	在身体左侧比画小西瓜
7	左边有个小西瓜	在身体右侧比画大西瓜

（4）计分规则。

1）采用不计分方式，能够调动大家的积极性。无论对错，重在大家的积极参与。

2）如果作为正式的游戏环节，采用淘汰制。做错的队员出列站在场地外围。以小组为单位，每个口令淘汰一次。最后哪个小组剩下的队员多，即为获胜组。按人数多少依次计分。如果出现并列情况，可采取中间得分计分，或由主持人自行判定计分。

同步训练

教师指导学生完成工作任务。

以下说明供参考。

高龄老人体验服说明：

（1）耳朵：塞上耳塞以体验听觉的变化。

（2）眼罩：体验老化阶段视觉的变化。

（3）特制护肘：戴上特制护肘，用来限制肘关节的活动。戴上它，就连做伸到后背挠痒痒这样简单的动作，都不能轻易完成。

（4）腕部沙袋：通过在腕部戴上沙袋，体验由于体力下降，举手都会变得困难的状态。

（5）橡胶手套：戴上两层薄橡胶手套，并且用胶布将手指两两缠起来，体验触觉不灵敏、手指不灵活的状态。

（6）护膝：膝盖戴上特制的护膝，体验膝关节不能自如弯曲的状态。

（7）脚部、手腕沙袋：在左、右脚和手腕上分别装上重量不同的沙袋，体验平衡感的变化。

（8）拐杖：即使是为了行动方便而携带的拐杖，如果没有合适的地方放置也很容易倒地，想要捡起它也很困难。

（9）胸前沙袋：胸前是一个沉甸甸的沙袋，以此体验弯腰驼背。

任务二

老年个性心理认知及应对

任务情境

高龄老人体验活动受到了社区住户及老龄工作者的肯定。围绕“知老、爱老、敬老”的活动主题，小王拟开展第二阶段活动——老年个体心理变化认知及应对。她根据前期了解到的社区老年居民情况，准备制作一份“老年个性心理变化”的科普材料。以下列举了几则典型表现：

【案例 1】赵先生，73 岁，年轻时性格虽固执但能听他人的建议。随着年龄的增长，家人感觉他越来越偏执，认准的事情不管对错一味坚持。生活中他听不进任何建议，时常会因为一些观念差异而大动肝火。

【案例 2】郭女士，67 岁，身体不错，干家务活麻利。但是近年来，家里人越来越感觉她话多，而且条理不清，啰啰唆唆。整天都有一大堆话要讲，特别爱发议论。小孙子看电视她会评论，子女做事她也分析，无论什么事，只要看见她就会发表议论。

【案例 3】李老师，60 岁，她有一个外号叫“九斤老太”。因为她的口头禅是“过去我们如何如何”“今天你们怎样怎样”。在她看来，现在的年轻人太不懂事，不懂勤俭节约，只管个人享受；现在的电视剧也花里胡哨，远不如 20 世纪 80 年代的单纯健康；现在的社会太复杂，遍地都充满诱惑，到处都有意外，日子过得总是不安全。

任务描述

1. 制作一份“老年个性心理变化特点”的科普宣传材料。
2. 针对老年人固执、唠叨、怀旧等现象，为其家人提供心理应对措施。

相关知识

一、术语理解

（一）个性

个性是在一定的先天生理基础上，形成于一定社会历史条件下的社会实践活动、相对稳定的个性倾向性和个性心理特征的综合，是一个复杂的、多侧面、多层次的动力结构。它主要包括个性心理倾向、个性心理特征、自我意识等。

（二）个性心理的特点

个性心理具有独特性、稳定性、综合性、社会性、倾向性和功能性等特点。

1. 独特性

一个人的个性是在遗传、环境、教育等先天和后天因素的交互作用下形成的。不同的基因、生存及教育环境，形成了人们各自独特的心理。

2. 稳定性

稳定性指在各种不同情境和行为活动中，经常表现出来的比较固定的心理特点。一个人偶然出现的某些心理特点，并不能说就是他的个性。一般来说，已经形成的某种稳定的心理特点是不容易改变的，如有的人乐善好施，有的人自私自利，有的人谦逊好学，有的人刚愎自用。这些个性特征是长期在学校、家庭、社会环境下，受内外因素相互影响而潜移默化地形成，一旦形成便不易改变。一些偶然的或暂时场合下出现的心理或行为特点并不能代表这个人的个性特征。当然，强调个性心理的稳定性并不意味着它在人的一生中是一成不变的，随着生理的成熟和环境的改变，人的个性也可能产生或多或少的变化。

3. 综合性

个性是一个完整的身心系统，反映人的整体精神面貌，包括生理和心理两个方面。个性的统和性是心理健康的重要指标。当一个人的个性心理结构各方面彼此和谐一致时，他的个性就是健康的。否则，个体个性会出现适应性的困难，甚至出现“人格分裂”。

4. 社会性

人的心理特征并非完全由遗传而来，更多的是在社会生活中逐渐形成和发展起来的。作为社会成员，人总是生活在各种社会团体中，并与其他人结成各种各样的关系，如亲属关系、朋友关系、师生关系、阶级关系、民族关系、国家关系等。即使是双胞胎，如果在不同的家庭、不同的社会生活中，他们的个性特征也往往大不相同。人不断地总结社会经验，调整自我，以适应发展变化的社会。在适应社会的同时，人们还进行自觉的、独立的活动来改变社会、发展社会。

5. 倾向性

个性具有一定的意识倾向性。个体在形成个性的过程中，时时处处表现出对外界事物特有的动机、愿望、定势和亲和力，从而发展为各自的态度体系和内心环境，形成了个人对人、对事、对自己的独特的行为方式和个性倾向。

6. 功能性

个性具有积极性、能动性，并能够统帅全部心理活动去改造客观世界和主观世界。个性决定一个人的生活方式，甚至有时会决定一个人的命运。当面对挫折与失败时，坚强者会顽强拼搏，懦弱者会一蹶不振，这就是个性功能的表现。

二、要点提示

（一）老年个性心理倾向

个性心理倾向是指人们在客观事实的相互作用中，对现实事物持有的一定的看法、态度和倾向性，主要表现在心理活动的选择性和行为活动的积极性，以及对客观事物不同的态度体验和个体行为模式上，包括需要、动机、兴趣、理想、信念、世界观等。个性心理倾向是以需要为基础，以世界观为最高指导地位的动力系统。

老年人个性心理倾向主要表现为以下几点：

1. 需要

根据马斯洛的需要层次理论，老年人的安全需要主要表现为对生活保障与安宁的要求，他们普遍对养老保障、患病就医、社会治安以及合法权益等问题表示极大的关注。此外，老年人希望从家庭和社会获得更多精神上的关怀，并且仍有很强的参与社会活动、融入各种团体的要求，以满足其爱与归属的需求。尽管老年人的社会角色与社会地位有所改变，但他们对于尊重的需求并未减退，要求社会承认他们的价值，维护他们的尊严，尊重他们的人格，在家庭生活中也要具有一定的自主权，过自信、自主、自立的养老生活。为使自己的价值在生活中得到充分体现，老年期还有一定程度的自我实现的需要。总之，进入老年后，人对衣、食、住、行等方面的物质需求变化不明显，在心理方面需求较大。

2. 兴趣

兴趣是个体积极探究事物的倾向。老年人的兴趣指其在老龄化过程以及老龄活动基础上产生的力求探索新兴事物、方法和鼓励的特殊心理倾向。老年人兴趣方面的变化主要表现在对事物的淡化上，对事物的关注面趋于狭窄，对新事物缺少激情，表现出心理上的“惰性”。

老年人的兴趣是同自我需要、社会需要和家庭责任感密切联系在一起的。当他们把自我需要与社会需要、家庭需要统一起来时，便能够产生稳定、持久、高效能的兴趣。若能培养广泛的、适合自己的兴趣爱好，如钓鱼、养花、下棋、旅游等，既能陶冶情操，又能排解孤独，对老年生活产生积极意义。

3. 自我意识

老年人的自我意识指的是一个人感到自己的确变老了的意识状态，包括态度、情感、信仰和价值观等，蕴含着各种特定习惯、能力、思想以及观点。在回顾自己的一生时，有些老人非常自豪，有些老人却万分遗憾。有些老年人在青壮年时期曾有过辉煌成就，生活道路非常顺利，在离退休后仍希望社会、周围的人们一如既往地尊重自己，自尊心较强，不爱听逆耳之言；还有些老年人，随着年龄、生活的变化，生理功能的衰退，他们开始产生消沉、悲观感，寡言少语，生活抑郁，整日闷闷不乐。总之，老年人的自我意识是一个矛盾复杂的心理过程。

（二）个性心理特征

个性心理特征是个性结构中比较稳定的成分，表明个人典型的心理特点和行为方式，是一个人在固有的生理基础上，在能动地反映和积极地改造客观现实的活动中逐渐形成的稳定的心理构成成分。个性心理特征主要包括一个人的能力、气质和性格等方面的特征，是个性差异的主要方面。

性格是个人对现实稳定的态度和与之相对应的习惯化的行为方式中表现出来的个性心理特征。诚实或虚伪、勇敢或怯懦、谦虚或骄傲等都是人的性格特征。它既体现了一个人对现实的态度，即对现实的认识和看法，又代表着一个人从事某种活动的行为方式，即行动的方法和形式。这些态度和行为方式是相互联系的，具有稳定性。

气质是表现在心理活动的强度、速度、稳定性及指向性等方面的稳定的动力特征。气质影响个体活动的一切方面，使人的全部心理活动都涂上了独特的个人色彩。具有相同气质的人在不同活动中会表现出相同的特点。气质并无好坏之分，只能说各方面动力特征的程度不同。人的气质类型从总体上讲并不会随着年龄的增长而发生变化，是相对稳定的，但还是有一定的可塑性。在环境和教育的影响下，气质会发生某些缓慢的变化。一般认为人的气质有四种类型：胆汁质、多血质、黏液质、抑郁质。

气质与性格的区别：从起源上看，气质是先天的，一般产生于个体发生的早期阶段；性格是后天的，个体发展到一定阶段才会出现。从可塑性上看，气质变化较慢，可塑性较小，改变很困难；性格则可塑性较大，即使已经形成稳定的性格，改变起来也较容易。从性质上看，气质没有好坏之分，每一种气质都有积极的一面和消极的一面；性格则有好坏之分，体现着一个人的社会性和道德性。从对活动的影响来看，气质影响个体活动的方式，性格影响活动的内容。

1. 老年人性格

日本学者新福认为，从价值观念出发，老年人的性格特征有好的一面，也有坏的一面。好的一面有：较慷慨、不赶时髦、关心事物的本质、深思熟虑等；坏的一面有：任性、顽固、保守、猜疑心大、忧郁。我国心理学家陈毓芳、张百川研究认为，老年人的性格可具体表现为三大类型。

（1）积极乐观型。这种性格的老年人能接纳老化过程，乐观对待老年生活，做些力所能及的工作或活动。积极乐观型又可分为进取型、利他型和安乐型三种。

1）进取型。进取型老人乐观，具有丰富的社会交往经验，主动参加各类社会活动。

2）利他型。利他型老人乐于助人，对生活要求不高。

3）安乐型。安乐型老人能够接受老年生活，心态上十分悠闲自得，对自己目前的处境比较适应，基本上能够照顾好自己，安享老年生活。不过，这样的老人不太喜欢参与社会事务，社交生活圈较狭窄，他们更多的关注身体的保健与闲暇生活。

(2) 消极悲观型。消极悲观型老人的共同特征是对自己的过去或现状缺乏正确的认识与评价，与周围的人关系不太协调，精神状态不佳，对老年生活不满意。消极悲观型又可分为过高估计型、过低估计型和失望型三种。

1) 过高估计型。过高估计型老人对老年生活期望较高，这种期望容易与现实生活产生落差，对未能达到的目标，他们容易产生怨恨和绝望情绪，并将其原因归咎于别人，为难别人，对现实生活不满，对人心怀怨恨，与人交往常采取批评指责的沟通方式，对老龄化采取根本否定的态度，对死亡有较强的恐怖感。

2) 过低估计型。过低估计型老人常将不满指向自己，觉得自己做得不够好，自卑感强，缺乏自信心，缺少进取精神，生活缺乏乐趣。他们悲观地面对老年生活，认为自己没有用，老了成为家庭的负担，认为死亡是一种解脱，甚至会产生老年抑郁症状或自杀倾向。也有的老人遇到苦恼的事情时，用强烈的防御机制来应对，不服老，不信任别人，只相信自己，事必躬亲，从别人对自己的需要中产生成就感，慰藉年老带来的失落感。

3) 失望型。失望型老人由于经济收入较低，身体健康程度较差，生活缺乏照料，内心空虚，对老龄化生活感到失望、迷茫。

(3) 中间状态型。中间状态型老人的表现介于积极型和消极型两者之间。

2. 老年人创造力

创造力是一种独立解决问题的能力。在创造活动中，创造力能够产生新的、具有社会价值的事物。老年人仍然具有超常的创造力。学者也对 80 岁及以上高龄的著名学者、科学家和艺术家创造性的成果进行了考察，结果显示，这些个体最有创造力的年龄居然平均是在 60 多岁时。也有研究显示，在人文领域，人们的创造力在 70 多岁与 40 多岁时几乎相同。总之，一个人如果在成年早期既聪明又多产，那么他就更可能在成年晚期保持更多的创造力。在身心健康与环境支持的条件下，老年人在某些领域的专长可以保持甚至提升到相当高的水平。

3. 老年人气质

老年人的气质类型同其他年龄段人的气质类型相同，有四种常见的类型，即胆汁质（易怒、进攻好斗、易激动、乐观、主动），多血质（社会化、开朗、健谈、活泼、无忧虑），黏液质（被动、谨慎、有思想、可靠、温和）和抑郁质（文静、不好交际、悲观、焦虑、冷静庄重）。中年期气质倾向于多血质的人，进入老年期后性格外向，经得起挫折和变故，并能客观地面对现实，积极地参加社会活动，在各种环境下总能找到自我精神寄托与乐趣。这种人一般都乐观豁达，有较强的心理承受能力，不计较小事，即使遇到不愉快的事情，也能很快地从不幸中走出来，比起同龄的老年人会显得精力充沛和年轻。在中年期气质倾向于黏液质的人，进入老年期后性格多比较内向。退休会给他们带来一定的挫折感，特别是在开始阶段，人会感到很不适应，从而出现一些自卑及哀怨情绪。但是，随着时间的推移，他们会慢慢从消极的情绪中走出来，重新找到有社会意义的、适合自己的自娱活动。他们有很好的人际关系，并不感到孤独。

三、方法技巧

个性心理老化引发的常见表现有固执、唠叨、怀旧、依赖等。

（一）固执

固执表现为人进入老年之后就变得低沉、缓慢和淡漠。老年人一生经历众多，世界观、人生观和价值观都已成型，有了自己独特的为人处世的模式，这会让周围人感觉到老年人越来越冥顽不化和固执己见。

应对方式："登门槛效应""门面效应""低球技术"。

一般情况下，人们都不愿接受较高较难的要求，因为它费时费力又难以成功，相反，人们乐于接受较小的、较易完成的要求，在实现了较小的要求后，人们才慢慢地接受较大的要求，这就是"登门槛效应"。

所谓"门面效应"，是另外一种说服别人接受自己要求的方法。当你想让对方接受一个小的、但对方一般不会答应的条件，那么你不妨先向他提出一个大的、更高的要求。对方拒绝了大的更高的要求，一般会接受你再次提出的那个小的要求。人们往往都希望自己扮演慷慨大方的角色，拒绝一般会让人们无法实现这一期望，也会让人们产生负疚的心理，因此他们通常希望再做一件小的、容易的事来平衡心里的内疚，使其能够继续扮演慷慨大方的角色。老年人同情心强，容易产生负疚的心理，"门面效应"对老人通常更有效。

"低球技术"的具体做法是，先提出一个小的要求，待老人接受后马上提出一个更大的要求。"低球技术"与"登门槛效应"有些相似，但它们有两个明显的区别。第一是两步骤时间联系上的区别：登门槛的两步操作中间有时间间隔，而"低球技术"的两步操作是紧接在一起的，没有较长的时间间隔。第二个区别在于两步骤要求的性质方面："登门槛效应"的两步要求之间没有直接的联系，而"低球技术"的两步要求则是直接相联系的。

（二）唠叨

唠叨表现为注意力过分集中在某件或某类事情上而喋喋不休。老年人唠叨的原因有：（1）寻找心理平衡。由于生理衰老，精力不够充沛，老年人不能直接参与一些事情或像年轻时一样把事情做得较为理想，因此他们才通过说话来表达自己内心的想法和情绪。（2）心理防卫。由于自尊心的强烈作用，老年人对自己的态度和观点都会坚决地维护。（3）排除寂寞。老年人借助重复和唠叨的语言为自己的生活增添一点热闹的气氛，得到一点心灵上的慰藉。（4）记忆力下降。这是老年人反复唠叨的重要原因，主要表现在短时记忆能力的障碍。例如自己刚刚讲过的话，立刻又忘了，还以为自己根本没讲过，从而重复同样的话语。

应对方式：聆听，给老人提供足够的情感支持。喋喋不休是老人们心理、生理功能退化的表现，年轻人应该学会宽容，多给予其关心和尊重。

（三）怀旧

怀旧表现为喜欢回忆过去，或易触景生情，念叨不绝，可诱发焦虑、易怒、低落等消极情绪。在此基础上，有些老年人对社会的新生事物看不惯，崇尚传统，反对任何形式的变革。怀疑否定一切现状，有保存大量旧照片、旧服装、旧书包等依恋过去事物的行为，则可能是过度怀旧。

怀旧的原因有：（1）逃避现实。多数老年人对不断变化、急剧动荡的时代感觉到无法适应，开始对自己的人生进行回味和自我评价，说的话和做的事都带着浓厚的怀旧色彩。（2）寻找成就感和满足感。在心理上，老年人不太可能再获得新的、重大的成就和自豪感的满足，于是就通过不断地去回忆和谈论自己一生中所取得的成就和荣誉，进行自我心理平衡的维护。

应对方式：运用怀旧治疗手法（也称回忆治疗），引导老年人表达生命中的故事。可组织老年人以团体方式开展活动，帮助他们增加自尊及自我认同感。此外，家庭、子女都应该常常主动关心老人，帮助老人消除过度怀旧所产生的不良情绪。

所谓回忆疗法，是回忆过去生活经验的一个过程，可借用某些工具或活动进行交谈。通过引导个体对以往生活的回顾，使之重新体验过去的生活片段，其过程可达到情感的交流与自尊的增进。

（四）依赖

老年人通常会表现出三种依赖：（1）经济依赖。老年人不再是家庭中的主要收入者，其生活必须依赖退休金与社会救济金或者是社会福利、家庭赠予。（2）生理依赖。生理依赖也称药物依赖，老人的身体功能逐渐衰退，不再被允许他做必要的活动（如散步、逛街购物、走亲访友等）时，会对药物或某种物质产生依赖。（3）社交依赖。老人失去了在他生活里具有重要意义的一些人，这种情况使得老人减少了对社会的认识，降低了个人的力量，并且限制了老年人的社会活动范围。

应对方式：分析老人行为背后隐藏的深层原因，多陪伴老人，帮助老人扩大社会交往，为老人提供社会支持。必要时需带其向专业医生确诊。

同步训练

教师指导学生完成“科普材料”的制作，并提供相应的心理服务措施。

任务三

老年心理健康标准认知

任务情境

“老年心理变化”的科普材料在小区内顺利发放，来找小王咨询的老年人及家属也日益增多。咨询中比较集中的一个话题是“我父母是否罹患了心理疾病”。一些家属反映自己的父母像小孩一样，情绪变化明显，记忆力也衰退得非常严重，比起左邻右舍的同龄人似乎有些不正常。他们希望能够通过一些专业的方法来帮助判断父母的心理健康状况。

具体资料如下：

【案例1】柳奶奶是个性格怪僻的老人，老伴去世后和儿子一家住在一起。为了让奶奶度过一个幸福的晚年，全家人都尽心尽力地照顾她。可柳奶奶总是和他们闹些不愉快的事。例如，柳奶奶的儿子从街上买回西瓜，先为柳奶奶切了一大块，她吃得很香，还夸西瓜又香又甜。正巧儿子的一位同事来访，儿子便把剩下的西瓜端给客人吃。谁知在卧室吃完西瓜的柳奶奶到客厅看见西瓜，竟当着客人的面说：“你们买了这么好的西瓜为啥不给我吃呢？”弄得全家人十分尴尬。还有一次，早上出门遇到对门住的邻居，她竟问人家：“你是谁呀？”弄得邻居丈二和尚摸不着头脑。

【案例2】赵婆婆今年55岁，是一位小学教师，本来性情就很好，再加上长期的职业习惯，养成了耐心细致、平易近人的性格。可是，近两年来，她却多次情绪失控，学生稍有违纪行为，她便大动肝火，发完脾气之后又后悔不已。即使学生发生一些小问题，她也常常感到紧张不安，担心学校对自己有看法。这种不安的情绪总会带到家里来，因此也会为鸡毛蒜皮的小事和家里人吵架。

【案例 3】李大爷今年 63 岁，三年前退休了。他原计划在家好好歇歇，就待在家里没有出去做事。最近两年，他发现自己脑子不好使了，平时很难集中注意力思考问题，对事情的反应也不如以前敏捷了；对家用电器等许多新东西的使用方法学习起来十分吃力；计算能力明显下降；对新事物缺乏好奇心，生活变得平淡无味。他去医院进行了全面检查，但没有发现器质性病变。

任务描述

1. 对老年人的心理健康状况进行初步评估。
2. 根据评估结果，提出初步心理服务建议。

相关知识

一、术语理解

（一）正常心理与异常心理

心理正常、心理不正常、心理健康、心理不健康，是学习和讨论心理咨询问题时常常使用的概念。心理正常是指具备正常功能的心理活动，或者说是不包含有精神病症状的心理活动。心理正常又包括心理健康和心理不健康，表明心理“正常”水平的高低和程度。异常心理（也称心理不正常、心理障碍、精神障碍），是指有典型精神障碍症状的心理活动。需要明确的是，“正常”和“异常”，是表明和讨论“有精神障碍”或“没有精神障碍”等问题的一对范畴；“健康”和“不健康”是另外一对范畴，都包含在“正常”这个概念范围内。

（二）区分正常心理与异常心理三原则

1. 主观世界与客观世界的统一性原则

任何正常的心理活动或行为，在形式和内容上必须与客观环境保持一致。这是观察和评价人的精神和行为的关键，称之为统一性原则。客观世界与主观世界的统一性受损，人就会产生幻觉、错觉、妄想等精神科症状。

如果一个人坚信他看到或听到了什么，而客观世界中并不存在引起这种感觉的刺激物，我们就可以认定他产生了幻觉，例如幻听、幻视、幻嗅等。如果一个人的思维内容不符合或脱离现实，或思维逻辑背离客观事物的规律性，并且他自己坚信不疑，我们就可以认定他产生了妄想。例如被害妄想、嫉妒妄想、疑病妄想等。

临床上常把有无自知力作为判断精神障碍的指标。所谓无自知力或自知力不完整，是指患者对自身状态的错误反映，或者说是自我认知与自我现实统一性的丧失。

2. 心理活动的内在协调性原则

人类的精神活动是一个完整的统一体，可以被分为认知活动、情感活动和意志活动等心理过程。各个心理过程之间具有协调一致性关系，称之为内在协调性。这种协调一致性，保证人在反映客观世界过程中的高度准确和有效。

一个人遇到令人愉快的事，会产生愉快的情绪．手舞足蹈，欢快地向别人诉说自己内心的体验。这样，我们就可以说他有正常的精神与行为。反之，一个人用低沉的语调向别人述说令人愉快的事，或者对痛苦的事做出快乐的反应，我们就可以说，他的心理过程失去了协调一致性，成为异常状态。

3. 人格的相对稳定性原则

在长期的生活道路上，每个人都会形成自己独特的人格心理特征。这种人格心理特征一旦形成，便有相对稳定性。在没有重大外界变革的情况下，人格一般是不易改变的。

如果在没有明显外部原因的情况下，一个人的人格相对稳定性出现问题，我们也要怀疑这个人的心理活动出现了异常。人格的相对稳定性是区分心理活动正常与异常的标准之一。例如，一个持家勤俭、用钱很仔细的老人突然挥金如土，或者一个待人接物很热情的人，突然隔三岔五就与人争吵或者冷漠，如果在生活环境中找不到足以促使他发生改变的原因，那么就可以说，他的精神活动已经偏离了正常轨道。

二、要点提示

（一）老年人心理健康标准

目前国内外尚没有统一的老年人心理健康标准。我国著名的老年心理学专家许淑莲教授把老年人心理健康的标准概括为五条：(1) 热爱生活和工作；(2) 心情舒畅．精神愉快；(3) 情绪稳定，适应能力强；(4) 性格开朗，通情达理；(5) 人际关系适应强。国外专家则针对老年人心理健康制定出了十条参考标准：(1) 有充分的安全感；(2) 充分了解自己，并能对自己的能力做出恰当的估计；(3) 有切合实际的目标和理想；(4) 与现实环境保持接触；(5) 能保持个性的完整与和谐；(6) 具有从经验中学习的能力；(7) 能保持良好的人际关系；(8) 能适度地表达与控制自己的情绪；(9) 在不违背集体意识的前提下有限度地发挥自己的才能与兴趣爱好；(10) 在不违反社会道德规范的情况下，能适当满足个人的基本需要。

近年来，国内学者将老年人心理健康的标准从以下五个方面进行界定。

1. 认知正常

老年人认知正常体现在：感觉、知觉正常，判断事物基本准确，不发生错觉；记忆清晰，不发生大的遗忘；思路清楚，不出现逻辑混乱；在平时生活中，有比较丰富的想象力，并善于用想象力为自己设计一个愉快的奋斗目标；具有一般的生活能力。

2. 情绪健康

心理健康的老年人能经常保持愉快、乐观、开朗而又稳定的情绪，并能适度宣泄不愉快的情绪，通过正确评价自身及客观事物而较快地稳定情绪。

3. 人际关系融洽

老年人融洽和谐的人际关系表现为：乐于与人交往，既能与家人保持情感上的融洽并得到家人发自内心的理解和尊重，又有知己的朋友；在交往中保持独立而完整的人格，有自知之明，不卑不亢；能客观评价他人，取人之长补己之短，宽以待人，友好相处；既乐于帮助他人，又乐于接受他人的帮助。

4. 适应能力强

适应能力强指老年人能与外界环境保持接触，不脱离社会，通过与他人的接触交流、电视广播网络等媒体了解社会变革信息，并能坚持学习，从而锻炼记忆和思维能力，丰富精神生活，正确认识社会现状，及时调整自己的行为，使心理行为能顺应社会的变化趋势，适应新的生活方式。

5. 自我老化意识稳定

自我老化意识稳定指老年人一切行为符合自己的年龄特征及在各种场合的身份和角色。能正确地认知社会，与大多数人的心理活动相一致。如对社会的看法，对改革的态度，对国内外形势的分析，对社会道德伦理的认识等，都能与社会上大多数人的态度基本保持一致。

总之，完整的老年心理健康标准应是“生存标准”与“发展标准”的有机结合，老年人心理健康离不开社会和谐健康这一大前提。

（二）心理不健康分类

根据刺激的性质、反应持续时间、反应强度和反应是否泛化，心理不健康可分为一般心理问题、严重心理问题和神经症性心理问题（可疑神经症）等。

一般心理问题是由现实因素激发，持续时间较短，情绪反应能在理智控制之下，不严重破坏社会功能，情绪反应尚未泛化的心理不健康状态。

严重心理问题是由相对强烈的现实因素激发的初始情绪反应剧烈、持续时间长久、内容充分泛化的心理不健康状态。一般心理问题与严重心理问题的区别见表1—5。

表1—5　一般心理问题和严重心理问题区分

项目	一般心理问题	严重心理问题
刺激性质	因现实生活、工作压力、处事失误产生内心冲突，并体验到不良情绪（如厌烦、后悔、懊丧、自责等）。	较为强烈、威胁较大的现实刺激。不同原因引起的心理障碍，分别体验着不同的痛苦情绪（如悔恨、冤屈、失落、恼怒、悲哀等）。
持续时间	不良情绪不间断持续满一个月或间断持续两个月不能自行化解。	不良情绪间断或不间断地持续两个月以上，半年以下。
反应强度	不良情绪反应在理智控制下，始终保持行为不失常态，基本维持正常生活、学习、社会交往，但效率有所下降。	遭受的刺激强度越大，反应越强烈。 多数情况下，会短暂失去理性控制；随着时间延长，痛苦可逐渐减弱；单纯地依靠“自然发展”或“非专业性的干预”难以解脱。 对生活、工作和社会交往有一定程度的影响。
反应是否泛化	不良情绪仅被最初事件激发；与最初事件类似、相关联的事件，不会引起此类不良情绪。无泛化。	不良情绪不但能被最初刺激引起，与最初刺激相类似、相关联的刺激，也可以引起此类痛苦，即反应对象被泛化。

神经症性心理问题已接近神经衰弱、神经症，或它就是神经衰弱或神经症的早期阶段。有时也把有严重心理问题但没有严重人格缺点者（均衡性较差的人格）列入这一类。

（三）老年常见心理异常①

1. 老年疑病症

表现：怀疑自己患有重病而恐慌不安，其紧张担忧的程度与实际健康状况不相符。在疑病观念

① 参见李欣：《老年心理维护与服务》，37、38页，北京，北京大学出版社，2013。

的影响下，老人会为根本不存在的躯体疾病过于烦扰，反复到医疗机构检查化验，即使检查结果为阴性，医生作出“无病”诊断，也无法打消其疑虑。患者生活在“不断怀疑、不断求医”的来回往复中，精神比较痛苦，生活质量降低。

2. 老年抑郁障碍

表现：以显著的情绪低落和社会功能受损为主要特征，伴有愉快感的缺失、兴趣爱好的下降，以及言语活动的减少和厌世轻生等意念行为。还可以并发焦虑情绪，同时躯体不适症状较为突出，导致认知功能明显受到损害，引发自杀行为。

3. 老年焦虑障碍

焦虑情绪是由紧张、焦急、担忧和恐惧等感受交织而成的一种复杂情绪反应。当焦虑情绪持续过久，并损害老年人的社会功能和心理健康时，就形成了焦虑障碍。老年焦虑障碍会让老人心烦意乱、坐立不安、脾气暴躁或行为忙乱，甚至整天提心吊胆、紧张害怕。

4. 老年物质依赖

老年物质依赖指老年人反复使用成瘾物质引起的生理症状，以及认知、情绪和行为方面的症状。包括对成瘾物质的强烈心理渴求、明知该物质对身心有害仍不得不持续使用、逐渐无法控制的强制性觅取行为等。有的老年人在持续使用成瘾物质一段时间后，如果突然中断使用，会产生身心极为痛苦的截断症状。常见的成瘾物质有酒精、麻醉镇痛药和镇静催眠类药物及毒品等。

5. 老年精神分裂症

老年精神分裂症指一系列的以感知、思维、情感、意志行为等多方面症状为表现的精神障碍。个体的精神活动与周围的环境及个体内心体验不协调，严重脱离现实。老年人可能会因此而发生精神活动衰退和不同程度的社会功能障碍。典型症状有幻觉、妄想、病理性思维、怪异的言语和行为等。

6. 老年睡眠障碍

睡眠障碍包括入睡困难、频繁的夜间觉醒，以及早醒后不能再睡、睡眠质量低下或睡眠感缺失等症状。老年群体以早醒为多见。严重的睡眠障碍常导致老年人在日间精神不足、极度疲倦、头晕头痛、情绪烦躁和生活质量下降等。

7. 阿尔茨海默病

阿尔茨海默病是老年期痴呆障碍中最常见的一种，是一种中枢神经系统变性疾病，起病隐疾、病程呈慢性进行性。主要表现有渐进性的记忆缺损、认知功能障碍、人格特征改变及语言功能障碍等神经精神症状，严重影响生活自理能力，阻断人际沟通及其他社会功能。

三、方法技巧

（一）老年心理健康状况评估

老年心理健康状况评估的方法有观察法、交谈法、个案法以及测量学法等。最常用的是问卷测量法（详见项目二）。中国科学院心理研究所学者尝试编制了《老年心理健康量表（城市版）》，该量表各项信、效度指标均符合心理测量学要求，能够从认知、情绪、适应、自我、人际五个方面综合开展测评，可供老年心理健康实践和研究应用。

（二）老年心理健康干预

在实际工作中，心理工作人员要结合诱发刺激的性质、持续时间、反应强度以及是否泛化，来判断老年人的心理健康状况是属于一般、严重，还是已经接近神经症，甚至心理状态转化为异常状态，在此基础上选择不同的心理服务方法。

《中华人民共和国精神卫生法》第五十一条规定：心理治疗活动应当在医疗机构内开展。专门从事心理治疗的人员不得从事精神障碍的诊断，不得为精神障碍患者开具处方或者提供外科治疗。心理治疗的技术规范由国务院卫生行政部门制定。

因此，一旦认为老年人可能罹患精神障碍，应立即转诊到专科医院接受治疗。心理咨询师以及一般的心理服务工作者，无权实施干预。

需要明确的是，老年人由于常常伴随慢性躯体疾病，异常心理状况常被忽视。对于言谈行为举止变化明显的老年人，家人要早发现，及时送到专业机构进行诊断治疗。

同步训练

教师指导学生根据老年心理健康标准，讨论任务情境中各案例主人翁的心理健康状况。

项目小结

个体进入老年阶段，其生理、心理都会出现一系列变化，人体的各种组织和器官的结构、功能都会逐渐出现种种退行性的衰老变化现象，如感知觉减退、记忆力下降、智力结构改变、情绪不稳定、人格发生某种变化等。在个性心理方面，老年人的性格、气质等比较稳定，但仍然具有较强的创造能力和学习能力。

目前尚无统一的老年心理健康评估标准。一般而言，评估老年人的心理健康要从五个角度出发：认知正常、情绪稳定、人际关系融洽、适应能力强、自我意识稳定。

教学做一体化训练

● 重点概念

老化、认知功能、感知觉、情绪情感、人格、个性心理特征、个性心理倾向

● 简答题

1. 老年期心理的认知特点有哪些？如何应对？
2. 如何理解老年个性心理的变化？
3. 区分正常心理与异常心理的原则是什么？
4. 老年心理健康的标准是什么？

● 案例分析题

杨阿姨今年 65 岁，两年前搬到大都市，住到了女儿家。她刚来的时候充满新鲜感，看什么都好

奇。可惜没过多久，这种新鲜感就消失了，取而代之的是伤感。杨阿姨经常说以前的生活如何好，对现在的生活不是很满意。

退休前杨阿姨是个老师，在镇上居住，生活能够自理，小日子过得颇为舒坦。两年前老伴离开人世，女儿怕她在家寂寞，就让她到自己家里来住，也好有个照应。住了几个月后就出现问题了，先是杨阿姨不穿女儿给她买的新衣服，特别是那些很时髦的衣服。她觉得女儿给她买的衣服太花哨，还是自己从老家带的衣服顺眼，穿着舒服。可是在外人看来，杨阿姨的衣服都太土气了，一点都不合潮流，这让女儿觉得很丢脸。

再就是杨阿姨对女儿的教育方式不满意，指责女儿让小外孙每周末都去参加少年奥数班、书法班，怕累坏小孩。杨阿姨经常拿她之前教过的有出息的学生来说事。她常说"我们从前……"，这都成了她的口头禅，在她看来现在的教育方式是不对的。这搞得母女关系颇为紧张。

最近杨阿姨最常做的事就是翻看过去的老照片。她教了半辈子的书，可以说是桃李满天下，光是学生每年的纪念照就有厚厚的一摞。她不厌其烦地看了又看，感叹还是以前的学生好，现在的学生太不懂事，跟老师没大没小的。对于学生送的礼物，她也都悉心保留着，特别是那些明信片，没事就拿出来看，回味以前的事。杨阿姨还热衷于学生聚会，她十分怀念过去的学生和同事。每年的学生聚会只要通知她，她一定参加，仿佛只有在聚会上，她才能找回昨日的时光。

【思考题】

1. 案例中的杨阿姨表现出怎样的老化心理特点？
2. 杨阿姨目前的心理状况是否正常？

延伸 阅读

人生后半期七阶段发展论

随着年龄的增加，老年人的人格和社会性会逐渐发生这样或那样的变化。研究发现，老年人的这一变化过程是一步一步渐进的。美国老年心理学家皮克，在针对老年人的人格与社会性发展的阶段性特征进行研究的基础上，提出了"人生后半期七阶段发展论'。皮克的人生的七个阶段不是依据年龄来划分的，而是根据人的社会心理特征来划分的，并且在每一发展阶段，人的心理都要经历一次转化。皮克的这一理论为老年人保持心理协调、顺利度过晚年提供了重要的启示和标准。

第一阶段：尊重智慧胜过体力。进入中年期的人们，往往更加重视并充分利用自己的经验与智慧来适应社会的需要。中年人不再倾向于依赖体力有效地工作。阅历是中年人和老年人最大的财富。

第二阶段：社会的人际关系胜过两性间的人际关系。伴随着年龄的增长，中老年人往往不再把异性作为性的对象，而是作为朋友对待，并努力发展新的、更具深度的人际关系。中老年人在这一阶段，会更看重知己的价值。

第三阶段：情绪的淡漠胜过情绪的丰富。进入这一阶段后，中老年人对于社会上的热门话题、人物、活动开始缺乏兴趣，很少参与，他们把注意力较多地转向了自己的内心世界。

第四阶段：心理上的刻板胜过随和。经过几十年的生活，老年人逐渐形成的对外界事物的态度已经比较固定，他们对自己的看法也相当固定，已形成了一套比较模式化的行为方式。因此，这一阶段的老年人开始在心理上有闭锁的倾向，不易接受新理论或新思想。因而，这一时期需要老年人努力保持心理上的随和性和开放性，要有勇气并努力探索新思想和新观念，并保持这种勇气以有利于适应老年期的生活。

第五阶段：关心自己胜过关心工作。进入老年期后，老年人离开工作岗位开始退休生活，更加关心自己，并对自己形成了新的评价标准，这个评价的标准是单纯地以自己的为人为依据的，与工作的业绩无关。

第六阶段：关心身体健康胜过关心心理健康。到了老年期，由于体力的衰退，身体经常出现问题，于是老年人往往会十分关心自己的生理健康，而对于自己的心理健康就显得注意不够。因此，这一阶段的老年人应注意提醒自己尽量摆脱以身体健康为中心的想法，增加社会交往，以充实自己的心理生活，这样才能感受到晚年生活的真正乐趣。

第七阶段：以自我超脱来战胜对死亡的恐惧。随着年龄的进一步增长，老年人会逐渐感受到死亡的逼近，特别容易产生恐惧感。因此，老年人一定要以自我超脱的态度来看待并坦然面对死亡，只有这样才能愉快而有尊严地度过生命的最后阶段。老年人要做到“自我超脱”，可以通过继续为社会做贡献来实现，如帮助他人、加强友谊等，让自己度过一个充实的老年期，以摆脱对死亡的恐惧。

项 目 二

老年人心理评估

学习目标

知识目标

1. 掌握老年情绪量表、智力测评量表的施测及评分方法；

2. 了解老年常用心理测评量表的种类。

能力目标

1. 具备编制老年心理健康调查问卷的能力；

2. 具备根据心理测评结果筛查问题人群的能力。

项目情境

小王在网上检索到某街道建成了首个老年人心理健康服务站，特地前往参观。在那里她看到，服务站设置了音乐放松、沙盘游戏等功能器具。此外，服务站还为社区老人提供心理评测服务，全部免费向公众开放，现场可出结果。据工作人员介绍，下一步将在28个社区建立心理辅导志愿者队伍，要为每一位有心理需求的老人建立心理健康档案，定期开展老年人心理健康调查。

任务一

老年人心理健康评估准备

任务情境

参观后，小王拟先对辖区内个别老年住户建立心理健康档案，以便积累经验。她选择了两位居民，具体资料如下。

【案例 1】陈先生，78 岁，退休党员干部，初中文化程度，于 2004 年 2 月 4 日住进上海市某社会福利院。他结婚已有 60 年，一直与老伴居住在一起，两人感情十分深厚，5 个子女都不与二老同住。老伴在 5 个月前由于胃癌做手术失败，在短短十几天的时间内没有留下一句话就撒手人寰，子女便请了一个保姆来照顾他，但老人觉得保姆对自己态度不好，很不耐烦，所以没过多久就辞退了她。子女一来怕他一人在家无人照顾，二来怕他在家中睹物思人、心情过度悲伤，所以来社区求助。

【案例 2】王阿伯，80 岁，妻子已经过世，本人身体尚好，生活能够自理。他有 3 个儿子，都已经结婚成家，并和王阿伯分开居住。由于工作的原因，子女都很少有时间来看望王阿伯，所以三个儿子一起为王阿伯雇了一位钟点工，每天为王阿伯做饭、打扫卫生。王阿伯最近被诊断出患有脑萎缩，现在处于病情发展的初期。医生说只要按时服药，坚持锻炼，就能够控制病情的进一步发展。但是，王阿伯在知道自己患病之后表现得很抑郁，多次表示自己活得没有意思，与其以后变得痴呆，还不如现在死了算了。

任务描述

1. 确定案例 1 中陈先生和案例 2 中王阿伯的心理评估内容。

2. 对老年人开展心理评估时有哪些注意事项？

相关知识

一、术语理解

（一）认知

认知是机体认识和获取知识的智能加工过程，涉及学习、记忆、语言、思维、精神、情感等一系列心理活动和社会行为。

（二）认知障碍

认知障碍指与学习记忆以及思维判断有关的大脑高级智能加工过程出现异常，从而引起严重的学习、记忆障碍，同时伴有失语、失用、失认、失行等改变的病理过程。

（三）社会功能

社会功能指个体作为社会成员发挥的作用的大小程度。社会功能状态和老年人的社会健康相关。

（四）社会功能缺陷

社会功能缺陷是由于精神障碍导致的社交功能障碍和对社会应尽职责表现出紊乱。即个人在他的习惯环境中，即在正常状态时，所有的社会职责的表现出现了紊乱。社会功能缺陷只能在参与社会事物过程中显示出来。

（五）感知觉

感觉是大脑对直接作用于感觉器官的客观事物个别属性的反映，如某物体的颜色、音调、气味、冷热、软硬等个体属性。知觉则是客观事物的各种属性作为一个整体的综合映象在头脑中的反映。简单地说，知觉可以被理解为对某种客观事物各种感觉的综合。

（六）感知觉障碍

感知觉障碍指个体对具体客观存在的事物的本质属性或整体能正确认识，但对诸如大小、形状、颜色、距离、空间位置等个别属性出现错误的感知表现。

二、要点提示

老年人心理评估的内容包括对老年生理状况、认识功能、情绪状况、社会功能、精神障碍等方面的评估。

（一）老年生理状况

由于老年人生理状态会对心理状况产生影响，因此，心理评估过程不可忽视老人的生理状况评估。老年生理状况评估主要从以下方面着手：

1. 感知觉

人们往往通过视觉、听觉、味觉、嗅觉和触觉五种主要感觉与外界进行接触。随着年龄的增长，老年人的感知觉也会逐渐减退。因此，生理状况评估过程中需要特别注意感知觉的评估。感知觉的评估主要从以下几个方面评判：

（1）视觉。

1）视力有无下降，有无散光和老视现象。

2）对色彩的分辨能力。

3）对物体大小、空间关系和运动速度判断的准确性。

4）是否需要佩戴眼镜加以矫正。

（2）听觉。

1）有无听力减退，对高、中、低音调声音的敏感性。

2）有无耳鸣。

3）有无重听。

4）是否需要佩戴助听器。

（3）味觉和嗅觉。

1）对食物味道的分辨能力。

2）对各种气味的分辨能力。

（4）皮肤感觉。

1）感觉有无减退或过度增强。

2）有无痛觉减退或过度增强。

3）对温度变化的感受能力。

2. 慢性疾病

慢性疾病主要指起病隐匿、病程长且迁延不愈、病因复杂且有些尚未完全被确认的一类疾病的总称。患有慢性疾病的老年人需要长期用药，疾病的长期困扰会影响老年人的心理和精神状态，有些慢性疾病老年患者还需要长期照料。以下介绍几种慢性疾病的评估方法。

（1）心血管疾病。

1）有无冠状动脉硬化性心脏病（简称冠心病）和高血压病的病史。

2）是否规律服用药物治疗心血管疾病。

3）近期有无冠心病、血压不稳、晕厥等表现。

4）测量血压。

（2）糖尿病。

1）有无糖尿病的病史。

2）是否规律服药治疗糖尿病。

3）近期有无低血糖或者血糖升高的迹象。

4）检测空腹血糖。

(3) 脑血管病。

1) 有无脑血管病的病史。

2) 有无疾病后遗症。

3) 是否规律服药治疗。

(4) 帕金森病。

1) 有无帕金森病的病史。

2) 是否规律服药治疗。

3) 检查肢体运动功能状况。

(二) 认知功能

1. 智力

可以采用传统的智力(如反应速度、记忆能力)测验以及日常问题解决能力来评估老人的智力状况。

老人是如何保持头脑积极运转的?是阅读、做填字游戏,还是从事其他激发智力的活动?受教育水平并不是老人智力能力的最准确的指征,老人运用智力资源解决问题或保持与生活的对接才是其智力的更好指征。受教育非常少的老人可能有令人称奇的创造力和资源,用来保持他们对环境的掌控感。

2. 记忆力

科学的心理测验能帮助辅导师更客观地了解老年人的记忆能力,记忆能力包括短时记忆与长时记忆、情景记忆与语义记忆、非陈述性记忆与隐性记忆等。通过客观评估,心理辅导师就能准确地把握老人的记忆能力,纠正老人对自己记忆能力的歪曲评价,消除其对记忆减退的恐惧心理。

老人对自身记忆力的评估对于其了解自己的记忆功能十分重要。可以通过这些问题了解老人的记忆力状况:老人是否很难记起最近发生的事情或很久以前发生的事?"我不记得"是否成了老人不自觉的反应?老人是否在评估过程中总重复特定的信息而他自己并没有意识到这一点?老人是否担心丧失记忆,是没有意识到这一点,还是接受这一事实并认为它是变老的一部分?

(三) 情绪状况

1. 抑郁情绪

情绪的评估工作要求确定老人的情绪状态是否稳定,是否适宜进行评估。比如,老人是否显得抑郁或者表示自己感到悲哀,或大部分时间无精打采?尽管每个人都会有一些日子感觉情绪低落或悲哀,但是悲哀的时间拖得过长就不是个体正常的现象了。此时要查看老人最近是否失去了什么人,如配偶、家人或密友去世。在这些情况下,老人会有一定程度的抑郁情绪。但是除非抑郁的状态持续过长,否则不应该视为有问题。如果抑郁状态持续过长,则考虑病理性抑郁,需请专业医生进行诊断。

2. 焦虑情绪

老人很容易有事没事就心烦意乱或深深忧虑,可能难以集中精力做简单的事,对于一些事情的回想可能会由于情绪上激动不安而受到影响。身体疾病如心血管疾病、帕金森病、阿尔茨海默病以及荷尔蒙失衡的状态常常与焦虑症的症状类似,所以应该在判定老人有焦虑症之前先对这些疾病加以排查。同样,焦虑情绪与病理性焦虑情绪的区别在于后者保持的时间长于前者,且影响到个体的社会功能。

焦虑症还常常与忧虑混淆。忧虑总是与特定的问题联系在一起的，忧虑的老人能够说清自己究竟忧虑什么。忧虑本身并不是病态反应，而是对于健康和安全方面牵挂的事合情合理的情绪反应。评估的时候弄明白老人牵挂什么很重要，这可以区分开老人到底是焦虑症还是忧虑一些事。

3. 幸福感

传统的心理测评对负面情绪的关注较多。随着积极老龄化的发展，越来越多的人开始关注老年人的积极情绪，例如快乐、幸福感等。有学者研究发现，老年人似乎并没有人们想象的那么“不幸福”。

（四）社会功能

1. 生活方式

老人是仍投入到主流生活中，还是不再有那么活跃的生活？是否有什么事件迫使老人违心选择不太活跃的生活方式？如果是这样的话，老人是否尝试过其他活动来替代那些活跃的生活方式？

2. 社会隔离

老人是否感到孤独，想要与他人有更多的社会交往？老人多长时间去拜访朋友或家人一次？老人是否去参加其他的社会活动，如老年中心的聚会、购物或听音乐会？老人可以使用什么交通工具？老人享有更多的外出活动吗？如果没有，是什么阻碍老人无法出行？是否每个老人都愿意所有的时间都忙忙碌碌地参加社会活动？

3. 工具支持和情感支持

老人有问题的时候会联系谁？老人想找人说话的时候会找谁？他们是否有一个知己可以倾诉自己的麻烦或困扰自己的想法？妇女在这方面要比男人好一些，这主要是因为妇女更有可能建立和保持社会关系网。即使只有一个感情上亲近的朋友也有助于老人缓解孤独带来的痛苦。

（五）精神障碍

1. 幻觉

幻觉指没有相应的客观刺激时所出现的知觉体验。幻觉是一种比较严重的知觉障碍。幻觉没有客观刺激存在。由于幻觉常常逼真生动，可引起愤怒、忧伤、惊恐、逃避乃至产生攻击别人的情绪或行为反应。企图说服出现幻觉的人不相信幻觉有时是徒劳的。幻觉偶然也能见于正常人。幻觉症状常见于老年痴呆患者。

按幻觉产生的感觉器官，常见的幻觉症状可分为：

（1）幻听：最为常见。病人听到各种声音，常为言语声，其来源、清晰程度和内容各不相同。病人有相应的情绪和行为反应，或与幻听对骂，或侧耳谛听，或将耳中塞满棉花。幻听可为评论、争论或命令的内容，如为命令性幻听，可直接支配患者的行动。

（2）幻视：多见鲜明生动的形象，亦可为支离破碎的人形或令人惊恐的怪物猛兽。多见于感染、中毒所致的精神障碍。

（3）幻嗅：较少见，病人可闻到各种特殊的气味，如异香、奇臭、血腥、烧焦气味等。多见于颞叶癫痫与精神分裂症。

（4）幻味：较少见，常与幻嗅或其他幻觉同时存在，病人在进食或饮水时尝到特殊味道，常引起拒食。多见于颞叶癫痫与精神分裂症。

（5）幻触：病人感到其皮肤黏膜有虫爬、通电、火灼、手抓等异常感觉，可见于中毒性精神病与精神分裂症。有性器官接触感者，称为性幻觉，多见于精神分裂症。

由于老人身体虚弱，偶尔产生的错觉，不能称作有病。如果出现幻觉，应尽早送至精神科门诊诊疗。治疗方法多为口服或注射抗精神病药物。

2. 错觉

错觉是人们观察物体时，由于物体受到形、光、色的干扰，加上人们的生理、心理原因而误认物象，产生与实际不符的判断性视觉误差。

错觉可以发生在视觉方面，也可以发生在其他知觉方面。如当你掂量一千克棉花和一千克铁块时，你会感到铁块重，这是形重错觉；当你坐在正在开着的火车上，看车窗外的树木时，会以为树木在移动，这是运动错觉，等等。

引起错觉的原因有很多。感知条件不佳、客观刺激不清晰、视听觉功能减退、强烈情绪影响、想象、暗示以及意识障碍等都能引起错觉。重听的人常会听错别人说的话；胆小者夜晚独经旷野，心中恐惧，会把树木当成人形，把自己的脚步声误认为是有人在追赶；对亲人的长久思念，会把风声误认为有人敲门。产生错觉不一定都说明有病，因为健康人也能出现错觉，但是健康人对错觉都能自行矫正。

在病理状态下，尤其在各种不同程度的意识障碍时，人常常出现错觉。如感染、中毒或躯体疾病引起的谵妄状态中，病人可将门上挂的衣衫视为鬼怪。有情感性精神病者也会出现错觉，如抑郁症患者常把别人的谈话听成是议论他的罪恶，甚至将如何把他处死等。

错觉的产生必须有一定的条件。老年人年龄大了，意识比较模糊，视力比较虚弱，很容易产生视觉错觉，听力下降可导致产生听觉错觉等。

已经出现错觉的老人要配合医生进行防治。家人可以通过改善生活环境来减轻老人的病情，如果病情严重应请精神科医生治疗。治疗方式多口服或注射抗精神病药物，这根据患者的合作态度而定。

3. 妄想

妄想症患者多伴有幻觉，但无其他明显精神症状。妄想内容离奇，但是患者本身坚信不疑，并且说起来有理有据，振振有词。

妄想症主要有以下几种类型：

（1）夸大妄想。

1）发明妄想：对个人科研才能的夸大；

2）财富妄想：对自己经济地位的夸大；

3）血统妄想：对出身夸大，诸如出自名门后裔等；

4）钟情妄想：坚信自己被别人钟情，被异性追求。

（2）自责妄想。

1）贫困妄想：对自己经济条件的低估；

2）罪恶妄想（自责妄想）：对自己道德、行为的贬低；

3）疑病妄想：对自己健康情况的贬低；

4）虚无或否定妄想：对自己存在的否定。

（3）被害妄想。

1）被害或迫害妄想：认为被迫害；

2）关系妄想：产生妄想的先驱，但多具有被害性质；

3）跟踪妄想：怀疑别人跟踪；

4）妒忌妄想：怀疑配偶与别人有不正当男女关系；

5）控制妄想或影响妄想、物理影响妄想：怀疑被别人或仪器所控制；

6）附体或着魔妄想：体内来了精灵生物，指挥他的言行；

7）变兽妄想：身体经历生态的变化，变成了虫、兽、龙或其他非生物性的事物；

8）损失妄想：财富受到了损失；

9）诉讼妄想：坚信受委屈、打击而反复诉讼。

（4）特殊妄想。

1）内心被揭露感，又称被洞悉感。患者觉得自己的思维未经有声语言表达，就已经被周围的人悉知。

2）影响他人的体验。患者觉得自己一摇头，文娱室内的人都鸦雀无声；自己一点头，他们都谈笑如常。

3）妄想性洞悉感。对周围发生的一切事情，患者都有一种预见感、洞悉感，早知即将如此的感觉。

4）思维插入。坚信他人在介入自己的思维活动，特别是插入一些污秽的思想。

5）思维被剥夺。坚信自己的思想被他人移走了。

一旦发现老人出现妄想后，都要及早送至老年精神科门诊治疗。因这类患者已丧失自知力，认为自己并未患病，容易对人采取不信任及敌视的态度。由于有不安全及害怕的情绪，患者最初会把妄想内容讲给他最信任的家人和亲友听。如果家人、亲戚此时表现出不同意的观点并向患者说教，反而会导致患者的不信任，从而拒绝和家人谈话，造成紧张关系。

因此，家人应采取中性不批评、不做判断或解释的态度，以聆听或询问等好奇而关心的方式来对待患者，尽可能让患者在疾病早期就医。如果患者病情严重并且有暴力攻击行为，家人应联络精神疾病机构强迫其就医。

三、方法技巧

（一）心理评估前的准备工作及注意事项

1. 测验前的准备工作

（1）事先通知受测老人。

评估前要与老年人及其家庭成员进行沟通，以获得配合。比如，家庭成员可以帮助心理辅导师了解老年人的生活经历，提供详细背景信息、个人喜好和日常习惯。

保证被评估老年人确切知道测验的时间、地点以及内容范围等，使老年人有一定准备，及时调整自己的情绪和状态。

切勿搞突然袭击，否则容易使老人的智力、体力和情绪处于混乱状态，不利于接受和配合测验。

（2）准备测验材料。

事先检查问卷是否完整，老年人答题时要使用的老花镜、答题纸、铅笔和其他材料都要在测验前清点、检查和摆放好，以免忙中出乱。

（3）熟悉测验指导语。

提前熟悉指导语会使辅导师在朗读指导语时避免念错、停顿、重复或结结巴巴，而且还能使被评估老年人感到自然轻松，不至于影响测验分数。

（4）熟悉测验的具体程序。

评估员必须经过专门训练方可实施测验。辅导师应该对测验中所使用的测验工具、提问顺序等都非常熟悉。

（5）环境需求。

选择合适的场所，提供安静舒适的环境：室温 22℃～24℃，避免光线直接照射。

理想场所是老人家里，让老人待在自己熟悉的地方，会减少在陌生环境中出现的注意力分散和焦虑等状况。如果不能在家里，就尽量让老人待在他熟悉的环境中。

评估环境要有充足的光线，便于老人看到评估所使用的书面材料，清楚地看到工作者。尽量减少由于开门、背景噪音或者是令人恼火的强光造成的注意力分散。关掉收音机和电视机，确保老人不受干扰地听到工作者的谈话。

若评估时要向老人索取具体的药物治疗、医疗记录或经济状况的资料，那么应该在评估前给他充裕的时间以便找到相关记录。

第一次评估时尽量与老人单独进行。

2. 评估员的职责

(1) 应该按照指导语的要求实施测验。评估员话语应不带任何暗示，当受测老年人询问指导语意义时，尽量按中性方式进一步澄清，如询问有些词的含义时，应尽量按字典的意义解释。

(2) 测验前不讲太多无关的话。与测验无关的过度说明不仅不会引起老年人的注意，反而会造成老年人焦虑，甚至引起反感和敌意。

(3) 评估过程中，评估员的神态应注意：目光稳定，平视受访者，并时刻保持脸部表情的轻松和微笑；以一种自信、轻松的姿势进入对受访者的访问；不应过度自谦，或者夸张地推崇受访者的个人地位。

对于受测老年人的反应，评估员不应做出点头、皱眉、摇头等暗示性动作。

不应让老年人看到记分，避免影响受测者的情绪，也避免分散老年人的注意力。

(4) 对特殊情况要有心理准备。如在测验过程中出现突发事件，如老年人突然生病、计时器出故障等，应保持沉着冷静，及时规范处理，不要临阵慌乱。

(5) 能够运用恰当的沟通技巧：讲述清楚、认真倾听、鼓励表扬、表示感谢、反应与重复。

与老人交谈时，选择合适位置的坐姿。尽量与老人保持平等的高度，以免让老人抬头仰望，有不被尊重的感觉，或低头时间过长而增加疲倦感。

3. 与老年人建立协调关系

应向老年人强调心理测验的目的，强调测验对他们有利的方面，降低其不认真完成测验的倾向，激发他们做最大努力。

要提前向老人解释评估目的，声明可能存在的体验感受。老人要非常清楚地知道评估目的、谁要求做评估（若不是老人自己），以及最终的评估结果会用来做什么。老人必须有行为能力同意做评估，才能投入到与工作者的双向互动中。当老人无法在知情的情况下给予授权时，或者显得没有能力理解评估目的时，工作者应当尽一切可能维护老人的权利和尊严。即使老人看起来似乎能完全理解评估，工作者也要向其解释评估目的。对工作者而言，这是个保护工作。

评估者要对老年人的材料严格保密。绝对保密是无法做到的，因此不应该用它来鼓励老人说出自己的情况。心理慰藉工作与社会工作紧密联系，只有社会工作人员了解评估结果，社会服务组织看到评估材料，才能决定被评估人是否有资格获得支持性和康复性活动。

工作者有责任告诉老人都采取了哪些保密措施，让老人知道只有在绝对必要的情况下才会把资料披露给有权过问老人福祉的服务提供者和家人。工作者要向老人保证，其个人资料会得到尊重和保护，并且有义务据实向老人解释保密相关事宜。

4. 评估时机选择

要选择老人不疲倦或感觉尚好的时候做评估。对于健康状况非常差的老人来说，疲倦会让他应付不了评估过程中长时间的问答。若评估时间较长，又有许多细节问题，就应该把它分成几次进行，并且控制每次的时间。早晨和傍晚可能是有某种器质性脑损伤的老人一天中比较迷糊的时候，如果要准确了解老人的功能状况，那么这个时间就不是适宜做评估的好时间。除此之外，还要结合老年人的身体状况，安排合理的评估时间，如果老人身体状况欠佳，可以分次进行评估，避免让老人过度劳累。

（二）老年人常用心理评估方法

1. 观察法

观察法最为简单，却很重要。在危急时刻或条件受限时可以通过观察做出初步判断。评估员需要观察老年人的容貌、着装、言语、表情、动作、姿态及与旁人的接触是否主动等。

2. 访谈法

访谈法是通过与老年人口头交谈，了解和收集他们的心理与行为特征资料的一种方法。通过交谈，可以全面评估老年人的生活经历、个性特点，同时可以为老人提供一定的心理支持和心理辅导。

访谈法的最大特点在于整个访谈过程是访谈者与老年人相互影响、相互作用的过程。

访谈一般可以分为结构访谈和非结构访谈。

结构访谈又称标准化访谈，指按照统一的设计要求，依据有一定结构的问卷而进行的比较正式的访谈。结构访谈对选择访谈对象的标准和方法、访谈中提问的内容方式和顺序、被访者回答的方式、访谈记录的方式等都有统一的要求，有时甚至对访谈的时间、地点、周围的环境等外部条件都有统一的要求。这种方法所获得的结果便于统计分析，但缺乏弹性。

非结构访谈，又称非标准化访谈，指只按照一个粗线条式的访谈提纲而进行的非正式的访谈。这种方法对访谈对象的条件、所要询问的问题等只有一个粗略的要求，访谈者可以根据访谈的实际情况而灵活地调整提问的方式、顺序等。这种方法有利于发挥访谈者和被访者的主动性与创造性，有利于加深和拓宽对问题的研究，但难以进行定量分析，对访谈者的要求也较高。

3. 问卷法

问卷法是研究者用统一、严格设计的问卷，来收集老年人心理和行为的数据资料的一种研究方法。其特点是标准化程度比较高，避免了研究的盲目性和主观性，而且能在较短时间内收集到大量的资料，也便于定量分析。

一般地说，问卷设计包括以下步骤：

（1）根据研究目的与假设，收集相关资料；

（2）确定问卷形式；

（3）列出标题和各部分项目；

（4）征求意见，修订项目；

（5）试测，进行项目分析与修订；

（6）正式测试。

需要注意的是，问题是问卷的核心，在设计问卷时，研究者应对问题的类别有比较清楚的认识，并善于根据研究目的和具体情况选择适当类别的问题。而且问题的表达方式、排列方式和回答方式也需要精心设计。只有这样才能设计出结构科学、内在逻辑性强的高质量问卷。

此外，编制问卷时，还要注意以下几点：第一，问卷中的问题数量不宜过多，必须紧紧围绕所研究的问题；第二，问卷的内容和表述应是老年人所熟悉的、可以理解的；第三，问卷的形式应以封闭性的问题为主、开放性的问题为辅；第四，问卷中问题的表述应尽量隐蔽研究的真实意图，防止社会赞许效应的出现。

4. 测验法

通俗地说，测验法即采用心理测验方式如心理评估量表、问卷等，对老人的心理状况进行评估。我们将在下一个任务详细陈述老年人常用的心理测验量表。

同步训练

教师指导学生根据任务情境，确定评估内容。

评估内容包括个人一般资料、老年人的情绪状况、社会支持状况等。根据需要选择相关标准化心理测验实施评估。

任务二

老年人心理测验量表施测

任务情境

小王计划针对社区里的老年住户开展一次大规模的心理健康状况普查。考虑到人数较多，小王有点困惑：若能够满足大部分老年人的需求，应该选择哪些测评量表，才能获得自己想要的调查效果呢？这些测评量表在实际使用时，有哪些注意事项呢？

任务描述

1. 编制一份适合老年人的《心理健康调查问卷》。
2. 选取生活中的一位老年朋友，运用量表评定其情绪状况。
3. 根据测评结果编写一份心理评估报告。

相关知识

一、术语理解

心理测验法，即通过心理测验来研究老年人心理、行为特征的一种方法，它一般是用一套标准化的题目，按规定的程序，对老年人心理的某一方面进行测量，从而做出老年人某方面心理发展水平或特点的评定与诊断。测验法也是老年心理学研究与实践中常用的一种方法，它既可以用于测查老年人心理发展的个别差异，也可以用于了解不同年龄段老年人心理发展水平的一般特征。

二、要点提示

（一）心理测量工具的选择

心理测量的基本功能是测量个体间的差异或同一个体在不同方面的反应。进行心理测验时，常使用各种心理评定量表。一份经过严格编制的问卷往往包含一个或多个标准化的量表。要想做出科学、客观的评估，心理测量工具的选择是非常重要的。那么，在评估的目的、对象、功能确定后，测量工具的选择应考虑哪些要素呢?

1. 标准化测验

标准化测验是经过一套严格的标准化程序进行编制，并按标准化程序去使用的测验。标准化测验中，问卷的项目是通过项目分析获得的，是有效的；施测的方法、指导语和时间是标准化的；记分标准明确，对反应的量化是客观的，对分数的转换和解释也有详细规定。标准化测验还必须具有信度和效度指标，并提供常模。

2. 信度

信度指测验的可靠程度，即测验结果的一致性程度，通常用相关系数来表示信度的高低。由于测验分数有不同的误差来源，因此估计信度的方法也不同。测验手册常报告的信度指标有：再测信度、复本信度、分半信度和同质性信度。一个好的测验应有较高的信度。通常能力测验的信度高于人格测验的信度。

3. 效度

效度指测验对要测量的东西能够测量的正确程度。测验的效度越高，表明测量结果越能代表所要测量的行为的真正特征。效度是一个好测验的必备条件，效度可分为内容效度、构想效度和效标效度。

4. 常模

常模是判断个别差异的依据和比较的标准。用于比较的参考团体叫作常模团体。常模团体测验的平均分数叫常模。当把被试的原始分数转化为导出分数，与和他具有类似特质的团体相比较时，便可知道他在该团体内的相对位置。由于区分和限定常模团体的变量不同，常模的种类也不同。最常见的有年龄常模、年级常模、性别常模、地区常模、全国常模和临床常模等。

（二）心理测验实施

1. 指导语

（1）对受测者的指导语。

对受测者的指导语一般印在测验的开头部分，由受测者自己阅读或者辅导师朗读。一般包括以下内容：

1）如何选择反应形式（划“√”、口答、书写等）；

2）如何记录这些反应（答题纸、录音、录像等）；

3）时间限制；

4）如果不能确定正确反应时该如何操作（是否允许猜测等）；

5）例题（当题目形式比较生疏时，给出附有正确答案的例题十分必要）；

6）有时告知受测者测验目的。

测评员念完指导语后，应该再次询问受测者有无疑问，如有疑问，应严格遵守指导语解释，不要另加自己的想法使测验变得不规范。

（2）对测评员的指导语。

由于测评员的一言一行，甚至表情动作都会对受测者产生影响，所以测评员一定要严格按照施测指导语的有关规定去做，不要任意发挥和解释。

2. 时限

大多数心理评估测验不受时间限制。

个别有时限要求的测验，则要严格遵守时间限制。如果遇到受测者疲劳、饥渴等情况，必要时并且是在测验允许的条件下，可依受测者的状况，适当延长测验时间。

（三）心理测量结果报告

心理测量结果报告必须客观、准确，错误的测验报告会对受测者造成不良影响，甚至可能影响对老年人心理健康的准确判断。

1. 测验分数的综合分析

（1）根据心理测验的特点进行分析。

（2）不能把测验分数绝对化，更不能仅仅根据一次测验轻易下结论，应综合考虑以下因素：

1）老年人的教育背景和经历。

2）老年人测试过程中的身体状况、生理状态、听力、视力以及意外干扰等。

3）对测验分数进行解释时，不仅要依据常模，而且要结合信度和效度资料综合分析。

4）不同测验的分数不能直接加以比较。

2. 报告具体建议

（1）注意事项。

1）应告知对测验分数的解释，并非仅仅报告测验分数；

2）要避免使用专业术语；

3）要保证受测者了解该测验测量或预测内容；

4）要使受测者了解自己是和哪个群体进行比较；

5）要使受测者知道如何运用评估分数；

6）要考虑测验分数会给受测者带来的心理影响；

7）要让受测者积极参与测验分数的解释。

（2）报告主要内容。

1）老年人的基本信息（性别、年龄、教育水平、民族等）；

2）评估地点和时间；

3）基本生理状态（听力、视力、身体状况等）；

4）语言表达能力；

5）心理测验名称；

6）心理测验评分；

7）对心理测验评分的解释；

8）心理测验过程中需要特殊说明的情况；

9）心理服务建议。

三、方法技巧

常用的老年人评估量表有以下几种。

（一）抑郁情绪测评（表2—1、表2—2）

表2—1 **老年抑郁量表**

此量表为自评量表，适用于老年人。30个条目代表了老年抑郁的核心症状：情绪低落、活动减少、易激惹、易退缩以及对过去、现在与将来有消极评价等。

【使用方法】每个条目都是一句问话，要求受试者回答“是”或“否”。30个条目中，有10条用反序计分（回答“否”表示抑郁存在），20条用正序计分（回答“是”表示抑郁存在）。每项表示抑郁的回答得1分。

【评分标准】0～10分，正常；11～20分，轻度抑郁；21～30分，中重度抑郁。

【量表内容】

指导语：选择最切合您最近一周的感受的答案。

序号	题目	是	否
1	你对生活基本上满意吗？*		
2	你是否已放弃了许多活动与兴趣？		
3	你是否觉得生活空虚？		
4	你是否常感到厌倦？		
5	你觉得未来有希望吗？*		
6	你是否因为脑子里一些想法摆脱不掉而烦恼？		
7	你是否大部分时间精力充沛？*		
8	你是否害怕会有不幸的事落到你头上？		
9	你是否大部分时间感到幸福？*		
10	你是否常感到孤立无援？		
11	你是否经常坐立不安、心烦意乱？		
12	你是否希望待在家里而不愿去做些新鲜事？		
13	你是否常常担心将来？		
14	你是否觉得记忆力比以前差？		
15	你觉得现在活得很惬意吗？*		
16	你是否常感到心情沉重、郁闷？		
17	你是否觉得像现在这样活着毫无意义？		
18	你是否总为过去的事忧愁？		
19	你觉得生活很令人兴奋吗？*		
20	你开始一件新的工作很困难吗？		
21	你觉得生活充满活力吗？*		
22	你是否觉得你的处境已毫无希望？		
23	你是否觉得大多数人比你强得多？		
24	你是否常为些小事伤心？		
25	你是否常觉得想哭？		
26	你集中精力有困难吗？		
27	你早晨起来很快活吗？*		
28	你希望避开聚会吗？		
29	你做决定很容易吗？*		
30	你的头脑像往常一样清晰吗？*		

注：*该项为反序计分。

（资料来源：汪向东，王希林，马弘：《心理评定量表手册（增订版）》，北京，中国心理卫生杂志社，1999。）

表 2—2　　老年抑郁问卷

北京大学精神卫生研究所在综合考虑我国老人的文化背景和表达方式后，编制了一套老年抑郁问卷，可以老人自评，也可以让家人帮助评估，有助于快速了解老年人是否存在抑郁情绪。

【评分标准】如果老人有以下三种或三种以上表现，高度警惕老年抑郁的可能性，建议接受精神科专业人员帮助，心理辅导师需要在精神科专业人员的督导下开展心理辅导工作。

【量表内容】

指导语：请判断您最近两周是否存在以下情况，并在相应的选项上打钩，如“√”（每个条目下方，均对该条目列出具体的描述，以帮助您更好地理解，只要出现一项，即选择“有”）。共 12 个条目，请不要缺项。

1. 食欲或体重改变 （1）跟平时相比，食欲变差、吃饭不香； （2）明显变瘦； （3）食欲增加，经常觉得饿。 您是否有以上任何一种情况？　有　无	7. 郁闷 （1）多数时间心情不好、不开心； （2）感到压抑、痛苦； （3）经常哭泣。 您是否有以上任何一种情况？　有　无
2. 睡眠紊乱 （1）失眠； （2）睡眠过多； （3）睡醒后仍觉得困。 您是否有以上任何一种情况？　有　无	8. 无助绝望 （1）感到生活毫无希望； （2）认为现在的状况很难变好； （3）对治疗没有信心。 您是否有以上任何一种情况？　有　无
3. 躯体不适 经常出现各种身体不舒服（如胸闷、心悸、腹胀、疼痛、头晕、口干、易出汗、打嗝等），多次去医院检查和就诊，医生向您解释病情时，也无法明确原因。 您是否有以上任何一种情况？　有　无	9. 自责 （1）认为自己是个累赘，感到内疚，觉得对不起家人； （2）经常责备自己； （3）认为自己犯了严重的错误或者犯了罪。 您是否有以上任何一种情况？　有　无
4. 疲乏感 （1）觉得体力不如以前； （2）经常感到疲乏、无力，提不起精神； （3）想做事情但没有力气。 您是否有以上任何一种情况？　有　无	10. 轻生观念或行为 （1）经常想到死； （2）认为“活着没意思”甚至“活着不如死了好”； （3）准备甚至已经采取轻生举动。 您是否有以上任何一种情况？　有　无
5. 懒散迟缓 （1）变得不愿说话或者懒得动； （2）自己也感觉说话或者行动很慢、有些吃力。 您是否有以上任何一种情况？　有　无	11. 缺乏愉快体验 （1）觉得自己变得“麻木”； （2）遇到应该高兴的事情也高兴不起来； （3）对周围人和事物也变得不关心。 您是否有以上任何一种情况？　有　无
6. 焦虑不安 （1）感到心烦、不能放松； （2）总是担心，自己也觉得有些担心过多； （3）坐立不安； （4）比以前容易起急、发脾气。 您是否有以上任何一种情况？　有　无	12. 兴趣减退 （1）过去喜欢做的事情，也没有兴致去做； （2）一般来说会引起别人兴趣的事情，也觉得没有意思或者提不起兴致。 您是否有以上任何一种情况？　有　无

（资料来源：Xie Z，et al. International Psychogeriatrics，doi：10.1017/S1041610215000162。）

（二）焦虑情绪测评（表 2—3、表 2—4）

表 2—3　　老年焦虑问卷

北京师范大学引进澳大利亚昆士兰大学编制的老年焦虑问卷，可以协助辅导师尽快判断老人有无焦虑情绪。

【评分标准】如果老年人对 11 种以上描述表示“同意”，高度警惕老年焦虑的可能性，建议接受精神科专业人员帮助，辅导师需要在精神科专业人员督导下开展心理辅导工作。

【指导语】请根据最近一周内您的感受对下列题目作答。如果您基本同意题目对您的描述，请在“同意”栏划“√”，如果基本不同意题目对您的描述，请在“不同意”栏划“√”。

	同意	不同意
1. 我总是在担忧。		
2. 我觉得做出一个决定很困难。		
3. 我经常觉得紧张不安。		
4. 我觉得很难放松下来。		
5. 我经常由于担忧而不能享受生活。		
6. 一点儿小事也会给我很大烦恼。		
7. 我经常觉得心里七上八下的。		
8. 我觉得自己是爱担忧的人。		
9. 即使是一点儿小事也会让我不由自主地担心。		
10. 我经常感到紧张。		
11. 我的想法经常让我很焦虑。		
12. 担忧引起我肠胃不舒服。		
13. 我觉得自己是个神经紧张的人。		
14. 我总是预感到最坏的事情会发生。		
15. 我经常胆战心惊的。		
16. 我觉得我的担忧干扰了我的生活。		
17. 我经常被各种担心压垮。		
18. 有时我因为焦虑感到胃痉挛。		
19. 过度的担忧使我错失了一些东西。		
20. 我经常觉得心烦意乱。		

（资料来源：唐丹，王大华：《社区老年人焦虑水平及影响因素》，载《心理与行为研究》，2014（01）。Pachana NA，et al. International Psychogeriatrics. 2007，19：103－114。）

表 2—4　　状态—特质焦虑问卷（ST-AI）

该量表测量特质焦虑和状态焦虑两种倾向。状态焦虑，英文名称为“state anxiety”，描述的是一种不愉快的情绪体验，如紧张、恐惧、忧虑和神经质，伴有植物神经系统的功能亢进，一般为短暂性的。特质焦虑，英文名称为“trait anxiety”，描述的是一种相对稳定，作为一种人格特质且具有个体差异的焦虑倾向。

该量表由指导语和两个分量表共 40 项描述题组成。第 1～20 项为状态焦虑量表（STAI，Form Y-I，以下简称 S-AD）。其中半数为描述负性情绪的条目，半数为正性情绪条目，主要用于评定即刻的或最近某一特定时间或情景的恐惧、紧张、忧虑和神经质的体验或感受。可用来评价应激情况下的状态焦虑。第 21～40 题为特质焦虑量表（STAI，Form Y-l，简称 T-AI），用于评定人们经常的情绪体验。其中有 11 项为描述负性情绪条目，9 项为正性情绪条目。

该问卷由自我评定或自我报告来完成。可用于个人或集体测试，受试者一般需具有初中文化水平。

【评分标准】每个项目进行 1～4 级评分 S-AI：1—完全没有，2—有些，3—中等程度，4—非常明显。T-AI:1—几乎没有，2—有些，3—经常，4—几乎总是如此。受试者根据自己的体验选择最合适的分值。凡正性情绪项目均为反序计分。分别计算 S-AI 和 T-AI 量表的累加分，最小值 20，最大值为 80，反映状态或特质焦虑的程度。

【量表内容：S-AI】

指导语：下面列出的是一些人们常常用来描述他们自己的陈述，请阅读每一个陈述，然后在右边打钩来表示你现在的感觉，也就是你此时此刻最恰当的感觉。没有对或错的回答，不要对任何一个陈述花太多的时间去考虑，但所给的回答应该是你现在最恰当的感觉。

序号	项目	完全没有	有些	中等程度	非常明显
1	我感到心情平静				
2*	我感到安全				
3	我是紧张的				
4	我感到紧张束缚				
5*	我感到安逸				
6	我感到烦乱				
7	我现在正烦恼，感到这种烦恼超过了可能的不幸				
8*	我感到满意				
9	我感到害怕				
10*	我感到舒适				
11*	我有自信心				
12	我觉得神经过敏				
13	我极度紧张不安				
14	我优柔寡断				
15*	我是轻松的				
16*	我感到心满意足				
17	我是烦恼的				
18	我感到慌乱				
19*	我感觉镇定				
20*	我感到愉快				

注：“*”项为反序计分。

【量表内容：T-AI】

指导语：下面列出的是人们常常用来描述他们自己的一些陈述，请阅读每一个陈述后，在右边打钩，来表示你经常的感觉。没有对或错的回答，不要对任何一个陈述花太多的时间去考虑，但所给回答均应该是你平常所感觉到的。

序号	项目	几乎没有	有些	经常	几乎总是如此
1	我感到愉快				
2	感到神经过敏和不安				
3*	我感到自我满足				
4*	我希望能像别人那样高兴				
5	我感到我好像衰竭一样				
6*	我感到很宁静				
7*	我是平静的、冷静的和泰然自若的				
8	我感到困难一一堆积起来，因此无法克服				
9	我过分忧虑一些事，实际这些事无关紧要				

续前表

序号	项目	几乎没有	有些	经常	几乎总是如此
10*	我是高兴的				
11	我的思想处于混乱状态				
12	我缺乏自信心				
13*	我感到安全				
14*	我容易做出决断				
15	我感到不合适				
16*	我是满足的				
17	一些不重要的思想总缠绕着我，并打扰我				
18	我产生的沮丧是如此强烈，以致我不能从思想中排除它们				
19*	我是一个镇定的人				
20	当我考虑我目前的事情和利益时，我就陷入紧张状态				

注：“*”项为反序计分。

（资料来源：汪向东，王希林，马弘：《心理评定量表手册（增订版）》，北京，中国心理卫生杂志社，1999。）

（三）幸福感测量（表2—5）

表2—5　纽芬兰纪念大学幸福度量表

纽芬兰纪念大学幸福度量表（MUNSH）的理论结构是情感平衡理论，这一理论把幸福理解为两种对立而同样重要的、彼此独立的情感之间的平衡，即正性情感与负性情感之间的平衡。正性情感增加一个人的幸福度，负性情感降低一个人的幸福度，总的幸福度是两者之间平衡的结果。

该量表由24个条目组成，10个条目反映正性和负性情感，其中5个条目反映正性情感（PA），5个条目反映负性情感（NA）；14个条目反映正性和负性体验，其中7个条目反映正性体验（PE），另7个条目反映负性体验（NE）。总的幸福度＝PA-NA＋PE-NE。

【评分标准】每个项目回答“是”，记2分，回答“不知道”，记1分，回答“否”记0分。第19项回答“是”记0分，“否”记2分，“不知道”记1分。总分＝PA-NA＋PE-NE，得分范围－24～＋24分。为了便于计算，加上常数24，记分范围为0～48分。

PA：正性情感；NA：负性情感；PE：一般正性体验；NE：一般负性体验。

【量表内容】

指导语：下面的问题是说明您“近五个月”的日子过得怎么样的。如果符合您的情况，请在“是”上打“√”；如果不符合，请在“否”上打“√”；实在回答不了，就在“不知道”上打“√”。答案无所谓对错，只要如实回答就可以了。谢谢合作！

近五个月来，您感到：	是	否	不知道
1. 满意到极点	□	□	□
2. 情绪很好	□	□	□
3. 对我的生活特别满意	□	□	□
4. 很走运	□	□	□
5. 厌烦	□	□	□
6. 非常孤独或与人疏远	□	□	□
7. 忧虑或非常不愉快	□	□	□

8. 担心，因为不知道将会发生什么情况	□	□	□
9. 感到我的生活处境变得艰苦	□	□	□
10. 一般来说，生活处境变得使我感到满意	□	□	□
11. 这是我一生中最难受的时期	□	□	□
12. 我像年轻时一样高兴	□	□	□
13. 我所做的大多数事情都令人厌烦或单调	□	□	□
14. 我做的事像以前一样使我感兴趣	□	□	□
15. 当我回顾我的一生时，感到相当满意	□	□	□
16. 随着年龄的增加，一切事情更加糟糕	□	□	□
17. 您感到很孤独吗？	□	□	□
18. 今年有一些事情使我很烦恼	□	□	□
19. 如果你能到你想住的地方去住，你愿意到那儿去住吗？	□	□	□
20. 有时我感到活着没意思	□	□	□
21. 我现在像我年轻时一样高兴	□	□	□
22. 大多数时候我感到生活是艰苦的	□	□	□
23. 您对您当前的生活满意吗？	□	□	□
24. 我的健康情况与我的同龄人相同，甚至还好些	□	□	□

（资料来源：汪向东，王希林，马弘：《心理评定量表手册（增订版）》，北京　中国心理卫生杂志社，1999。）

（四）社会支持测评（表2—6）

表2—6　　社会支持评定量表

该量表包括客观支持（3条）、主观支持（4条）和对社会支持的利用度（3条）三个维度。

【评分标准】

1. 第1～4，8～10条：每条只选一项，选择1，2，3，4项分别计1，2，3，4分。
2. 第5条分A，B，C，D四项，每项从无到全力支持分别计1～4分，累加计分。
3. 第6、7条如回答“无任何来源”则计0分，回答“下列来源”者，有几个来源就计几分。

计分方法：

1. 总分：十个条目计分之和。
2. 客观支持分：2，6，7条评分之和。
3. 主观支持分：1，3，4，5条评分之和。
4. 对支持的利用度：第8，9，10条。

【量表内容】

指导语：下面的问题反映您在社会中获得的支持。无所谓对错，不记名，请根据您的实际情况圈出最接近的选项。谢谢您的支持！

1. 您有多少个关系密切、可以得到支持和帮助的朋友？（只选一项）

（1）一个也没有　　（2）1～2个

（3）3～5个　　（4）6个或6个以上

2. 近一年来您：（只选一项）

（1）远离家人，且独居一室　　（2）住处经常变动，多数时间和陌生人住在一起

（3）和同学、同事或朋友住在一起　　（4）和家人住在一起

3. 您与邻居：（只选一项）

（1）相互之间从不关心，只是点头之交　　（2）遇到困难可能稍微关心

（3）有些邻居很关心您　　（4）大多数邻居都很关心您

4. 您与同事：（只选一项）

（1）相互之间从不关心，只是点头之交　　（2）遇到困难可能稍微关心

（3）有些同事很关心您　　（4）大多数同事都很关心您

5. 从家庭成员得到的支持和照顾（在合适的框内划“√”）

	无	极少	一般	全力支持
A. 夫妻（恋人）				
B. 父母				
C. 儿女				
D. 兄弟姊妹				
E. 其他成员（如嫂子）				

6. 过去，在您遇到困难情况时，曾经得到的经济支持或解决实际问题的帮助来源有：

（1）无任何来源；　　（2）下列来源：（可选多项）

A. 配偶；B. 其他家人；C. 朋友；D. 亲戚；E. 同事；F. 工作单位；

G. 党团工会等官方或半官方组织；H. 宗教、社会团体等非官方组织；I. 其他（请列出）

7. 过去，在您遇到困难情况时，曾经得到的安慰和关心来源有：

（1）无任何来源；　　（2）下列来源：（可选多项）

A. 配偶；B. 其他家人；C. 朋友；D. 亲戚；E. 同事；F. 工作单位；

G. 党团工会等官方或半官方组织；H. 宗教、社会团体等非官方组织；I. 其他（请列出）

8. 您遇到烦恼时的倾诉方式：（只选一项）

（1）从不向任何人诉述　　（2）只向关系极为密切的 1～2 个人诉述

（3）如果朋友主动询问您会说出来　　（4）主动叙述自己的烦恼，以获得支持和理解

9. 您遇到烦恼时的求助方式：（只选一项）

（1）只靠自己，不接受别人的帮助　　（2）很少请求别人帮助

（3）有时请求别人帮助　　（4）有困难时经常向家人、亲友、组织求援

10. 对于团体（如党团组织、宗教组织、工会、学生会等）组织活动，您：（只选一项）

（1）从不参加　　（2）偶尔参加

（3）经常参加　　（4）主动参加并积极活动

（资料来源：汪向东，王希林，马弘：《心理评定量表手册（增订版）》，北京，中国心理卫生杂志社，1999。）

（五）日常生活能力量表（ADL）（表 2—7）

表 2—7　　日常生活能力量表（ADL）

日常生活能力量表（Activity of Daily Living Scale，ADL）由美国的 Lawton 和 Brody 于 1969 年制定，由躯体生活自理量表和工具性日常生活活动量表组成，共 14 项。

【评分标准】国内常用的是美国的 Elena Yu（杨淑慧）和 William Liu（刘融）修订和补充后的 20 项版本，用于评定被试的日常生活能力。评定的结果总分少于或等于 26 分为完全正常，多于 26 分提示有不同程度的功能下降，单项分 1 分为正常，2～4 分为功能下降，凡 2 项或以上多于 3 分，或总分多于 22 分提示有明显功能障碍。

ADL 操作简易，但是易受多种因素的影响，如年龄、视觉、听觉或肢体运动障碍等，评定时对结果的解释应谨慎。

【量表内容】

指导语：现在我想问些有关您平常需要做的事情，我想知道的是，您可以自己做这些事情还是需要别人帮助，或者您根本没办法做这些事情。

1—自己可以做；2—有些困难；3—需要帮助；4—根本没法做；9—不知道

序号	问　题	完成情况
1	自己搭公共汽车	1　2　3　4
2	到家附近的地方去（步行范围）	1　2　3　4
3	自己做饭（包括生火）	1　2　3　4
4	做家务	1　2　3　4
5	吃药	1　2　3　4
6	吃饭	1　2　3　4
7	穿、脱衣服	1　2　3　4
8	梳头、刷牙等	1　2　3　4
9	洗自己的衣服	1　2　3　4
10	在平坦的室内走动	1　2　3　4
11	上下楼梯	1　2　3　4
12	上下床、坐下或站起	1　2　3　4
13	提水煮饭或洗澡	1　2　3　4
14	洗澡（水已放好）	1　2　3　4
15	剪脚趾甲	1　2　3　4
16	逛街，购物	1　2　3　4
17	定时去厕所	1　2　3　4
18	打电话	1　2　3　4　9
19	处理自己的钱财	1　2　3　4
20	独自在家	1　2　3　4　9
评　分		

（资料来源：张明园，Elena Yu，何燕玲：《痴呆的流行病学调查工具及其应用》，载《上海精神医学》，1995（7），6页。）

（六）气质类型测试（表2—8）

表2—8　　**气质类型测试卷**

理学常把人的气质分为四种类型，即胆汁质、多血质、黏液质和抑郁质。此套测试题，可以帮助你知道自己属于哪一气质类型及该气质的特点，以便有针对性地进行心理关怀。气质类型无所谓好坏，不用犹豫，尽快回答。

将各题得分按下面的题号分类计分，并汇总各类得分。

胆汁质题号：2，6，9，14，17，21，27，31，36，38，42，48，50，54，58。总得分________。

多血质题号：4，8，11，16，19，23，25，29，34，40，44，46，52，56，60。总得分________。

黏液质题号：1，7，10，13，18，22，26，30，33，39，43，45，49，55，57。总得分________。

抑郁质题号：3，5，12，15，20，24，28，32，35，37，41，47，51，53，59。总得分________。

如果其中一种气质得分明显高出其他3种，均高出4分以上，则可定位该气质类型。如果该类型得分在10～20分，则为一般型。如果该类气质得分超过20分，则为典型型。

如果两种气质类型得分相近，其差异性低于 3 分，而且又明显高于其他两种（高出 4 分以上），则可定位为这两种气质的混合型。

如果三种气质得分均高于第四种，而且三种气质得分接近，则为三种气质的混合型。如，多血—胆汁—黏液质混合型，或黏液—多血—抑郁质混合型。

如果四种气质得分相差都在 3 分以内，则可能是没有如实回答问题，也可能是四种气质类型的混合型，不过这种情况比较少见。

【评分标准】完全符合记 2 分，比较符合记 1 分，中等程度记 0 分，比较不符合记－1 分，完全不符合记－2 分。

序号	项目	完全符合	比较符合	中等程度	比较不符合	完全不符合
1	做事力求稳妥，不做无把握之事。					
2	遇到生气的事就怒不可遏，想把心里话全说出来才痛快。					
3	宁肯一个人干事，也不愿很多人在一起干。					
4	到一个新环境很快就能适应。					
5	厌恶那些强烈的刺激，如尖叫、危险镜头等。					
6	和人争吵时，总是先发制人，喜欢挑衅。					
7	喜欢安静的环境。					
8	善于和人交往。					
9	羡慕那种能克制自己感情的人。					
10	生活有规律，很少违反作息制度。					
11	在多数情况下情绪是乐观的。					
12	碰到陌生人觉得很拘束。					
13	遇到令人气愤的事，能很好地自我克制。					
14	做事总是有旺盛的精力。					
15	遇到问题常常举棋不定，优柔寡断。					
16	在人群中从不觉得过分拘束。					
17	情绪高昂时，觉得干什么都有趣；情绪低落时，又觉得什么都没意思。					
18	当注意力集中于一事物时，别的事很难使我分心。					
19	理解问题总比别人快。					
20	碰到危险情景，常有一种极度恐惧感。					
21	对学习、工作和事业怀有很高的热情。					
22	能够长时间做枯燥单调的工作。					
23	符合兴趣的事情，干起来劲头十足，否则就不想干。					
24	一点小事就能引起情绪波动。					
25	讨厌做那些需要耐心细致的工作。					
26	与人交往不卑不亢。					
27	喜欢参加热烈的活动。					
28	爱看感情细腻、描写人物内心活动的文学作品。					
29	工作、学习时间长了，会感到厌倦。					
30	不喜欢长时间谈一个问题，而愿意实际动手干。					

续前表

序号	项目	完全符合	比较符合	中等程度	比较不符合	完全不符合
31	宁愿侃侃而谈，不愿窃窃私语。					
32	别人说我总是闷闷不乐。					
33	理解问题比别人慢些。					
34	疲倦时只要经短暂休息就能精神抖擞起来，重新投入工作。					
35	心里有话宁愿自己想，不愿说出来。					
36	认准一个目标就希望尽快实现，不达目的誓不罢休。					
37	与别人同样学习或工作同样一段时间后，常比别人更疲倦。					
38	做事有些莽撞，常常不考虑后果。					
39	老师讲授新知识时，总希望他讲慢些，多重复几遍。					
40	能够很快地忘记那些不愉快的事情。					
41	做作业或完成一件工作总比别人花的时间多。					
42	喜欢运动量大的体育活动，或各种文艺活动。					
43	不能很快地把注意力从一件事转到另一件事上去。					
44	接受一个任务后，就希望迅速解决它。					
45	认为墨守成规比冒风险强些。					
46	能够同时注意几件事物。					
47	当我烦闷的时候，别人很难使我高兴起来。					
48	爱看情节起伏跌宕、激动人心的小说。					
49	工作始终认真严谨。					
50	和周围人们的关系总是相处不好。					
51	喜欢复习学过的知识，重复做已掌握的工作。					
52	喜欢做变化大、花样多的工作。					
53	小时会背的诗歌，我似乎比别人记得清楚。					
54	别人出语伤人，可我并不觉得怎么样。					
55	在体育活动中，常因反应慢而落后。					
56	反应敏捷，头脑机灵。					
57	喜欢有条理而不甚麻烦的工作。					
58	兴奋的事常使我失眠。					
59	他人讲新概念我常常听不懂，但是弄清后就很难忘记。					
60	假如工作枯燥无味，我马上就会情绪低落。					

同步训练

教师指导学生根据任务情境，编制《社区老年居民心理健康调查问卷》，组织学生运用所学量表，开展评估，提交一份报告。

项目小结

老年人心理测评内容包括认知功能、情绪、社会功能、感知觉障碍等方面。实施心理测评时，要选择标准化测验，因其具有较高的信效度和常模。此外，还要保证测评场所的安静舒适，并且测评在老人身体感觉状况较好的时候进行。测评人员要保持自信轻松的心态，提前向老人说明测评目的、可能存在的体验感受等。最终，要对老人的评估材料及结果严格保密。常用的心理测评方法有健康史报告法、访谈法、问卷法、测验法等。

教学做一体化训练

重点概念

认知功能障碍、社会功能缺陷、感知觉障碍、幻觉、错觉、妄想、问卷法、测验法

简答题

1. 老年心理测评常用方法有哪些？
2. 老年心理测评的注意事项是什么？
3. 老年心理测评内容有哪些？
4. 编制问卷时，如何选择测评工具？

案例分析题

周大叔，今年65岁，最近天天茶不思、饭不想，寝食难安。早些年，他继承了父亲维修手表的手艺，一心想把父亲的事业发扬光大。那时候生意兴隆，赚了不少钱。没想到好景不长，随着改革开放，人们普遍放弃了使用机械表，而选择价廉好用的电子表。即使手表出现问题，人们宁愿重购，也不愿意花大价钱反复修理。这样，周大叔的修理店惨淡经营，收入慢慢减少。随后，周大叔转行做起了养殖业。没想到由于经验欠缺，最终亏钱折本收场，花光了他大半辈子的积蓄。接着政府拆迁，他们搬进了远离市区的廉租房，环境很不好，平静的生活发生了较大变化。

后来他一气之下沉迷于购买彩票，期待早日赚大钱。而一家的开销，全靠老伴微薄的退休收入，难以维持之时，不得不靠子女来补贴，而子女们也生活得不是很富裕，这让一向倔强的周大叔心里很不是滋味。然而老伴又因为一些鸡毛蒜皮的事情经常与他发生口角，两人争得不可开交。儿女虽然也会来劝架，却常常站在母亲一方来指责父亲无事生非。各种烦恼和痛苦使周大叔每天夜里总是无法入眠。躺在床上时，往事像放电影一样，一幕幕清晰地闪过他的眼前。他常常对往事后悔莫及，以至于到夜里一两点钟仍然毫无睡意，有时经常噩梦连连，早上四点左右就醒了。每晚入睡时间也不过两三个小时。到了白天头皮发胀、疲倦不堪、易发怒、心烦，也没有心思做任何事情。他慢慢变得害怕黑夜，害怕睡眠。

【思考题】

1. 请分析周大叔的心理状况是否正常。为什么？

2. 如果为周大叔建立一份《心理健康档案》，你计划如何实施？

延伸阅读

心理测验

1. 心理测验类型

心理测验的种类有很多，我们可以从不同的标准将其加以区分。

(1) 按测验的功能分类，有智力测验，用于测量人的智力；特殊能力测验，测量人的特殊能力；人格测验，测量人格特点；神经心理测验，测量个体对某种认知能力的心理生理反应。

(2) 按测验材料分类，有文字测验，也称纸笔测验，所用的是文字材料，被试用文字作答；非文字测验，也称操作测验，测验项目多是图画、实物等，无须文字作答。

(3) 按测验对象分类，有个别测验，即一个主试与一个被试在面对面的情形下进行；团体测验，在同一时间内由主试对多个被试施测。

(4) 按测验的目的分类，有描述性测验、诊断性测验、预测性测验。

描述性测验：测验的目的在于对个人或团体的能力、性格、兴趣、知识水平等进行描述。

诊断性测验：目的在于对个人或团体的某种行为问题进行诊断。

预测性测验：目的在于从测验的分数预示一个人将来的表现和所能达到的水平。

2. 测验的注意事项

在实际测验的过程中，应注意以下问题：

(1) 测验者的先前准备。这包括熟悉指导语、准备好测验所需材料、熟练地掌握测验的具体实施程序等。

(2) 选择适宜的测验环境。包括安静而宽敞的地点、适宜的采光和通风条件、避免他人干扰等。

(3) 标准化的指导语与标准时限。

(4) 与被试建立良好的协调关系。主试设法引起被试对测验的兴趣，取得合作，使整个测验过程能严格地按测验程序进行。

3. 测验特性

(1) 间接性。人的心理特质是通过外显行为表现出来的，测验无法直接测量心理特质，而是通过一个人对测验题目的反应来推论他的心理特质的，因此心理测量具有间接性。

(2) 相对性。人的行为比较没有绝对标准，心理测量中对人的评价总是与他所在团体中的大多数人或某种人为确定的标准相比较而言的，如聪明、愚钝、内向、外向等，因此心理测量具有相对性。

(3) 代表性。测验不可能测量人所有的行为，特定的测验也只测量了它所要测定的行为领域的一个行为样本。测验的编制者往往根据一定的心理学理论，抽取出决定某一心理特质的代表性要素，选取最能表现这些要素的行为组成样本。从某种意义上说，测验只是测量了编制者所定义的行为。因此，测量具有代表性。

(4) 客观性。同其他测量一样，心理测量还具有客观性。因为测验工具从编制到施测、记分及结果的解释都经过了标准化。

测验法收集数据的优点是明显的，如科学、效果准确、标准化程度高、可以大范围进行、方便快捷等，但由于心理现象本身的复杂性和特殊性，人们对心理特性的测量还达不到物理测量的精确度，对某些心理特性的认识可能还有偏差，因而对心理测验的使用必须相当慎重。此外测验对使用者要求很高。目前的应用过程中还存在着一些明显的问题，如测验的编制与修订不科学、不严谨，测验使用人员缺乏专业训练，测验结果被误用等。

项目三

老年人心理健康教育实施

学习目标

知识目标

1. 掌握老年人心理健康教育活动的重点内容；
2. 掌握老年人心理健康教育的常用方法和技巧；
3. 能够辨别心理咨询、心理治疗与心理健康教育等概念；
4. 熟悉老年人心理健康教育的注意事项。

能力目标

1. 具备撰写老年心理健康教育活动方案的能力；
2. 具备组织开展社区心理健康教育活动的能力。

项目情境

“知老、爱老、敬老”的重阳节活动告一段落，小王坚持深入社区了解老年居民对活动的后期反馈，并主动了解居民对社区开展老年心理服务工作的需求。经过了解，她发现很多老年人对心理服务工作存在很大的误解，常见观点如“老年人不需要心理咨询服务”“患慢性病的老年人多，患心理疾病的老年人很少”“老年人最需要解决物质需求，不需要解决精神需求”等。社区工作人员之前也曾组织过几场心理科普讲座，但是主动前来聆听的老年人寥寥无几，大多数人在领取了现场发放的纪念品之后提前退场。因此，小王明白了“传统的心理咨询服务”并非完全适用于老年人，丰富多彩的活动载体才能激发老年人的积极性。她决定尝试从“心理健康教育”入手，逐渐普及社区老年心理服务工作。

任务一

老年心理健康教育认知

任务情境

小王发现，社区老年居民经常开展丰富多彩的活动。白天，大家在小区的老年活动中心下棋、打牌、唱歌、练习书法等，晚上则在广场上热热闹闹地跳起了“广场舞”。相比而言，社区里的阅览室则显得有些空荡，设施齐全的播放媒体利用率也不是很高。下周是 10 月 10 日“世界精神卫生日”，今年的主题是“精神健康伴老龄，安乐幸福享晚年”。小王决定在 10 月 10 日这天组织一次心理健康教育活动，准备邀请 50 位老年住户参加。

任务描述

1. 确定心理健康教育对象。
2. 确定心理健康教育内容。
3. 确定心理健康教育方式。
4. 撰写一份老年心理健康教育活动的策划方案。

相关知识

一、术语理解

（一）健康教育

健康教育以全体人民为对象，通过生理的、心理的、社会的以及与健康密切相关的知识教育手段，向社会、家庭和个人传播卫生保健知识，纠正不良习惯，建立科学的生活方式，提高自我保健能力，进而达到精神、身体、社交等方面健全的状态。面向社会、家庭以及老年人自身，根据老年人特点开展心理健康教育，是人口老龄化背景下开展基层老龄服务工作的迫切需求。

（二）心理健康教育

心理健康教育是根据个体或脆弱群体的生理、心理特点，以及社会环境对其的影响，运用心理学和教育学的原理和方法，采取有目的、有计划的措施，对被教育者进行教育，培养他们健康的心理素质，促进个性全面的成熟和发展，以最终达到提高心理健康水平的目的。

二、要点提示

（一）老年心理健康教育的对象

（1）老年个体。包括健康老年人群、心理亚健康状态的老年人，以及有心理问题或心理疾患的个体。教育内容包括老化健康信念、老化价值观和老化健康行为、健康评估标准、心理问题和心理疾病患者健康教育需求特点等。

（2）老年个体亲属。教育内容包括老年人心理亚健康、心理疾患对家庭的影响、亲属的作用及促进其参与教育的方法。

（3）老年群体。老年群体可以是健康人群，也可以是具有共同特点的某一类人群。

（4）心理服务者自身。心理服务者可以了解老年人群及其家属可能出现的问题、解决问题的办法以及心理教育方法。

（二）老年心理健康教育的目标

（1）了解心理知识。

（2）消除不良情绪。

（3）减少不良行为。

（4）提高老年人的社会适应能力。

（5）培养健全人格。

（6）预防心理疾病，激励老年人为自己的心理健康负责。

（三）老年心理健康教育的内容

（1）自我心理健康意识教育。让老年人充分了解自己，正确评价自己，了解心理健康标准和影响心理健康的因素，了解自身是否存在不良心理倾向和心理障碍。

（2）宣传讲解身心老化的知识。让老年人群正确理解老化过程中的身心老化原因和特征，消除不必要的恐病心理和丧失感、无价值感等心理障碍。

（3）讲解慢性病的心理照护方法。让老年人了解心理因素对慢性病康复的积极作用，促进健康管理。

（4）关注心理亚健康问题。包括通过各种方法和技术对老年人的心理状态进行动态监测，例如为他们进行定期心理健康调查、建立心理健康档案等，力求做到对心理问题早发现、早干预和早治疗。

（5）宣传积极老龄化，促进老年人潜能的发挥。通过采取积极主动的促进形式，使老年人充分认识到老年人身心衰退的传统理念，意识到自身对老化过程的消极认知，理解积极老龄化的新观念，增强自信心，培养积极向上的意识，提高个体的自主意识与能动性，努力达到心理上的完满状态。

（6）进行危机干预，恰当处理心理急症。

（四）老年心理健康教育活动的工作原则

实施老年人心理健康教育，常常遇到的困难有：召集人难，老年人难以保持注意力长时间集中、心理卫生知识水平低、学习接受能力和记忆能力变慢、家庭生活习惯与健康教育时间相冲突、家人提供支持少等。结合这些特点，老年人心理健康教育的知识信息要突出精辟、灵活、实用和有效性等原则。具体如下：

1. 实用性

不断细分老人的需求，把有相同需求的老人组织起来进行专题讲座。每次的专题很小，例如：空巢老人如何心情愉悦？婆媳如何“和平实施隔代教育”？最好能结合实际案例，通过通俗有效的讲解使老人掌握一些实用的知识。在讲座后还可以发放一些科普资料，以利于老人回家反复阅读。

2. 时间短

老年人集中注意力时间明显短于年轻人。尽管老人需要学习的内容很多，但是老人对新知识的接受能力是有限的，提供的信息过多不会增加效果，反而会引起社区老年人健康知识的混乱。老年人注意力集中的时间在10～30分钟，最佳时间为前10分钟。

3. 易接受

老年人的记忆力虽然逐渐衰退，但仍可基本维持记忆力，特别是老年人对有重要意义事物的记忆和年轻人无明显差异。要想提高心理健康教育效果，就必须引起社区老年人的学习兴趣，充分考虑老人不同的文化教育素质，利用他们原有的经验和知识，尽可能地用老人熟悉的词语。此外，在社区老年人的健康教育过程中，不必过分苛求所传授知识绝对准确，而要突出科普工作的易懂性、易接受性和可操作性。

4. 重复教育

心理健康知识最好能够在课后讨论、专题讨论时反复讲解。相关材料也可以改编成科普文章张贴在橱窗、板报上，或分发给需要的居民。通过多种形式重复向社区老年人传输相同的健康知识，使老年居民较好地掌握需要的健康知识。

5. 优先选择

每次活动，尽量只选择一类主题。主题可根据以下依据进行选择：第一，依据对老年人健康威胁的严重程度选择。优先选择流行病率高、相关危险因素影响面大者进行教育。例如“慢性病老年人自己如何实施心理调节”等。第二，依据危险因素的可干预性选择。优先选择致病明确、可以预防控制、有明确健康效益、老年人能够接受、操作简便的项目进行心理健康教育。第三，依据老年人的兴趣需求选择。优先选择老年人群普遍关注，对老年群体具有深刻影响的项目。例如“老年人购买保健品，如何防止上当受骗”等。

三、方法技巧

（一）老年心理健康教育的常用方式

老年心理健康教育既可采取群体教育方式（如开设专题讲座）、组织寓教于乐的集体活动（如放松训练）、有主题的集体座谈与分享（如隔代教育的沟通技巧）等，也可以采取个别教育方式（如一对一、面对面的分享等）。常见方式有以下几种：

1. 讲授

通过讲述、讲解、讲演等方式，向老年人传递信息，叙述、描绘、解释专业知识。讲授可针对个人、群体进行。讲授注意事项：

（1）短小精悍。每次讲授时间以30分钟为宜，最长不超过一个小时。

（2）重点突出。每次围绕一个主题，详略得当。

2. 阅读指导

通过指导老年人阅读心理科普读物和保健书籍，让老年人获得心理卫生保健知识和方法。阅读指导一般用于文化程度较高或因各种原因无法参加集体辅导学习的人。阅读指导需要评估老年人的学习能力，并选择正确的、有针对性的阅读物，同时指导者能够及时解答阅读当中碰到的困惑和问题。

一般来说，老年人喜欢以阅读、听讲座两种形式来获取知识。阅读是最直接的学习方式，还可以帮助老年人消磨时间而且达到学以致用的目的。讲座是一种集体获得知识的活动，特别是对于同一年龄段、身体状况类似的老年人来说，专题讲座是最好的学习方式，可以帮助老年人达到相互交流的目的。

3. 示教与反示教

通过实物和直观教具，为老年人演示一个完整程序及正规的操作步骤，然后由老年人在示教者的帮助下重复这一正确操作的过程。

示教与反示教的基本步骤：

（1）准备所有的物品。

（2）演示者有一个简洁的讲述，如知识、方法、基本要求等。

（3）示范整个操作过程。

（4）把整个操作过程分解成一个个简单的步骤，并同时讲解每个步骤的操作要点。

（5）重新连贯示范整个操作过程。

（6）讲述操作过程中的注意事项。

（7）指导老年人反示教，即让老年人练习。可以让老年人对每一个步骤单独练习，当各个步骤全部练习正确之后，则开始连续进行全部操作。

（8）指出练习中的错误，并及时给予纠正和指导。

4. 文娱活动

老年心理健康教育并不一定局限于传统的授课模式，实践表明，组织老年人开展适当的文娱活动，是为老人提供社会支持的有效途径，甚至比中规中矩的心理个体咨询效果更佳。可以采取的康娱活动方式有团体合唱、棋牌类活动、书画、手工活动、电影赏析、老年韵律操、摄影作品展、钓鱼技巧讲座等。需要注意的是，这些活动只是载体，需要工作人员结合活动主题，和老年人分享相关的心理学知识，这样才能起到“画龙点睛”的作用。

在具体实践过程中，工作人员可以根据老年人的特点和教育内容的不同，综合选择合适的技巧和方法。对75周岁以上、年老体迈的老人来说，活动量较少的游戏、交谈、文化创作等形式是比较好的教育载体；对65～75周岁、活动能力尚可、无肢体功能障碍的老人来说，活动量稍大的户外或室内安全系数高的综合性活动较好；对65周岁以下、体力和精力仍然很充沛的老年人来说，除强体力活动之外的一般活动都可以开展。

（二）撰写老年心理健康教育活动策划书的注意事项

1. 策划书的语言要求

语言力求平实、准确、简洁，语句准确，避免主观臆断。在词语的选择方面，不要出现感情色彩不当、有歧义甚至生造的词语。

2. 明确活动对象、活动内容

首先一定要确定要开展何种性质的心理健康教育活动。根据活动性质，来确定基本的活动内容以及参加的活动对象。如果需要选择赞助商，要考虑赞助商的经营性质与活动内容、活动对象是否匹配。以老年人为主的活动，经营老年生活用品的公司比较适合做赞助商，做医疗、营养保健的也可以，但是经营烟酒类的公司就欠妥。

3. 围绕主题并尽量精简活动

在策划整个方案时，一定要时刻牢记活动的目的，每个细节都要向目标靠拢，跟活动目的没有关系的一概删除，这样才能明确主题。举办的老年人活动，其目的一般都是为老人提供社会支持、节日慰问或者健康咨询，不能成为个人或某类产品的专场。此外，并非活动数量多才能体现丰富多彩，内容太多容易造成主次不分，不仅容易偏离主题，还会导致人力、物力、财力等成本增加，执行不力。

4. 活动要有鲜明的亮点

一般来说，策划书明晰的活动的三个阶段分别是：活动准备阶段（包括海报宣传、前期报名、赞助经费等）；活动举办阶段（包括人员的组织配置、场地安排情况等）；活动后续阶段（包括结果公示、活动开展情况总结等）。活动的每个阶段都要有一个明确的亮点。

5. 注意细节

策划书的细节不仅包括方案书写的文字用词是否准确、有没有错别字等，还包括活动的执行时间、流程、工作分工等是否细致科学。例如，策划者把活动执行明细到一张表格中，详细到执行者拿到这张表格就能一目了然地知道自己需要做什么事情、活动如何实施等，这是对活动顺利进行的最大保障。撰写方案时，一定要尽可能地考虑到每一个细节，真正把每个细节做到心中有数。

在组织老年人开展活动时，特别要注意以下几点：

（1）策划方案中一定要制订应急预案，现场配备急救箱等必要的防范措施，保障老年群众的人身安全。

（2）组织老年人活动，尽量避开节假日高峰期。根据老年人体力不济、腿脚不灵活等特点，缜密策划活动内容，活动量不宜过大。

(3) 加强对执行人员的安全培训和急救培训。

(三) 心理健康教育活动策划书的格式

一份完整的活动策划书，应包括名称、活动背景、活动目的及意义目标、活动开展、资源需要、经费预算、活动注意问题及细节、活动负责人及主要参与者、注意事项等。具体内容见表3—1。

表 3—1　　活动策划书的撰写要求

一、策划书名称	尽可能具体地写出策划名称，如“×年×月××机构××活动策划书”，置于页面中央，清晰列出主副标题。 根据活动的具体内容、影响及意义，拟定能够全面概括活动的名称。
二、活动背景	说明活动的环境特征，主要考虑环境的内在优势、弱点、机会及风险等因素，对过去及现在的情况进行详细的描述，并通过对情况的预测表达对未来的预测。
三、活动目的、意义和目标	语言表达简洁、明了，明确写出该活动的特殊性。
	该活动的核心构成或策划的独到之处及由此产生的意义（例如经济效益、社会利益、媒体效应等）。
	尽可能列出活动的可视性成果，尽量具体化、明确重点，满足重要性、可行性、时效性。
四、活动开展	正文部分，表述方面力求详尽，不仅仅局限于文字表述，也可适当加入统计图表、数据等，便于统筹。 活动开展应包括活动流程安排、活动执行方案、奖项设置、时间设定等。涉及奖项评定标准、活动执行、活动规则的内容可选择以附录的形式出现。
五、资源需要	可以列为已有资源和需要资源两部分。 此部分要详细明确所需人力资源和物力资源。
六、经费预算	根据实际情况进行具体、周密的计算，用清晰明了的形式列出。
七、活动注意问题及细节	内外环境的变化不可避免地会给方案执行带来一些不确定性因素。因此，要考虑到制定备选方案。
八、活动负责人及主要参与者	注明组织者、参与者及嘉宾的姓名、工作单位（如果是小组策划应注明小组名称、负责人）。
九、注意事项	根据实际情况设计活动策划书。 可专门给策划书制作封面。 可根据机构要求制作标志、插入图片等。 重要活动可选择专业人员进行封面设计、图片设计、文字排版、排版装订等。 一个大策划书，可以有若干子策划书。

（资料来源：王胜鑫：如何写策划——在民生之窗协会项目部的策划培训会上的交流材料。）

(四) 制作健康教育资料

1. 资料类型

(1) 印刷资料。包括标语、健康教育折页、健康教育图画和健康手册等，一般适用于内容较多、文字较长的情况。印刷资料可放置在养老机构、社区的服务中心等处。字体应方便老年人阅读。

(2) 音像资料。包括录像带、VCD、DVD 等视听传播资料，可在平时或活动现场播放，播放时应考虑老年人的视听感受以及信息接收能力。

(3) 健康教育宣传栏。宣传栏一般设置在机构或活动场所的户外。宣传栏面积不少于 2 平方米，距地面 1.5～1.6 米高的位置。内容可图文并茂，文字与背景的对比感应较强，以方便老年人阅读。

2. 资料特点

(1) 求真：内容真实、可信，具有科学性。

(2) 求新：内容新颖、吸引人，具有可读性。

(3) 求短：内容简单明了。

(4) 求合：与老年人在知识、经验、环境及需求等方面切合。

(5) 戒说教：减少说教感。

同步训练

教师指导学生分组完成任务情境中的老年心理健康教育活动策划方案。

参考答案：

经过与领导协商，小王选取了50位65～75岁身体健康状况良好的老年人来参加活动。这个年龄阶段的老年人在社区老年人群中占比例较大，能够反映社区老年人的一些心理服务需求。在活动内容上，小王选取了“智力运动会”的方式，组织老人们分组完成了动物拼图、我爱记老歌词、成语串烧等比赛。活动开始之前，小王制作了有关比赛项目与延缓智力、记忆力、注意力等认知功能老化之间关系的展板，摆放在运动场两侧。比赛结束后，小王给老人们讲解了展板上的内容，选手们纷纷参与讨论，表示这是一场“别开生面的心理健康教育活动”。

任务二

老年人心理健康教育沟通

任务情境

小王在整理“双十”节心理健康教育活动的照片时，接到一个社区居民的来电。来电中提供了这样一则信息：当事人目前无法与他人良好沟通，希望得到帮助。

王老，男，87岁，高校退休教师。10年前，由于子女出国，老伴去世，他一直在某养老机构居住。75岁时由于中风导致半身瘫痪，断断续续住院治疗。经过较长时间的治疗和康复训练，他已可借助助行器移动。一个月前，王老发现视力下降明显，经诊断患有白内障。医生向王老介绍了手术治疗的情况，从国外赶回来的子女认为应及早手术，但王老犹豫不决。上周始，王老跟照护人员说他睡眠质量下降，有时候睡不着，有时候容易惊醒，心神不定。此外，王老还多次借阅书籍了解白内障手术的危险情况。照护人员观察反映，王老常表现出紧张、皱眉的神态，说话频率加快，有时甚至急得说不出来。

任务描述

1. 请阅读上述案例，对王老的表现进行评估，回答以下问题：

（1）王老的表面想法或行为是怎样的？

（2）王老的情绪表现有哪些？

（3）王老内心的真实愿望可能有哪些？

2. 如果你是照护人员，准备怎样与王老沟通，以便安抚其情绪？

A. 您应该听孩子们的话，决定做手术才对。咱这个医生的医术也很高明，一定能治好您的病。您就放心吧。

B. 这几天您一直在查阅各种资料，我也观察到您很着急，担心自己的病治不好。但是您不应该不相信大夫，不相信孩子们是为您好。您现在的状况对你的疾病很不利，您应该打起精神来。

C. 王老您应该感到幸运才对。毕竟孩子们能给你提供经济支持，让你有接受手术治疗的机会。有多少老人家想做手术，但是可能身体状况不允许，也可能经济条件不支持啊。而且这种手术医院里几乎每天都会做，您的担心是没有必要的。

D. 这场眼疾对您来说，是一个意外。现在您能坚强地接受并面对它，真的很不容易。我非常理解您的担忧和紧张，毕竟医院虽然能够为您提供手术治疗的条件和机会，而且您的子女也能够积极支持，但是都不能完全替代您的感受。每个人年纪大了之后，都会对自己的身体格外关注。您看，我曾经照护过一些与您情况非常类似的老人，您愿意的话，我可以详细地和您介绍一些他们手术前后的状况。您看可以吗？

相关知识

一、术语理解

什么是有效沟通？在心理健康教育的过程中，有效沟通是解决心理问题的最佳方法。顺畅的沟通，有利于维护和增进良好的服务关系，甚至能建立起具有治疗性质的人际关系。此外，有效的沟通可及时了解服务对象的需求，澄清和发现其潜在的和现在的心理健康问题，并通过直接疏导的方式解决服务对象在认识、情绪上的问题。因此，掌握有效的沟通技能，是开展心理健康教育的需求。

二、要点提示

一个完整的健康教育活动应该有开始和结束的过程，一般经历以下几个时期：

（1）准备期。按照计划准备材料，如评估表、教育教材或讲义、教具，确定时间和地点。

（2）起始期。在建立信任与理解的合作关系的基础上，使被服务的老年人了解必要的信息，包括教育计划的时间、地点、次数，所涉及的内容，双方的义务和权利，以及预期效果等。

（3）探讨期。解答老年人在接受教育的过程中提出的问题，帮助其调整伴发的一些情感困扰。

（4）结束期。对教育效果进行评价、小结，了解老年人的真实感受，分析不足及原因，提出改进意见。

三、方法技巧

作为老年人眼中的“年轻人”，在与老年人沟通的过程中，总是会出现各种各样的困难，让工作者无从下手。和老年人沟通，不像与未成熟的小孩子那样容易相处，更不像与同龄人交流那样能够很快找到共同的沟通话题和方法。与老年人在一起，总是会有“不够资格”的感觉。因此，在开展老年心理健康教育活动之前，一定要在沟通方面做好充分的准备工作。

（一）前期准备

（1）了解老人们的生活环境。随着年纪的不断增长，老年人对于人情世故的态度也在不断淡化，特别是住在养老机构的老人，生活环境相对局限，内心深处也与外部世界产生隔阂，其思想观念与我们大不相同。因此，要想更好地与他们沟通，就要全面地了解他们的生活环境，明白他们是否过得舒心。

（2）了解他们的健康状况。通过心理健康档案或观察法，尽可能地了解老年听众的家庭状况、健康状况等，在此基础上了解其内心感受。老年人常见的疾病包括糖尿病、关节炎、眼疾（老花眼、白内障、青光眼）、失禁、冠心病、脑血管病（中风）、老年痴呆、帕金森病等，简单了解这些疾病的基本特征及注意事项，以便在关爱这类老年人时避免不必要的错误。

（3）尽可能地站在老人的角度思考问题，避免主观臆断或绝对的保证。轻易不要给出结论或者强调自己的主观意见。

（二）建立良好的交谈关系

面带微笑，向老年人主动做自我介绍，说明活动目的，保持尊重、友善和诚恳的交谈态度，让老年人产生亲切和信任的感觉。要有足够的耐心，仔细询问、倾听，适时反馈。

（三）交谈方法

（1）展开话题。如“您最近哪里不舒服”“这样的情况持续多长时间了”等。

（2）引导出老年人的感受。如“您对这件事有什么看法”等。

（3）打破沉默。当老年人讲完话，我们要给予回应，然后等待老年人继续讲述，也可以重复老年人讲话的最后一句或本句话中的重点几个字。

（4）尊重老年人的谈话内容，避免使用命令、说教、争辩、批评、分析、逃避、责问等老年人反感的语气与词语。

（5）避免使用复杂的语言。在不影响自己要表达的思想的前提下，话要说得越简单越好。尽量不用当下的流行语，如果必须要用，可以做一个简单的补充说明。也不能用句子成分结构过于复杂的话语，因为老人可能理解不了。

（6）调整好对话音量。不要冲着老年人大喊大叫，那样可能会伤害到老年人的自尊心，也显得很不礼貌。但说话声也不可以太小，以免老年人听不到。根据老年人的实际情况掌握音量大小。

（7）重复。老年人记忆力下降，可能会很快地忘记讲过的话。此刻就需要多重复几次，以助于其形成深刻的印象。

（四）注意倾听

（1）尽量多引导老年人自己倾诉或是提起自己感兴趣的话题，多聆听，在必要的时候给予肯定，表示你一直都在关注他的谈话内容。

（2）在倾听过程中，根据内容调整自己的面部表情，例如微笑、严肃、同情式点头等，能够有效拉近彼此之间的关系，加强沟通效果。

（3）不要让老年人抬头仰视或远距离和你说话。根据老年人的身体位置，随时调整自己的身体姿态，让老年人感觉到双方平等。例如，对于坐在轮椅上的老年人，向他走近时在距离他一米左右就要微微弯下腰，让老年人感觉到亲切和受到尊重。

（4）鼓励老年人畅所欲言。保持耐心，为了解老年人而倾听，而非为了回答问题而倾听。

（五）运用非言语沟通

（1）眼睛尽量多注视对方的眼睛，视线不要游离，让老年人产生被关注感。

（2）咨询师不仅要善于判别老人声音变化所表达的含义，还要善于运用声音效果加强所表述内容的意义和情感。

（3）咨询师也要善于利用声音停顿制造效果。这种停顿有时是一种强调，以引起求助者的重视；有时是一种询问，以观察求助者的反应；有时则是为了给求助者提供一个思考的机会。

（4）在老年人不反对的情况下，可以通过肢体动作表达对老年人的情感。例如，拍拍老年人的肩膀、点头表示认同；握住老年人的手表达对其的支持、关心等；运用眼神、微笑传达对老年人的接纳、好感等。但是切记不要乱摸老年人的头。

（5）老年人情绪有波动时，可先轻拍对方的肩膀或是抓住对方的手，稳定其情绪，然后转移话题。

（6）注意文化差异，不能使用对方听不懂的方言。

（7）注意自己的语言和一些细微的小动作，例如不断看手表、皱眉等，老年人一般都比较敏感，不要让老年人觉得你已经开始厌烦他了。

（8）咨询双方的空间距离也具有非言语行为的特征。一般来说，在专用咨询室里，座位可能相对固定，双方按各自位置就座即可。但座位的布置应符合有助于咨询关系建立、彼此感到适宜的原则，距离以 1 米左右为好。有些人喜欢面对面交谈，觉得这样有更多的目光和面部表情交流，言语沟通比较直接；有些则喜欢两人成直角而坐，觉得可以避免太多的目光接触。

（六）核实

对于含糊不清、存在疑问或矛盾的内容要进行询问核实。

（七）求助亲属或护理人员

对于有语言表达功能障碍的老年人，可以向家属或护理者了解其详细情况；对于仅有听力障碍或表达障碍而思维正常的老年人，可以通过文字或图画的形式进行沟通。

（八）注意细节

随时注意老年人的细节变化，比如冷、热、咳嗽、口渴、如厕等问题，以便及时做出正确处理。必要的时候可联系工作人员求助。

总之，在针对老年人的心理健康教育活动中，说话要简洁明白，多运用眼神沟通。由于老年人都存在听力下降的问题，所以在交流中，要充分考虑他们的信息接受能力，说话要清楚明白。动作语言是一种有效的交际方式，在跟老人沟通中，如果出现了语言解决不了的问题，就要学会运用眼神或手势语来表达想法。

同步训练

教师指导学生完成工作任务。

参考答案：

(1) 王老的表面想法以及行为是：眼睛对于一个人很重要，手术一旦失败，就会失明，严重影响生活质量。王老对手术成功的怀疑性很高。他正在通过一些途径，想了解更多、更详细的关于手术的信息。

(2) 王老的情绪表现是：对手术感到担心，产生焦虑情绪；自己犹豫不决，又对自己不满意。

(3) 王老内心的真实愿望是：希望得到家人的理解和安慰，陪伴自己共同分析手术的风险利弊，帮助自己做出决定。

(4) 怎样与王老沟通，实施情绪安抚？

A 的回答未能满足老年人对信息、情感的需要，也未能满足老年人的愿望，仅仅做了一个保证。而这个保证未能提供足够的依据来让老人信服，因此不恰当。

B 的回答，认为王老对大夫不信任，这是照护者的一种主观判断。王老对手术的担忧不等同于不相信大夫，这种安抚会让老人感觉到被教训，缺乏理解和同情，从而给老人带来新的压力。老人可能会有一种被误解的委屈感，甚至感到愤怒。

C 的回答，照护人员似乎对老人非常理解，但是仍然回避了老人希望获得信息的内心需求，以及希望得到同情和理解、安慰的愿望，针对性并不强。

D 的回答，对老年人的需求、情感需要和内心的愿望都进行了有效的回应。老人能够从中感受到被关注、理解和同情，甚至获得了自己特别需要的依据。因此这个回答是能够有效缓解老人的焦虑的。

项目小结

老年心理健康教育活动的服务人群包括老年人、老年人家属以及老龄服务工作者，心理健康教育工作需要突出实用、易接受、时间短、可重复等特点。开展老年心理健康教育活动的方式可采取群体教育，也可采取个别教育。

心理健康教育与心理咨询、心理治疗是不相同的。心理咨询流程较长，可划分为五个阶段。常见老年人对心理咨询服务的疑问有咨询收费问题、咨询关系问题、咨询是否有效等。

在开展老年人心理健康教育活动时，要重视沟通技巧。言语沟通和非言语沟通都是有效沟通的重要方法。

教学做一体化训练

重点概念

心理健康教育、心理咨询、保密原则、有效沟通

简答题

1. 老年心理健康教育的对象有哪些?
2. 老年心理健康教育的内容有哪些?
3. 老年心理健康教育的常用方式有哪些?
4. 老年心理咨询可分为哪些阶段?各阶段有何注意事项?
5. 老年人心理咨询与其他年龄阶段的心理咨询在内容上有何区别?
6. 老年心理健康教育活动中如何实现有效沟通?

案例分析题

以下是一则老年心理健康教育活动策划书,请你认真阅读后完成思考题。

活动主题:大笑与心理健康

活动内容:1. 了解大笑对心理健康的益处。
2. 大笑对老年慢性病中负性情绪的调节。
3. "大笑"的亲身体验。

活动形式:讲座、互动和体验。

第一次活动

活动目标:

让老年人对大笑健康养生有一个初步的了解。了解大笑与身心健康的关系、大笑对身心的益处,并实际了解和练习"大笑",亲自进行体验,使老年人在活动中感受到轻松、活力与开心!

活动内容:

1. 介绍(约5分钟)。
2. 暖身:大笑准备(10~15分钟)。
3. 大笑与身体(约30分钟)。
4. 大笑练习:体验(一)(约15分钟)。
5. 大笑与情绪(约20分钟)。
6. 大笑练习:体验(二)(约15分钟)。
7. 结束。

第二次活动

活动目标:

让参加体验的老年人更深一步地进行大笑体验练习,并通过体验与分享让老年人相互认识,并在活动过程中增进了解及产生归属感(活动需要轻松、信任的氛围,因此最好人数限制在30人左右)。

1. 暖身:复习大笑练习(约20分钟)。

2. 老年人自我介绍（约 20 分钟）。
3. 体验分享及漫谈大笑如何调节慢性病中的负性情绪（约 30 分钟）。
4. 大笑练习：体验（三）（约 15 分钟）。
5. 分享提问（约 15 分钟）。
6. 结束。

活动所需：

（1）音响设备；（2）投影仪；（3）封闭或半封闭场所。

请你阅读案例，评估此策划方案：

1. 活动主题是否明确？为什么？
2. 策划书是否对主题进行了充分的说明？为什么？
3. 策划书是否具有可执行性？为什么？
4. 如果请你对策划书进行修改，将如何修改？
5. 请你撰写一份完整的“大笑与心理健康”的老年心理健康教育活动策划书。

延伸阅读

心理咨询面面观

1. 心理咨询师是怎样的一种职业呢？

参考答案：最好的心理医生是来访者自己。心理咨询师好比一座图书馆，能够提供给来访者源源不断的信息支持、技术支持和积极的心理支持，但是心理咨询师并不是来访者的舵手或灯塔，不能作为来访者短期或长期的目标所在，心理咨询师更像一支拐杖，给予来访者支撑的力量，让他不能停止生命的脚步，最终脱离拐杖，独立行走人生。心理咨询师运用心理学的理论与技巧，用自身的人格力量影响求助者，使心理咨询成为一门“谈话的艺术”。

2. 辨析：心理咨询或心理治疗就是聊天。

参考答案：心理咨询或心理治疗不同于一般意义上的聊天，尽管心理咨询或心理治疗的方式主要是谈话，但心理咨询或心理治疗利用的是心理学的专业理论知识，以及社会学、医学等方面的知识，有严格科学的理论体系和操作规程，从而达到解决心理问题的目的，帮人解除心理危机，促进人格发展。这完全不同于朋友聊天、亲友的劝解安慰、老师的教育、领导的思想政治工作等。

3. 辨析：心理咨询或心理治疗能否一次性解决问题。

参考答案：许多初次进行心理咨询或心理治疗的人都幻想心理医生能够一次把自己长期的压抑与痛苦一扫而光。事实上，心理咨询或心理治疗是一个持续的循环过程，需要针对每个问题的发生及发展，实施讨论、分析、实践、反馈、修正、再实践等。心理咨询或心理治疗是帮助病人自己解决问题，心理咨询师或治疗师不可能包办解决问题，只是提供一些正确地认识自己、分析问题、解决问题的具体方法，必须由求助者本人多次具体实践才能解决心理问题。过去心理咨询或心理治疗需要很长时间（几个月至几年不等）才能解决问题，现在由于理论和技术的改进大大缩短了疗程，但绝不可能一次性解决问题。

4. 辨析：心理咨询师自己是不可能有心理问题的。

参考答案：心理咨询师与来访者的唯一差别在于，心理咨询师已经接受过专业培训，经过严格的自我分析、自我探索，因此敢于面对并接纳自己的心理问题。但是心理咨询师也是普通人，会受到年龄、环境、教育程度、社交对象等因素的影响，也会遇到各种心理问题，并非完全免疫。

5. 辨析：心理咨询师或心理治疗师能看透来访者的想法，知道其过去和未来。

参考答案：心理咨询师或心理治疗师具有丰富的心理学专业知识，经过专业训练后具备良好的观察力，运用心理学科学规律，能够一定程度上精确解释、合理预测以及有效影响人的行为，但这一切都来自已有的真实、客观、全面的资料。心理咨询师及治疗师都无法借助高科技仪器了解或预测人的命运、未来。

6. 辨析：谁都能当心理咨询师或心理治疗师。

参考答案：在西方发达国家，一名合格的全职心理咨询师或心理治疗师应具备心理学、医学博士学位，经过严格的实习训练，具有足够的一线实习经验，通过国家认证资格考试，在上级督导老师的指导下才能独自开业。我国目前尚没有达到发达国家的要求，但是也需要经过严格的训练与考核，取得管理部门的许可证才能上岗。心理咨询或心理治疗与行政思想教育、学校品行教育等差异很大，是一项对技能要求较高的工作。

总之，心理健康服务工作者，无论面对哪个年龄阶段的人群，都会遇到各种各样的问题。坚信职业信念，恪守职业道德，为来访者提供高质量的服务，是对人对己最负责任的态度。

项目四

老年心理咨询技术训练

学习目标

知识目标

1. 掌握老年会谈的基本技术；
2. 熟悉咨询不同阶段的基本技术；
3. 掌握不合理信念的识别和辩论技术；
4. 掌握渐进式肌肉放松训练技术；
5. 掌握行为塑造技术。

能力目标

1. 具备与来访者建立信任平等关系的能力；
2. 具备运用倾听技术建立良好咨询关系的能力；
3. 具备协助老年人识别和纠正不合理信念的能力；
4. 具备协助老年人放松的能力；
5. 具备运用行为塑造技术帮助老年人肢体康复的能力。

项目情境

经过几次老年心理健康教育活动，小王逐渐被老年住户所熟悉，大家亲切地称呼她为“小王老师”。老年居民们也逐渐开始接受老年心理服务工作，客观看待自己在老化过程中遇到的一些适应性问题，并主动对小王诉说。73 岁的退休教师刘爷爷，更是时常带着案例来与小王讨论老年心理咨询过程中的各项技巧。他说希望有一天社区能够为老年人开设专门的心理咨询机构，到时候他会第一个来当志愿者。小王计划结合案例，制作一些老年心理咨询常用技巧的文字说明及图示，帮助老年人接纳心理咨询的同时，开展同辈成长。

任务一

老年心理咨询认知

任务情境

73 岁的刘爷爷是一位退休中学教师，工作时就考取了助理心理咨询师的职业资格证书，近年来一直关注老年心理健康。他曾经试图在社区开通“老年心理热线”，但是四个月内只接到一个咨询电话，就停办了。刘爷爷希望小王能够给社区里的老年人“洗洗脑”，让大家接受心理咨询。

任务描述

1. 界定心理健康教育活动与心理咨询的异同。
2. 说明心理咨询的流程及注意事项。
3. 解读老年人对心理咨询的常见误区。

相关知识

一、术语理解

（一）心理咨询

心理咨询指运用心理学的方法，对心理适应方面出现问题并企求解决问题的求助者提供心理援助的过程。需要解决问题并前来寻求帮助者称为来访者或者咨客，提供帮助的咨询专家称为咨询者。来访者就自身存在的心理不适或心理障碍，通过语言文字等交流媒介，向咨询者进行述说、询问与商讨，在其支持和帮助下，通过共同的讨论找出引起心理问题的原因，分析问题的症结，进而寻求摆脱困境、解决问题的条件和对策，以便恢复心理平衡，提高对环境的适应能力，增进身心健康。

（二）心理咨询的类型

心理咨询一般有社区咨询、医院咨询、信件咨询、专栏咨询、电话咨询等。

1. 社区咨询

即在社区设立心理咨询室（站）和社区专用心理健康咨询热线，配备专业工作人员，让老年人在家门口就可享受到心理咨询服务。服务内容主要体现在普及国家心理卫生政策、介绍老年心理健康知识、开展心理健康状况调查、提供心理咨询服务，以及实施心理危机干预等。

2. 医院咨询

老年人特别是慢性病老年人出现心理问题，如拒绝治疗、有负性情绪乃至发生脑器质综合征时，可以前往专科医院或综合医院的心理科、精神科等进行心理咨询。

3. 信件咨询与专栏咨询

在报纸、期刊上开设专栏，选择一些有典型意义、适合刊登的心理现象加以回复和解读，这对于普及老年心理卫生知识有积极作用。有些读者来信也可给予个别答复。需注意的是，对来信者的信息一定要遵守保密原则。

4. 电话咨询

国内目前开设了一些老年热线电话心理咨询服务，在社会上取得了较好的反响。例如 800-810-0277 就是首条全国老年人心理危机免费救助热线。

需要注意的是，无论何种心理咨询方式，都要布置隐蔽性较强的位置，或传递出“隐蔽性较强”的氛围，以减轻老年咨询者的心理压力。

二、要点提示

（一）心理咨询阶段划分

心理咨询流程包括建立咨询关系、收集资料、分析诊断、咨询与治疗以及结束咨询五个阶段，也可划分为诊断阶段（包括建立咨询关系、收集资料、分析诊断）、咨询阶段、巩固阶段三个阶段。

1. 建立咨询关系阶段

建立良好的咨询关系是有效咨询的前提。良好或有效的咨询关系，是指咨询者与求助者之间存在的一种相互信赖、充分理解、彼此坦诚相待的特定人际关系。在此阶段，咨询者要给求助者一个良好的第一印象，如服饰整洁、仪态大方、举止得体、热情关怀等。在会谈中，咨询者要耐心倾听。咨询者要体会求助者的处境，理解求助者的烦恼及痛苦，及时给予鼓励和支持，使求助者愿意与咨询者接近、交谈，并倾诉心理问题。咨询者应间接询问求助者希望得到哪方面的帮助，不可直接逼问。询问结束后，咨询者应明确表明态度：是否能向求助者提供帮助。

向求助者表明可以对他提供心理援助之后，咨询者应立即简约地向求助者说明心理咨询的性质，确保求助者了解什么是心理咨询，心理咨询如何进行，心理咨询主要解决什么问题、不能解决什么问题等，说明求助者的权利与义务，请其确认心理咨询师的执业资格、收费标准。双方不允许建立咨询以外的关系，求助者应按规定缴费。两者协商确定使用哪种咨询方式。

2. 收集资料阶段

咨询者要全面地收集求询与问题有关的各种资料。收集资料的目的是为了弄清求助者的问题背景，以便决定从何入手去深入分析他的问题。收集的资料越多，对以后的分析诊断会越有利。收集资料一般采用填表法、观察法、谈话法、调查法等。一般而言，咨询者应该着重收集下列资料：

(1) 一般资料。具体包括：

1) 来访者的人口资料。包括姓名、性别、婚姻状况、民族、年龄、籍贯、家庭住址、工作单位、受教育程度、宗教信仰等。

2) 求助者的家庭情况，如家庭成员的姓名、职业、文化程度、受教育程度、宗教信仰、个性特征、健康状况等。尤其要了解家庭气氛与亲子关系的状况。

3) 求助者的现实表现，包括人际关系、参加社会活动时的表现等。

4) 身体健康状况。如是否得重大疾病、是否容易疲劳或生病、吃饭和睡眠情况等。

(2) 个人成长资料。包括婴幼儿时期、童年期、少年期及青年期生活，个人成长中的重大变化及现在对此的评价等。

(3) 来访者的精神状态。如是否罹患心理疾病、精神障碍，是否有家族史，是否有诊治经历等，还包括此次来访时心理问题的表现、产生的时间、对生活的影响以及希望得到何种帮助等。

值得注意的是，不管从哪方面入手去归纳和解释资料，都有一个先决条件，即资料的可靠性。

3. 分析诊断阶段

此阶段的主要任务是从收集和观察到的信息中，系统分析出最重要、最有意义的资料，诊断求助者心理问题的类型、性质及原因，以便确定咨询目标和采取有效的咨询与治疗措施。求助者有些问题可能包括精神病症状，这属于精神病学范畴，要注意区别。咨询者对求助者的问题进行辨认后，对其严重程度予以评估，特别是对问题的原因进行分析，必要时可结合心理测量等手段进行诊断和分析。有时在求助者的问题和症状背后除了表层原因之外，还有某些更深层的心理机制。这时咨询者要能透过表面问题或症状，挖掘出深层心理原因。

这一阶段要注意的事项有：

(1) 确定求助者是否适宜做心理咨询与辅导。对心理正常或有一般心理问题的来访者，咨询师可为其遇到的发展、适应、人际交往等方面的问题提供帮助，而有严重心理问题、精神障碍的来访者应及时转介给专科医院、精神医学工作者。

(2) 恰当地使用心理测验。心理测验可以比较客观地分析咨询者的心理特征或问题，它既可以检验咨询者的初步判断是否正确，还可以进一步诊断分析咨询者的心理问题。

使用心理测验时要注意：

1) 正确选用测验量表。

2) 测验的目的、任务要明确。

3) 测验要规范操作，以保证测验结果的可靠。

4) 要科学地解释测验结果。

4. 咨询与治疗阶段

这是咨询的核心、实质阶段，用时较长。这一阶段的主要任务是，咨询者与求助者双方在分析诊断的基础上，共同协商和制定心理咨询与辅导的目标，并选择咨询与治疗的方式方法，咨询者帮助求助者分析和解决问题，改变其不适应的认知、情绪或行为。咨询师可根据自己的理论倾向，针对求助者的问题，选择适当的咨询技巧和干预技术，或探寻潜意识，或矫正行为，或改变认知，或对自我概念去伪存真，也可以对几种技术进行整合。

一般的咨询目标有以下几种：

(1) 协助求助者获得基本的自知，激发自尊与自信。

(2) 协助求助者调整认知方式，重建认知结构。

(3) 协助求助者调整情绪和行为方式，改善情绪的动力模式。

(4) 向求助者提供自我心理训练技术和方法。

(5) 协助求助者家庭、学校、社会有关方面，帮助其调整外部环境。

心理咨询与治疗的方式方法多种多样。选择干预策略时，咨询者要在评估资料的基础上，选择并安排好行动计划或干预步骤，以帮助来访者取得预期目标。制定干预步骤时，重要的是选择那些与问题及目标相关联的策略方法，而且不要让所选择的策略与来访者的基本信念和价值观相冲突。

根据问题性质和其与环境的联系，以及求助者自身条件、能力、经验等，结合既定目标，设计咨询方案。包括咨询活动的内容、时间安排、会见次数，在各个环节上所应进行的活动及达到的标准，咨询过程中可能出现的问题及解决办法等。咨询方案的确立应是双方探讨、协商拟订的，至少要征得求助者的认可和同意。咨询方案确立之后，就要采取行动。在此过程中，咨询者既可以提指导性的建议，也可以进行认识上的疏导或规劝，还可以采取治疗措施。有些问题可以当场解决，有些问题可以带回去由求助者自行解决，一些复杂心理障碍的矫治要经过多次咨询与治疗，才能逐渐解决。在实施过程中，咨询者要鼓励和帮助求助者实践新行为，逐渐突破原有行为障碍，才会有积极的情绪体验，达到预定的咨询目标。

5. 结束咨询阶段

这一阶段的主要任务是对咨询与辅导情况做一小结，帮助求助者就其问题解决情况做总结归纳，如检查目标实现情况、指出求助者的进步和需要注意的问题。结束时要进行全面回顾和总结。咨询师要综合所有资料、咨询目标和咨询方案，帮求助者回顾整个咨询的过程，强调咨询要点，使求助者对自己有一个清醒的认识，进一步了解自己的问题的前因后果，明确今后努力的方向。同时要总结咨询成果，充分肯定求助者取得的进步，分析变化及成功的原因，强化求助者的正确思维和积极行动。

一般可以按下述三个步骤结束咨询：

(1) 综合所得资料，做结论性解释。

在咨询结束之前，咨询者对求助者做一次全面的研究、探讨，综合所得材料，做结论性解释，使求助者对自己有更清楚的认识，以便应付将来的心理生活。

这种综合性的评语、建议，容易使求助者铭记在脑子里，可以引导他今后的行为方式，帮助他不断成长。

(2) 为迁移和依赖自我做准备。

心理咨询结束阶段，咨询者有意识地引导来访者将咨询中得到的对某一事物的认识扩展到其他事物，帮助来访者真正掌握在咨询中学到的知识，以便在日后脱离咨询者的情况下，自己仍能应付周围环境，自行处理所遇到的"难题"。

(3) 帮助求询者愉快自然地结束咨询。

心理咨询过程可能使求助者对咨询者产生喜欢、依赖的情感，因此，在结束咨询时要考虑采取特定的方法：

1) 告诉求助者，相信他已经能够依靠自己的力量解决自己的问题，让他在一段时间内锻炼和考验自己，并鼓励他勇敢地去面对人生中的挫折。

2）采取逐渐结束的方法，即逐渐减少会谈次数。

3）明确停止日期，等咨询结束后，隔一段时间再让他来进行短时会谈，追踪其结束咨询后的适应情况。

（二）老年心理咨询工作者的品质

（1）老年咨询工作者对待他人应该具备的优良品格。

1）有能力：对处理老年来访者的问题既有信心，又有能力。

2）可信赖：能使老人予以充分的相信，给人一种充实和安全感。

3）与人为善：能以老年来访者的利益为重，全心全意为老人服务。

4）求实进取：有积极的人生态度、求实的作风和进取的精神。

（2）老年咨询工作者对待自己应该具备的优良品格。

1）能被他人认同：能意识到自己是社会的一员，有能力和老年人相处好。

2）有能力处理好自己的问题，也能帮助老人解决问题。

3）能正确认识自我价值，做到自尊自爱、人格完善。

4）对自己充满信心，相信自己能充分发挥潜能去帮助老年人。

（三）老年心理咨询的特点

老年阶段处于人生发展阶段的末期，所以，老年人群的心理习惯之一是回忆往事，对未来的积极性很低。老年人的心理需求多数比较现实，例如被子女关注、被他人关注从而消除孤独感等。与其他年龄阶段相比，老年人心理咨询内容具有以下特点：

（1）难以设定明确的心理咨询的指针和目标。

（2）很多时候需要与医疗机构共同完成。

（3）需要家属的支持和配合。

（4）社会角色适应、死亡恐惧、慢性病导致的情绪管理是咨询的典型内容。

三、方法技巧

（一）老年人对心理咨询的认识误区

1. 老年人去做心理咨询或心理治疗丢人

目前中国大众中，许多人还分不清“神经”与“精神”、“精神”与“心理”“思想”的区别，特别是老年人，由于历史原因和客观环境的限制，他们对心理咨询或心理治疗具有强烈的惧怕与怀疑感，将接受心理咨询或心理治疗当成“精神不正常”，把心理亚健康现象当成“心理病态”“思想问题”，认为自己的生活阅历完全能够解决老年期的各种心理问题，造成轻微的心理问题被耽误，最后发展成重型精神病。还有些家属认为老年人做心理咨询丢人，将病情“捂着”“瞒着”，贻误了最佳心理干预时机。因此，让老年人及其家属逐渐接纳心理咨询及心理治疗，是提高老年生活质量的有效途径之一。

2. 老年人不需要心理咨询或心理治疗

无论老年人生活阅历多么丰富，性格多么坚强，知识多么渊博，社会地位多么高，他自己和家人都不可能十分了解老人自身。每个人在不同的年龄阶段，都扮演着不同的角色，会从他人、社会评论等途径进行自我定位，但在自我定位的过程中往往会有缺失。心理咨询或心理治疗，则提供了一个比较标准的镜子，可以让个体从不同的角度了解自己，可以有效减免心理问题的恶化。

3. 咨询师不可能和老年人建立平等信任的咨询关系

咨询关系类似于医患关系，但两者又不完全相同。这种特殊的关系不同于求助者生活中的任何一种人际关系，区别于朋友关系、亲情关系、上下级关系等。只有维持这种单纯的咨询关系才可以保持客观、中立的原则，达到咨询效果。当咨询师与老年人建立咨询关系后，二者就好比两条波动的平行曲线，共处于一个空间，以相同的频率震动，但是却永远平行，不能相交。不建立咨询以外的关系，这是咨询行业最基本的职业道德。

4. 心理咨询师通常不会平等地看待来访者

一名合格的心理咨询师从不会用高高在上的教育者或审判者的身份俯视来访者，而会和来访者建立平等信任的咨询关系。咨询师会尊重来访者的价值观，不会将社会观念或个人观念强加给来访者。面对年幼、社会地位较低的来访者，咨询师会用积极的眼光看待来访者所关注的问题，发掘求助者自身不能觉察的潜力，协助他们构建优越感；面对比自己年长、成功的来访者，心理咨询师也不会过度自谦。总之，心理咨询师会平等地对待每一个来访者，并从他们身上学习到各种经验知识。

5. 老年人是弱势群体，心理咨询或心理治疗不应该收费或应少收费

心理咨询或心理治疗是助人的事情，是为了帮助人们解除心灵的痛苦，是做善事，而且没有多大外在的成本，所以不少人认为心理咨询应该是不收费的，甚至有人认为弱势群体没有足够的经济保障去体验或接受心理咨询及治疗，应该对其减免费用。现代人尽管理论上知道时间和知识是有价值的，但由于这些东西是无形的，加上其内心深处受传统思想影响，许多人需要心理咨询或心理治疗，但是却不愿付费。需要明确的是，咨询师收取费用，自然就形成一种服务合同关系，既可表明求助者的诚意和信任，又赋予了咨询师义务和责任。求助者为节约时间必然会主动配合、按时来访，咨询师收取费用后也会提供保质保量的服务。双方只有全身心投入，咨询效果才能保证。此外，面对不收费的咨询，求助者在来访过程中主动探索自我和改变自我的动力往往不足，总希望等待咨询师为自己解决问题，这本身就违背了咨询的原则。同时，收费服务对来访者的行为具有规范和约束作用，可以激发求助者的自我意识和自我控制能力。

（二）老年心理健康教育、心理咨询以及心理治疗的关系比较（表4—1）

表4—1　心理健康教育、心理咨询、心理治疗的关系比较

名称	心理健康教育	心理咨询	心理治疗
工作对象	着眼于预防，对象是正常人	心理亚健康和已有患病前兆和表现的患病人群	已有心理疾患的人群
工作任务	促进个体素质提高	矫正个体心理体验和认知行为的偏差	干预治疗
工作方式	个体、小组和团体等多种形式	个体、小组和团体等多种形式	一对一的个别治疗或集体治疗
人际模式	指导与被指导	来访者与咨询者的合作型	治疗师与来访者的合作型
工作人员	社区工作人员；医学、护理学、教育学、心理学等专业人员	心理咨询师	心理治疗医师

（三）老年心理咨询保密原则

（1）心理咨询师有责任向来访者说明工作的保密原则，以及应用这一原则的限度。

（2）心理咨询师要严格遵循保密原则，未经来访者许可，不泄露、暴露来访者的信息。

（3）心理咨询中的有关信息，包括个案记录、测验资料、信件、录音、录像和其他资料，应在严格保密的情况下，作为档案及时进行保存。除了心理咨询工作者和档案管理员以外，其他任何人员都无权查看档案材料。

（4）心理咨询师只有在来访者同意的情况下，才能对咨询过程进行录音、录像。若有在公开场合讨论的需要，应隐去那些可能据以辨认出来访者的有关信息。

（5）对外界（如新闻界）提供有关来访者的信息时，有责任对来访者的姓名予以保密，并确定信息内容不对来访者构成侵犯或伤害。心理咨询师接受卫生、司法或公安机关法律规定的询问时，不得做出虚假的陈述或报告。

（6）在心理咨询工作中，一旦发现来访者的行为可能对自己或他人的生命造成伤害时，必须采取必要措施，防止意外事件发生（如通知有关部门或家属），并尽可能与其他专业人员会诊，但应将有关信息的暴露程度限制在最小范围内。紧急情况处理过后，应设法让来访者对自己的行为负起责任。

（7）已经获得来访者的披露信息授权，咨询师应该严格按照约定范围使用该授权，不可例外。

（8）来访者有杀人事实、谋杀计划、自杀计划以及其他重大犯罪行为，或杀人倾向、自杀倾向等明显可能危害他人行为的，咨询师必须向公安部门或者检察机关报告。

（9）来访者提供相关证据表明自己遭遇虐待的，需向公安或检察机关报告。

（10）在第一次访谈开始时，告诉来访者法律上对保密的限制。

同步训练

教师指导学生进一步检索资料，探讨与青年人相比，老年心理咨询最常用且最有效的方式，并进一步讨论在社区内开展老年心理咨询的具体方法。

任务二

老年人初访接待

任务情境

赵阿姨，女，68岁，高中文化，与丈夫育有一儿一女。子女经常回家探望父母，非常孝顺。夫妻二人退休后时常到全国各地旅游，恩爱有加，邻居们非常羡慕。可是天有不测风云，有一天她的丈夫突然感觉胸口不舒服后，晕倒在床上，呼吸也开始薄弱。等120救护车赶到后，他已抢救无效死亡。赵阿姨亲眼目睹了丈夫的猝死，得知丈夫死于脑出血，后悔不已。赵阿姨对丈夫的思念与日俱增，性格也变得沉默寡言，每天将自己关在家中，以泪洗面。子女要接母亲同住，被赵阿姨拒绝。她在亲友面前时常流露出随丈夫而去的想法。之后大约半年的时间，她开始单独外出旅游，途中有过自杀行为，被路人阻止或救护，未遂。

任务描述

1. 正确接待老年初访者。
2. 运用结构化技术向老年来访者说明心理咨询过程。

相关知识

一、术语理解

（一）初访询问

初访询问指在初次接待时，咨询师对求助者的初次询问，在必要情况下，咨询师应结合求助者的问题与咨询目标提出相关问题，对求助者进行询问。

（二）结构化技术

结构化技术指心理咨询开始时，咨询师对求助者说明与界定从咨询开始到咨询结束之间所涉及的各种要素，即心理咨询师对于有关咨询过程的性质、限度、目标以及特殊的关系所做的解释。一般来讲，咨询全过程所涉及的要素包括理论框架、咨询关系、咨询环境与相关程序。理论框架指心理咨询工作者用来解释当事人行为、引导当事人产生正面改变所依据的理论。咨询关系指心理咨询工作者与来访者在咨询中所扮演的角色以及对该角色的期待。

（三）表情

情绪的外部表现是通过人的面部、体态、言语等方面表现出来的，称为表情。人类的表情主要有面部表情、身段表情和言语表情三种。

（四）语言风格

咨询师在心理咨询过程中所用的语气语调、表情特点以及所表达的思想感情称为语言风格。通过训练，咨询师可以准确表达自己的思想和感情，理解自己表情所表达的准确信息，避免表情误差。

二、要点提示

（一）初诊接待注意事项

在初诊接待中，咨询师应简洁询问求助者希望得到哪方面的帮助，而不能直接逼问。直接逼问会给求助者留下不良的第一印象和不舒服的感觉，影响良好咨询关系的建立。常用的询问方式如

"您希望我能帮助您解决什么问题"等；不合适的询问方式如"您有什么问题需要解决，说吧"，"您找我究竟想要解决什么问题呢"等。

咨询师应面对来访者，身体稍微向前倾，目光与求助者接触，注意求助者的身体语言，并且以面部表情回应求助者等，这都是对来访者的积极回应。

此外，在初次与来访者会谈时，咨询师注意避免紧张情绪，并需要反复向求助者说明心理咨询中的保密原则，以及双方的责任和义务。双方距离可保持在1.5米左右，坐姿倾斜度小于或等于90度，前倾小于或等于20度，斜倾小于或等于10度。

总之，初诊接待中，工作人员应保持坐姿端正、服饰整洁、表情平和、正常社交距离等，可以适当地使用专业用语。

（二）语言风格的重要性

语言风格包括语气语调和表情。语气语调包括陈述语气、疑问语气、反问语气、感叹语气、祈使语气、强迫语气、上扬语调、下沉语调等。咨询师与来访者建立信任时，应当尽量用比较缓和的语气，力求尽快使求助者放下心理防备。

三、方法技巧

（一）结构化技术训练

初次接待来访者时，咨询师运用结构化技术，有助于来访者做好咨询的准备，减少或消除其对咨询过程的错误观念以及其无助或不满意等焦虑情绪，以利于咨询关系的顺利进行。

通常，运用结构化技术时，需要向来访者说明以下问题：

1. 每一次咨询间隔时间多久

一般情况下，咨询次数为一周一次或两次，每次50分钟左右（初次受理的咨询可以适当延长时间），原则上不能随意延长咨询时间或间隔。这样可以使来访者在间隔期间充分回味咨询时的体验，并将其作为自身适应成长的刺激剂。一次两小时的咨询不如一次一小时分两次咨询的效果好。但是，咨询时间的限定也不是绝对的。根据来访者的病理状态、心理发展程度和年龄大小，可以缩短时间和间隔，增加咨询次数。例如，与分裂症患者的咨询时间定为50分钟可能就太长，每次二三十分钟，一周两三次比较合适。对行为化倾向较强的来访者，也可考虑增加咨询次数。

2. 咨询内容如何保密

可告知来访者，咨询师不会在任何场合谈论来访者的隐私，包括与专业或非专业人员谈话；不会向来访者的亲属、朋友、同事、领导等谈及来访者的隐私，除非征得来访者本人的同意；不会在媒体上全文报告来访者在心理咨询中的隐私，需要报告典型案例者应注意隐私部分的文字技巧；除本部门确定的专业人员外，不允许任何人查阅心理咨询档案，包括心理咨询师自身的行政部门和来访者的行政部门；除来访者触犯法律，并经公检法机关认定出示证明外，任何机构和个人不得借阅心理咨询的档案。

3. 在咨询时间之外，如果求助者觉得需要与咨询师会谈时，要如何联络

在咨询时间之外，求助者如果需要与咨询师会谈，应与咨询师提前预约，以便确定是否方便实施咨询。一般来讲，应严格遵循咨询约定。

4. 如果求助者忘了来咨询，该怎么样

如果求助者忘了咨询，应及时在第一时间与咨询师联系，说明原因，并约定下次咨询时间。

其他问题还有：咨询费用多少？如何付费？在危急的情况下，求助者该如何是好？咨询师可以根据实际情况给予答复。

（二）咨询环境的设置与要求

（1）咨询房间必须保障求助者的隐私。

（2）咨询师所处地方必须清净，外在的声音不会干扰室内会谈。

（3）空气流通，光线充足，室温可保持在22℃～24℃，让老年人感觉舒适。

（4）咨询室内的桌椅摆设必须让求助者感觉沟通容易、地位平等、身心放松。设备不宜过多，以免干扰求助者的注意力。

（三）如何化解会谈僵局

针对冷漠的来访者，尽量询问比较详细的问题，在心理上不要受其冷漠态度的影响，必要时可以使用在其他访问中的一些结果作为参照内容，追询受访者的意见。

针对简单回答者，注意在其回答中发掘问题，而不要简单地把注意力转移到其他问题上。大多数人会感到自己负有为自己的回答解释清楚的道义责任。

当受访者挑战访问必要性时，可以强调许多决策者从这些意见中受到了启发，受访者长期拥有经验才觉得必要性不强，而对于另一些人来说，受访者的意见就很有价值。

当受访者坚持只提供有限的信息时，咨询者同意就此展开回答，在其叙述进程中巧妙地以追问方式引入其他问题。

对于设定时限的访问，访问时注意可灵活调整一下访问的问题，辅助问题适当减少，把核心问题提前。到了预定的时限，主动提醒对方能否延长一点时间，如得到否定的回答再追问是否可以进行二次访问。

同步训练

教师指导学生分组，根据任务完成以下训练。

【训练实施1】身体姿势训练

咨询师：您希望我在哪方面为您提供帮助呢？

求助者：很多人都不理解我，包括我的孩子，还有其他亲人，我真的很痛苦。

咨询师：（面对来访者，身体靠在椅背上，面部表情平静，偶尔点头回应，表明听到来访者的话）

求助者：（眼中含泪，神情低落）老伴身体一向很好，突然摔了一跤，就走了。快一个月了，我天天失眠，服用安眠药也无法入睡。脑子里很乱，有时候似乎特别困，但是躺下就会想起来老伴生前的各种事情，好像他还站在我面前和我说话。一睁开眼，人就没了，但是我总感觉他一直在家里没有走。有时候是连着好几天都很亢奋，没有一点睡意，就坐着回忆他对我说的话。我就不停地哭。现在感觉整个人都要虚脱了，觉得自己的生命已经跟着老伴去了。我觉得剩我一个人在这个世界活着，又孤单又痛苦。

咨询师：（目光与来访者接触，身体微微前倾，表情凝重，语气略低）老伴去世后，你觉得生命已随他而去，活着已无任何意义，所以你想结束自己的生命，结束自己的痛苦。

【训练实施2】语气语调训练

请一位同学模拟求助者说以下案例中的情节，其他成员分别用陈述语气、疑问语气、反问语气、感叹语气、祈使语气、强迫语气、上扬语调、下沉语调等进行回应。

求助者：虽然孩子们都劝我想开点儿。可是不管我怎么做，就是无法控制对老伴的思念。

咨询师：你不管怎么做，都会不断地思念离开的老伴。

【训练实施 3】表情训练

请同学首先自己练习关心、理解、赞许、同情、疑义、异议等表情。

运用训练 2 的语句，请一位同学模拟求助者说出情节，由其他成员做出关心、理解、赞许、同情、疑义、异议等表情。

任务三

建立关系阶段的技术训练

任务情境

【案例】

求助者：我老伴去世快 1 年了，孩子们为我请了一个保姆照顾我的生活。她虽然比我小 30 岁，和我的孩子们差不多年纪，但是我感觉我们两个人的思想很接近。我没有那么呆板，她也比实际年龄成熟。常常我们两个会在一起说心里话。最近我发现我对她的感觉变了，她对我的态度也明显不同。她有时候会向我撒娇。我感觉我又回到了年轻时谈恋爱的时光，我真不知道该如何对孩子们说。

咨询师：……

任务描述

1. 模拟咨询师的反应。
2. 练习有效倾听方式。
3. 练习重复和最小鼓励技术。

相关知识

一、术语理解

（一）倾听

倾听指在咨询过程中咨询工作者对当事人的谈话不仅仅是听听而已，并且还要借助各种技巧，真正听出对方所讲的事实、所体验的情感、所持有的观念等。

咨询过程中，倾听的意义包括：一是倾听求助者的声音，了解其苦恼的问题，知道求助者的难处在哪里；二是通过倾听，教会求助者也学会倾听，让求助者复述咨询师的话时，就会发现他经常把咨询师的话理解错，实际生活中求助者就是经常误解别人的话，才引发心理上的问题，通过倾听才能使求助者的人际关系顺畅起来，减少心理问题。

（二）重述

重述指重复与来访者交谈中重要和突出的方面。一方面，它能给咨询师提供来访者状态的直接感受，推动进一步会谈，并能检验访谈者是否理解来访者所说的内容。只有访谈者认真倾听来访者时，重述才可能是准确的，并将提供给来访者一种访谈者正在认真倾听的感觉。另一方面，重述不准确时，来访者会马上给访谈者正确的反馈，并确保自己的信息被正确理解。

当咨询师计划将谈话引导出某一个主题，或是希望求助者就某一部分进一步说明时，都可以使用重述技术。当然，咨询师重述的部分必须是值得探讨的关键性问题，否则就会将谈话引到无关的方向去。咨询师使用重述技术时，重复的部分应该是当事人此时此刻的感觉和想法，而非过去的经验。

（三）最小鼓励

最小鼓励指把来访者的词语或简短的表达形式，重复转达给来访者，比如“嗯”“多告诉我一些”或“所以”等。这些反应能进一步促进他们的讨论，鼓励来访者继续表达相同的想法和感受，让来访者在没有访谈者干扰或打断的情况下自然地表达想说的话。访谈者的最小鼓励就是重述来访者的一些话，但不要重复来访者吐露的所有内容，必须强调主要观点和感受。

二、要点提示

（一）倾听方式

倾听有积极倾听与消极倾听。积极倾听与消极倾听的判别不在表面，而在于倾听的效果，不论是否专注地倾听，咨询师都可以摆出倾听的样子。常见的消极倾听表现为：判断先于倾听，只是听到自己想听的部分，用自己的故事去解读求助者；没有耐心，认为自己已经了解全部细节；分神或者分心，倾听敏感度不够；因倾听不充分而提出求助者已经尝试过的无效的解决方法。

（二）有效倾听方式

（1）面对求助者，身体姿势开放，稍微倾向求助者；良好的目光接触；身体放松。

（2）克服自我为中心：不要总是谈论自己。

（3）克服自以为是：不要总想占主导地位。

（4）尊重对方：不要打断对话，要让对方把话说完。千万不要因深究那些不重要或不相关的细节而打断人。

（5）不要激动：不要匆忙下结论，不要急于评价对方的观点，不要急切地表达建议，不要因为与对方不同的见解而产生激烈的争执。要仔细地听对方说些什么，不要把精力放在思考怎样反驳对方所说的某一个具体的小的观点上。

(6) 尽量不要边听边琢磨他下面将会说什么。

(7) 问自己是不是有偏见或成见，它们很容易影响你去听别人说话。

(8) 不要使你的思维跳跃得比说话者还快，不要试图理解对方还没有说出来的意思。

(9) 注重一些细节：不要了解自己不应该知道的东西，不要做小动作，不要走神，不必介意别人讲话的特点。

(三) 无效倾听方式

(1) 对谈话内容漠不关心。

(2) 只听内容，忽略感觉。

(3) 无故打断对方的谈话。

(4) 其他常见的不良倾听方式。

(四) 初学者易犯错误

初学者往往不重视倾听、不愿意倾听，容易犯以下的错误：

(1) 急于下结论：对对方意图领会不准，使对方觉得不被理解，影响建立良好关系。

(2) 轻视对方的问题：认为这是小事，可对方深受问题困扰。沟通目的就是帮助其认识问题的本质并找到解决办法。

(3) 干扰、打断对方的话题：耐心不够、缺乏经验、抓不住关键因素。

(4) 做道德或正确性评判：少做评判，了解全部问题后再评判，评判时要有理论和事实根据，评判可用其他表达方式取代。

(5) 滥用技巧：询问过多、概述过多、情感反应过多等。

三、方法技巧

(一) 倾听

【案例】

求助者 70 岁，男性，因无法接受女儿因公丧失生命，前来求助。

求助者：我的女儿竟然在出差时因车祸走了，我无法相信这个事实（叹气，头垂下来，摇头，双手紧握）。

咨询师 1：面对求助者，身体微微前倾，眼神与求助者接触，表情凝重，双手随着求助者的动作而变化，偶尔点头表示了解求助者的感觉。

咨询师 2：面对求助者，身体向后仰，眼神向下直视，面部毫无表情。

咨询师 3：面对求助者，身体后仰，眼神望向远方、沉思。

【要点提示】

本案例中，第一个咨询师的反应是合理的，面对当事人的表述以及肢体语言的变化，自己的身体语言、表情也随着变化，传递出对当事人的专注、倾听与了解。第二个咨询师身体后仰、眼神向下直视、面部毫无表情，表明其并未投入到当事人的问题中。第三个咨询师虽面对当事人，可是身体后仰，眼神望向远方，表明咨询师并未专注于倾听当事人的问题，只是专注在自己的思考上。

（二）重复

【案例】

求助者：我的老伴时时刻刻调查我的行踪，不给我一点儿自由。我觉得整个人的空间都被压制了。现在我很怀念前妻。前妻给我许多自由，我却认为她没有文化，不懂我，和我没有共同语言，才跟她离婚的。

咨询师1：你的老伴时时刻刻调查你的行踪，好像警察监视犯人一样。

咨询师2：你觉得不该离婚。

咨询师3：前妻给你很多自由。

【要点提示】

本案例中，咨询师1的反应正确，咨询师复述的地方，是当事人此时此刻的想法和感受；咨询师2复述的内容是过去的经验，而非现在的感受，对当事人的问题没有帮助；咨询师3复述的内容，也是过去的经验。

同步训练

教师指导学生分组，一人模拟咨询师，一人模拟来访者，完成练习。

任务四

分析诊断阶段的技术训练

任务情境

咨询师：你今天想说什么问题？（________问题）

求助者：最近觉得很累，很不想动。

咨询师：再多说一点，让我更清楚你的问题。（________技术）

求助者：因为老公去世，我情感压力大。伤心得控制不住，又觉得对不起子女，愧疚自责，不知道该怎么办。

咨询师：你刚刚提到你有情感压力的问题，不知道你想先谈对老公的思念，还是先谈愧疚自责的压力？（________技术，________问题）

求助者：我想先谈对丈夫的思念，因为已经半年了，我依然控制不住。

咨询师：多说说对丈夫思念的事。（________技术）

…………

咨询师：听起来你的问题似乎跟思念无关，而是与你的无助和无奈有关，是不是这样？

（________技术、________问题）

求助者：应该是跟无助有关。

咨询师：我还是不清楚你的问题，你对丈夫的思念与无助有什么关系？（________技术）

求助者：当然有关系，丈夫生前家里几乎都是他在打理。

咨询师：什么原因让你无助？（________技术）

求助者：不晓得。

咨询师：我这样说你看对不对。你的问题是你处理事情时无助，所以就造成对丈夫的思念。你想知道什么原因让你无助，我这样说对不对？（________技术，________问题）

任务描述

1. 根据案例，区分开放式提问和封闭式提问。
2. 根据案例，明确哪些语句采用情感反应技术。
3. 根据案例，明确哪些案例采用内容反应技术。
4. 根据案例，明确哪些案例采用具体化技术。
5. 练习各项技术。

相关知识

一、术语理解

（一）询问技术

询问技术可分为封闭式提问和开放式提问。

封闭式提问常用于搜集和解释资料信息，提问常用“是不是”“对不对”“要不要”“有没有”等词提问，而回答也是“是”“否”式的简单答案。这种提问常用来收集资料并加以条理化，澄清事实，获取重点，缩小讨论范围。开放式提问常用于使讨论深入的问题和推动来访者进行自我剖析，常用“怎么样”或“为什么”，要求更详细、更广泛的回答。

（二）情感反应技术

情感反应指咨询者用词句来表达受助者语言和非语言行为中所透露出来的明显的或隐含的感受。目的就是引导受助者注意和探索自己的感受和情绪情感体验，或把这些感受和与之相伴随的情景、事实联系起来，协助受助者觉察、接纳自己的感觉，达到对自己的整体性的认识。此技术着重于来访者的情绪反馈，经过对来访者情绪的了解可进一步推测出来访者的思想、态度等。情感反应最有效的方式是针对来访者现在的情感而不是过去的。

（三）内容反应技术

内容反应也称释义或说明，指访谈者把来访者的主要言谈、思想，加以综合整理后，再反馈给来访者。内容反应能够帮助来访者有机会再次来剖析自己的困扰，重新组合那些零散的事件和关系，进一步深化谈话内容。内容反应技术需与解释技术相区别。

（四）具体化技术

具体化技术指咨询师在倾听受助者叙述时，如果发现其所陈述的内容有含糊不清的地方，咨询员以“何人”“何事”“何时”“何地”“有何感觉”“有何想法”“发生什么事”“如何发生”等问题，协助受助者更清楚、更具体地描述他的问题。

（五）摘要技术

摘要技术指在咨询进行一段时间后，咨询师把两人谈话的要点（包括情感与想法）加以整理与归纳，以概括的形式表达出来。

（六）沉默技术

沉默技术指在咨询过程中，因为某种原因，受助者或咨询者无法持续所谈的内容而沉默下来。

二、要点提示

内容反应技术可以使用在咨询的任何阶段、任何时机，尤其是当咨询师想要核实他对求助者的了解是否正确时。在求助者的叙述冗长、繁多时，咨询师可以使用内容反应技术，提纲挈领，将他所了解的重点传递给求助者，以确定自己理解的是否正是求助者所关切的。此技术可以协助咨询师将求助者的叙述分门别类，并归纳、比较，从中理出重要的咨询方向。

具体化技术可以澄清求助者所表达的模糊不清的概念、情感及遇到的问题，明了求助者的真实感受、真实事件，可促进对求助者的了解，把话题引向深入，鼓励求助者表达，让求助者弄清自己的所思所感，明白自己的真实处境，也有助于求助者自我认识能力的提高，改善求助者的状态。

摘要技术有利于协助受助者澄清与界定问题，形成新的看法，使受助者更全面地探索自己；协助受助者了解咨询的重点，使不同咨询主题的转换更顺畅，协助受助者顺利进入咨询。

沉默可以分成积极性的沉默与消极性的沉默。积极性的沉默，主要是对方正在思考如何回答，如果能善加利用，可以使咨询顺利进行；消极的沉默，往往是不合作、拒绝、愤怒、不友善的一种表示，如果处理不当，会破坏咨询的顺利进行。

三、方法技术

（一）询问技术

【案例】

求助者：我这个月体检血糖指标不合格。

咨询师1：能不能告诉我，体检前你每日的饮食安排？（开放式问题）

咨询师2：你感到失落吗？（封闭式问题）

【训练点评】

咨询工作者在使用开放性提问时，要注意让当事人充分表达他们的感受和想法，即使有离题现象，也不要责备或露出不耐烦的神情，可用提醒的方法来引导他们朝着重要问题的方向来谈。有些问题要注意语气语调的运用，以免过于咄咄逼人。辩论式、进攻式、语气强调式的发问与共情式、疑问式、语气温和的发问就可能在当事人心里产生两种完全不同的印象，前种发问让当事人认为咨询工作者有责怪、反对自己之意，后种则会被认为咨询工作者是真心实意地想知道事情的真相、帮助自己。

封闭式提问的采用要适当，通常在咨询会谈的中后期才采用，而且应用次数不宜多。因为封闭性提问不能提供较大的自由度给当事人，甚至限制当事人的思路和自我表达，这样不仅妨碍咨询工作者对当事人资料的收集和对问题广泛深入的了解，也可能破坏咨询关系。

总之，使用询问技术时，不可将话题转至不重要的主题上，所问的问题必须与求助者的困扰和咨询目标有关。

（二）情感反应技术

【案例1】

求助者：购买保健品的老人有好几百，又不是我一个，为什么你们要批评我？

咨询工作者：你觉得委屈？

【案例2】

求助者：上班的时候他们就不喜欢我，现在退休了我也不喜欢他们。为什么他们都这么恶劣，笑我穿得糟糕、吃得极差。我老伴身体一直不好，孩子们工作也不稳定，一辈子买不起那些讨厌的家伙所穿的衣服，吃不起他们天天吃的大餐。他们不用喜欢我，可我希望他们不要再嘲笑我。

咨询工作者：你觉得愤怒，觉得朋友们不应该取笑你的生活。

【训练点评】

常用情感反应的语句有：

“你觉得……”

“看起来，你好像气得不得了。”

“听起来，你好像恨死他了。”

“好像你对这件事情的安排都很厌恶。”

这样的情感反应，像一面“情感镜子”，令当事人能通过这种清晰的表达来了解自己的敌意情绪，从而给他提供一个自觉、自发、自动去改正的机会。当然情感的反应并不仅仅限于言语的反应，还可以通过非言语反应，譬如当来访者在谈话中很悲伤时，咨询工作者可以通过拥抱、握住对方的手以及递纸巾给对方等方式，来表达对其情感的关注。

此外，使用情感反应技术时，需要注意以下几点：

1. 辨认求助者情感

（1）注意求助者叙述中的情感部分。

（2）注意求助者的行为（姿势、语调、说话速度、其他速度）。

（3）适当地、广泛地标识情感。

（4）全面辨认求助者情感，即辨认求助者语言和非语言行为所传达的不同情感。

2. 反应求助者情感

（1）清楚、正确地体会求助者体验到的情感。

（2）反应混合的情感（即一种以上的情绪）。

（3）不要重复求助者所用的语句和词语。

（4）把关注点放在此刻情感上。

(5) 尽量不要一再运用相同的词语。

3. 观察求助者行为

仔细观察求助者的行为，特别要注意其姿势和面部的表情。在进行反应时，要注意不要使用刻板的开头语句；反应的深度应与受助者所反应的深度大体相等，不可夸大或缩小。

总之，情感反应技巧的使用，关键要看咨询工作者能否从当事人的身体及语言的线索中体会其真正的情感，并用适当的话表达出来。咨询工作者也可以从当事人的反应中觉察出效果。如果情感反应正确，当事人就会点头或以“对了，就是这样”的话语回答。所以，在咨询过程中，情感的反应是很重要的，它不仅有助于对方对自己的情绪的觉察和了解，也体现了咨询过程中的人情味。

(三) 内容反应技术

【案例】

求助者：我有一个女儿，一个儿子。老伴去世一年了，我总觉得孤独，想和孩子们住在一起。可孩子们有不同意见，女儿觉得我应该住到儿子家，因为她毕竟是嫁到别人家了，而且我儿子的经济条件比她这个姐姐好很多。但是儿子却认为子女们都具有对父母的抚养责任，所以我应该到他们家里轮流住。我提出要求半年多了，也没有一个人来接我。我为此很烦恼，门也不想出，晚上常失眠，不知怎么办才好。

咨询师A：你认为两个子女应该赡养你，你的儿子也同意，但你的女儿不赞成，因为她经济条件不好。为此，你的情绪有些低落，是这样吗？

咨询师B：你养大了孩子，老了却没人愿意抚养你，然后你就很生气，决定去起诉他们。

【训练点评】

咨询师A的反应是合适的，比较全面恰当地使用自己的语言将求助者的语义内容进行了反馈；咨询师B的反应不全面，忽略了部分事件，且有部分主观推测超出了求助者叙述的内涵。

内容反应技术可以使用在咨询的任何阶段，在分析诊断阶段能够帮助咨询师和来访者尽快明确咨询问题，确立咨询目标。使用内容反应技术时需要注意，咨询者所反馈的内容不要超出受助者叙述的内涵，避免加入个人主观看法，也不要遗漏受助者重要的想法与感觉，尽量使用自己的语言，以免由于使用求助者已经使用过的词汇而招致他们的反感。

(四) 具体化技术

【案例】

求助者：我每天晚上都不敢出去，在家盯着老公，也不准他随便接陌生电话。

咨询师：为了老公，你每天晚上不敢出去，盯着他休息，并且不让他接陌生电话。告诉我，你用什么方法让老公不接陌生电话，在家安静休息，而老公又有何反应？(具体化技术)

【训练点评】

因为具体化技术有决定咨询方向的作用，当受助者的叙述中有多个含糊不清的地方时，如果判断不准确，有可能将咨询引至不正确或偏离咨询目标的方向上。这就要求咨询者能仔细倾听，针对关键的、与咨询目标有关的地方发问，以免跑错方向。

具体化技术的使用范围：

(1) 求助者的问题表达不清。比如，求助者说“我很烦”“我很自卑”，当人处于这种状态时，往往会被它笼罩。咨询师可以说：“你能否告诉我你因为什么而自卑？”通过分解问题，就可以清楚问题的来源，把问题缩小。

（2）过分概括化。一些求助者常常以偏概全，把个别事件扩展开来，使事情越搞越复杂。咨询师可以使用具体化技术还事情以本来面目。比如求助者说“人们都不喜欢你”，运用具体化技术，让他具体说说是谁不喜欢他，结果发现除了个别人对他有些看法外，事情远不像他所说的那样糟糕。

（3）概念不清。一些求助者一知半解，容易随便给自己扣上帽子。比如“我有抑郁症”，用具体化技术，让求助者具体说明抑郁表现在哪些方面，往往发现所谓的抑郁症，只是最近的不开心。

（五）沉默技术

【案例】

求助者：唉！我该怎么办呢？

咨询师：（沉默）

求访者：我还是主动向老伴道歉吧！

【训练点评】

沉默时间的长短应视咨询时的具体情况而定。求助者沉默时，咨询员应仔细观察其非语言行为的变化，以帮助了解其沉默是积极的还是消极的。在求助者沉默期间，咨询师不要随意提问，以免将话题引导到无关的主题上。

（六）摘要技术

【案例】

求助者：自从老伴去世后，我觉得生活好难过。以前都是老伴为我准备三餐，现在一到吃饭我就觉得很烦，不知道自己该吃些什么。尤其是晚上在家里，整个房间空荡荡的，好冷清。家里四处都是老伴的影子，一回到家里，那种难过的感觉更是强烈，所以我很害怕在家。白天我常常在外游荡，到了精疲力竭才回家，回到家就立刻睡觉，什么都可以不用想。我觉得好痛苦，也觉得好后悔。如果当初我能够再多带她看几家医院，或许今天就不会那么落魄。

咨询者：我将我们刚刚所谈的内容做些整理。老伴去世后，你的生活顿失重心。一方面因为没有人照顾与陪伴你，让你不知如何活下去；另一方面，思念老伴的感觉，让你害怕回家，所以只能借着疲倦来麻痹自己。经历过这些痛苦后，你突然有所领悟，如果当初能多找一些医生给老伴看病，今天就不会沦落到这般光景。

【训练点评】

此技术适用于由一个咨询主题进入另一个咨询主题时、每次咨询结束时、下次咨询开始时、咨询进行一段时间后、从某一咨询阶段进入另一咨询阶段时。使用摘要技术时要注意，摘要必须反映求助者叙述的重点。

同步训练

教师指导学生分组，一人模拟咨询师，一人模拟来访者，完成练习。

参考答案如下：

咨询师：你今天想说什么问题？（开放式问题）

求助者：最近觉得很累，很不想动。

咨询师：再多说一点，让我更清楚你的问题。（鼓励和具体化技术）

求助者：因为老公去世，我情感压力大。伤心得控制不住，又觉得对不起子女，愧疚自责，不知道该怎么办。

咨询师：你刚刚提到你有情感压力的问题，不知道你想先谈对老公的思念，还是先谈愧疚自责的压力？（内容表达技术，封闭式问题）

求助者：我想先谈对丈夫的思念，因为已经半年了，我依然控制不住。

咨询师：多说说对丈夫思念的事。（具体化技术）

……

咨询师：听起来你的问题似乎跟思念无关，而是与你的无助和无奈有关，是不是这样？（内容反应，封闭式问题）

求助者：应该是跟无助有关。

咨询师：我还是不清楚你的问题，你对丈夫的思念与无助有什么关系？（具体化技术）

求助者：当然有关系，丈夫生前家里几乎都是他在打理。

咨询师：什么原因让你无助？（具体化技术）

求助者：不晓得。

咨询师：我这样说你看对不对。你的问题是你处理事情时无助，所以就造成对丈夫的思念。你想知道什么原因让你无助，我这样说对不对？（内容反应技术，封闭式问题）

任务五

咨询阶段的技术训练

任务情境

咨询师：我不知道你与老公的经历是不是跟你的被动行为有关，不过我想换个方式来帮助你，看看这样做会不会对你更有帮助。我要你扮演丈夫，也扮演自己，就是你一个人扮演两个角色。然后让丈夫跟你进行对话。丈夫的角色就是不断否认你的想法，或不重视你，就像你在家的情形那样。

求助者：好的。

咨询师：你从这里选两张垫子，一张代表你自己，一张代表丈夫。（求助者选了两张垫子后）首先请你将你们的位置摆出来。

求助者：（求助者让两张垫子的位置间隔约半米）

咨询师：我要你同时扮演你跟丈夫。当你觉得那一方想说话时，你就坐到那一张垫子上面，代表那个人，然后向对方说话。如果对方有话要回应，你就坐到对方的垫子上，代表对方，然后将想回应的话说出来，就好像两个人在对话那样。我这样说你懂不懂。

求助者：我懂。

咨询师：现在请你闭上眼睛，看看哪一方的声音较强，就坐到哪一张垫子上，然后将你想说的话说出来。

求助者（扮演丈夫）：（凶巴巴的）我不是告诉过你，我要你这样做。为什么你不按照我的意思，你自己去想想。（哭泣）

……

求助者：说实在的，结婚后，不管我跟别人发生什么事，我丈夫都会理解我、包容我。我在单位受了委屈，回到家里告诉我丈夫，他一定会替我想办法解决。

咨询师：丈夫对你的理解包容，让你总让他为你解决问题，觉得好幸福。

求助者：对！后来我干脆都不想，反正我也想不出来。

咨询师：听起来当时丈夫的处理方法，让你选择放弃了自己的思考，当个被动的人，免得让自己感到不开心。

任务描述

1. 确定情境中咨询师运用了何种技术。
2. 练习面质、解释技术。
3. 练习自我暴露技术。

相关知识

一、术语理解

（一）面质技术

面质技术指当咨询师发现求助者语言与非言语行为不一致、逃避面对自己的感觉与想法、语言行为前后矛盾、不知善用资源、未觉察自己的限制等行为时，指出求助者矛盾、不一致的地方，协助求助者对问题有进一步的了解。我们把在咨询中常见的这种不一致或矛盾归纳为四种：言行不一致；理想与现实不一致；前后言语不一致；咨访意见不一致。

（二）解释技术

解释技术是运用某一种理论来描述来访者的思想、情感和行为的原因、过程、实质等。解释使来访者从一个新的、更全面的角度来重新面对自己的困扰、周围情境以及自己，并借助于新的观念、系统化的思想，来加深了解自身的行为、思想和情感，产生领悟，提高认识，促进变化。解释以访谈者所持有的理论取向为基础，常用于综合和分析刚刚获取的资料，并改变来访者自身的观察方式。

（三）指导性建议

指导性建议是对来访者做的特殊命令或指示。当咨询师试图干预和改变来访者某些行为时，指导是至关重要的。指导常用于访谈时的引导。指导的内容包括提出意见、给予指示、提供反馈或再保证。指导内容是咨询师看法的要点，而不是来访者内容的复制。

(四) 我暴露技术

自我暴露也称为自我开放、自我揭示，是一种人们自愿地、有意地把自己的真实情况暴露给来访者的行动，它透露的情况是他人不可能从其他途径获得的。自我暴露是自愿的、有意的、真实的。

二、要点提示

(1) 面质技术的使用，可以协助求助者促进对自己的感受、信念、行为及所处境况的深入了解；激励求助者放下自己有意无意的防卫心理、掩饰心理，勇敢地面对自己、面对现实，并由此产生富有建设性的活动；促进求助者实现言语与行动的统一，理想自我与现实自我的一致；使求助者明了自己所具有而又被自己掩盖的能力、优势，并加以利用，以便将来有能力去对他人或者自己做面质。

(2) 解释技术能使求助者从一个新的、全面的角度来重新面对困扰、周围环境及自身问题，从而更加了解自身的行为、思想和情感，产生领悟，提高认识，促进变化。

解释一般有两种：一种是来自各种不同的心理咨询与治疗的理论；另一种则是根据咨询者个人的经验、实践与观察得出的结论。在前一种解释下，咨询师可依据各种学派的理论对当事人的问题进行解释，或是认知学派的解释，或是人本主义思想的解释。究竟选择哪一种理论，取决于咨询工作者本身所相信的理论学派。也有的咨询工作者会根据不同的问题性质，来选择易于当事人接受的理论解释。

(3) 指导性建议技术的运用目前并无统一规则。不同的心理咨询和治疗学派对其理解和运用不同。也有一些咨询师不赞同使用该技巧。因此，在实践中可灵活决定是否使用。

(4) 自我暴露是内容表达与情感表达的结合。其作用有：

1) 咨询师自我暴露内容与当事人经验相似，可增加当事人对咨询工作者心理上的认同，有助于沟通。

2) 咨询工作者愿意将自己的私事表露出来，表示信任当事人，这样自然增加了当事人对咨询工作者的信任感。

3) 一般而言，有困扰的当事人多倾向于封闭自己，因此咨询工作者的自我暴露具有示范作用，让当事人学习并有效地开放自己。

4) 经过咨询工作者的自我暴露，当事人不只是倾诉者，同时也是一个倾听者，从咨询工作者的经验当中，当事人可以看到一些自己忽略的地方，有利于其思考和自我改变。

三、方法技巧

(一) 面质技术

【案例】

来访者：如果她主动向我道歉，我才会与她和好。

咨询师：你的意思是她如果先提出道歉，你才会与她和好。

来访者：是啊，她伤害我太深……

咨询师：所以你难以原谅她，对吗？

来访者：是啊，作为好朋友，怎么能说出这种话？

咨询师：但是，你刚才提到，是你先伤害了她。

来访者：虽然是这样，但她不应该这样对我。

咨询师：假如你是她，你会怎么想？

来访者：（沉默）

咨询师：你有没有感到把责任都推给了她，自己在整个过程中一点责任都没有吗？

【训练点评】

面质技术能促进求助者对自己的防御、矛盾、优势和劣势的了解，激励自我面对。但使用面质技术时必须以情感反应、共情等技术做铺垫，否则带有一定的危险性。能否有效运用面质技术需要各种技术的融合。具体要注意以下问题：

（1）必须建立在良好的咨访关系的基础上。

（2）要有事实根据。必须依据求助者实际呈现的矛盾来面质，而非咨询师的推论与猜测。

（3）避免个人发泄和无情攻击。咨询师不可以借着面质技术来表达自己对求助者的负面情绪，或借此机会惩罚求助者。

（4）不要因为担心使用面质技术会伤害求助者及破坏咨询关系，而在该使用时不使用，最终错失良机。

（二）解释技术

【案例】

来访者：我每次看到弟弟就很生气，毫无理由的生气。

咨询师：这是因为他是你的继母生的，你既然觉得你的继母不公平，自然而然把怨气发到弟弟身上。（解释技术）

【训练点评】

在具体应用解释技术时必须注意：

（1）解释必须在充分了解求助者问题的基础上进行。咨询工作者要了解问题的重点，再以自己的语言摘要陈述，加上自己的看法或解释。据此，解释的时间不宜过早，以免因为对当事人情况的不完全了解，而出现解释错误或不准确的状况，影响当事人对咨询工作者的信任，使解释得不到应有的作用。

（2）解释要深入浅出，简明扼要，避免过多地使用专业术语。有的咨询工作者在进行解释时，会不自觉地炫耀自己的专业水平，解释中频繁出现“潜意识”“心理情结”等术语，令当事人不明所以；或者在解释时啰啰唆唆，反反复复。这些情况都不利于当事人对咨询工作者解释的理解。

（3）解释要具有真实性和合理性，不可用偏激的解释，以免造成对当事人的伤害。一些咨询工作者对当事人的行为不接纳，就用恐吓性的言语做解释。比如对一个手淫的男当事人说：“你这个问题太严重了，是你内心深处的性欲望太强所引起的，如果不下决心戒掉，就可能影响你将来的婚姻。”这个解释或许可以加强当事人改正手淫过度的决心，但同时也加重了当事人的内疚感和焦虑情绪，甚至会让他更加自卑。

（4）解释要尽量采取试探性的保留态度，以便当事人有思考、接受或拒绝的余地。咨询工作者可以采用“也许”“可能”“我想大概是”等用语来进行解释，这样当事人比较容易接纳。事实上，对咨询工作者的解释，当事人有时会持抗拒态度，尤其是出现下列情况时，解释时更要谨慎：1）当事人感到焦虑和紧张，这可能是咨询工作者的解释与当事人的背景有出入或不当的解释所致。

这时咨询工作者要暂时停顿，或用支持方法稳定其信心；2）拒绝：可能因解释得不正确或当事人维护自尊而发生，这时咨询工作者要改变解释的角度；3）漠不关心：当事人对咨询工作者的解释漠不关心，可能是因为解释不恰当，也可能是当事人正在想自己的问题。这时咨询工作者必须放慢解释的速度，甚至可以以暂时沉默的态度来引起当事人的关注。

总之，解释是影响技术中最为复杂的技巧。咨询工作者要合理、灵活、富有创造性地应用解释技术，在当事人能够接受的范围内，帮助当事人认清自己。

（三）指导性建议

【案例】

一位女性老年人来电咨询，她因患强迫症而困扰。她认为，她应该是能被某老年模特队录取的，她一定要参加这个模特队。因此，她练习得很刻苦，特别重视每一次教练的指导，经常担心自己不能被录取，压力很大。第一次模拟录用的时候她发挥得不好，成绩不理想。为此，她焦虑万分，非常担心自己无法加入模特队。

【训练点评】

在咨询中，咨询师发现她出现强迫症的关键在于她具有不合理思维。于是，在过分焦虑中她出现了强迫性思维，总是不断地想："人活着这么辛苦有什么意思，说不定哪一天地球就爆炸了。"在咨询中，咨询工作者要求当事人把"我应该被模特队录取"改为"我希望能成为一名老年模特"，把"我一定要加入××模特队"改为"我争取能被××模特队录取"。

通常，指导性建议有以下几种方式：

1. 指导言语的改变

指导言语的改变的心理学原理是认知理论。该理论认为人的情绪和行为与其认知模式密切相关，如果当事人有不合理的思维模式，或绝对化，或极端化，则会导致其不良情绪和行为的发生。如咨询工作者对当事人说"请把你说的'我应该怎样'改为'我希望怎样'，把'我干不了'改成'我可能干得了'"等。

在咨询门诊中，当事人最多见的绝对化语句是"我应该怎样"或"一定要怎样"，于是，咨询工作者就要帮助当事人将"应该"改为"希望"，把"一定"改为"争取"。

语句不同，给当事人所带来的压力在程度上有明显的不同，前者是绝对化的，没有退路和调和余地，也是完全主观性的，没有考虑到客观因素或偶发因素的变化，后者则减轻了压力。

言语改变的指导除了在咨询过程中进行之外，也有布置作业的形式，让当事人在日常生活、工作和学习中，随时发现言语中的绝对化或极端思想，并及时改变自我用语，减轻压力，保持情绪的平静与稳定。

2. 角色扮演的指导

角色扮演的心理学原理是社会模仿学习原理。

（1）空椅子技术：这种技术适合于当事人与别人交往发生困难的情况。两张椅子面对面放置，当事人坐其中一把椅子，假装对面的空椅子就是使当事人发生交往困难的人。当事人回忆彼此间曾有的对话，并把它说出来，然后坐到对面椅子上，以对方的立场回应。如此重复实施，往往会使当事人了解对方，站在对方的立场思考问题，理解别人。

（2）角色互换：这种技术的操作与前者类似，不过参与的人要有两个或更多。两个人开始谈论，在适当的时候，咨询工作者介入，让两者互换椅子和角色。为使谈话能顺利进行下去，在互换前，要重复刚才说过的最后一句话。

（3）角色替代：一旦角色扮演进入情境后，咨询工作者可以找另一来访者替代主要扮演者，以帮助这一来访者对自己的情境有更多的觉察，也让原来的扮演者有机会以旁观者的立场看待自己，更加了解问题的症结。

（4）多重技巧：把主角整个人分成几个部分：过去的他、现在的他和未来的他。由三个不同的助理演员分别饰演三个时段中的他，等于是把当事人的生命史一幕幕地展现出来，让当事人对自己有一个完全的认识。

（5）间歇刺激法：间歇刺激法是用来测量和训练当事人扮演某一角色，扩充其角色能力范围的方法。比如让当事人扮演一个正准备考试的学生，咨询工作者每隔一段时间就安排一个角色、插入一段情节，如父亲来责备他不认真、弟弟来吵他等。通过间歇刺激，可以了解当事人应付各种干扰刺激的能力，也有助于当事人应对干扰能力的提高。

角色扮演可以减轻当事人心理上的压力，帮助其学习各种与人交往的技能，在团体咨询中也可以促进团体内情感的交流。咨询工作者在应用此技巧时，应该注意角色扮演的内容要着重于“此时此地”，而不是局限于过去；所出演的内容紧扣当事人的问题所在，并要求当事人尽量投入角色，表现自然真实；角色扮演情境也需要实际具体和可操作，并重视角色扮演后的讨论和分析。同时，咨询工作者在使用角色扮演技术时，还应充分地感受当事人所扮演角色的反应，并随时加以指导和调节。

3. 训练性指导

这种指导多以行为学习理论为依据，对当事人的各种行为训练提出具体的指导。咨询中常用的行为训练有放松训练、决断训练、生物反馈训练和系统脱敏训练等。在训练之前和训练中，咨询工作者都会对当事人提出具体要求，指导他们做什么、不要做什么。

（四）自我暴露

【案例】

来访者：在单位的任何活动中，我总是他们最后一个想到的人，他们都知道我笨手笨脚的，成事不足，败事有余。我认为自己能胜任工作，但他们都比我行，我始终没有机会。我该怎么办呢？

咨询师：当我在第一家工作单位的时候，没有人愿意我加入他们的足球队，我花了很长一段时间才克服了这种困扰。你现在似乎也有很多我那个时候失望的感觉，或许我们可以一道来谈谈。（自我暴露技术）

【训练点评】

（1）咨询工作者在使用自我暴露技术时，必须把握以下原则：

1）咨询工作者必须在认定自己的经验对当事人有所帮助的情况下才做自我暴露。自我暴露不是目的，而是一种促进当事人自我探讨、自我认识、自我改善的手段。

2）咨询工作者的自我暴露次数不宜过多，否则会让当事人怀疑其真诚性，或加重当事人的心理负担。

3）咨询工作者自我暴露必须适可而止，避免反客为主。咨询工作者历程以帮助当事人为前提，不可让重点转移到咨询工作者的情绪发泄上。

这是咨询工作者通过为当事人提供建议、给予指导性信息，而达到帮助当事人目的的技术。通常，提供信息与忠告在职业心理咨询中最为重要，因为来访者进行咨询的目的就是为了获得有关方面的重要信息，并希望借助咨询工作者丰富的资料和经验来帮助自己做出选择。

（2）咨询师在使用这一技术时，要注意以下事项：

1）为当事人提供的信息要完全以当事人的利益为出发点，并尽可能使对方了解其根源。如果对方不以为然，咨询工作者应重新检查自己对对方问题和想法的了解。

2）为当事人提供忠告时，要注意措辞，如“如果我是你，我可能会”等。措辞生硬可能会引起当事人的抵触心理。

3）忠告、建议不宜过多，毕竟咨询工作者有时并不真正了解对方的苦衷。因此，使用该技术时应持谨慎态度，一般当对方询问咨询工作者意见时再给予，而不应主动提出过多。

同步训练

任务情境中，咨询师运用到了空椅子技术和解释技术。

教师指导学生分组，一人模拟咨询师，一人模拟来访者，完成各项技术练习。

任务六

治疗阶段的技术训练

任务情境

针对赵阿姨的情况，小王认为赵阿姨无法控制思念主要是由于其对丈夫的依赖诱发形成的行为反应。由于长期沉浸在悲伤情绪之中，赵阿姨出现了行动迟缓、人际交往紧张等现象。小王决定运用放松训练等方法帮助赵阿姨进一步好转。

任务描述

1. 练习渐进式肌肉放松训练。
2. 练习系统脱敏技术。
3. 练习不合理信念的识别。
4. 练习行为塑造技术。

相关知识

技术一　放松训练

一、术语理解

放松训练，是通过一定的肌肉松弛训练程序，有意识地控制自身的心理生理活动，降低唤醒水平，改善躯体及心理功能紊乱状态，达到治疗疾病的作用。

二、要点提示

放松训练可用于治疗焦虑症、强迫症和恐惧症等多种身心疾病与神经症，也可用于正常人的保健。它旨在降低交感神经系统的活动水平、放松骨骼肌、减轻焦虑与紧张主观状态。其核心理论认为，放松所带来的心理改变的维持对应激所引起的心理改变来说是一种对抗力量。

常用的放松方法有主动式和被动式肌肉放松训练、自主放松训练、生物反馈训练以及中国的静气功训练等。训练中都强调精神专一、被动态度、降低肌肉能力、安静的环境等要点。

放松训练在做法上要注意循序渐进，放松训练的速度要缓慢。对身体某部分肌肉进行放松时，一定要留有充分时间，以便让求助者细心体会当时的放松感觉。

放松成功的标志是：面无表情，各肌肉处于松弛状态，肢体和颈部张力减低，呼吸变慢。受训练者若处于仰卧位置，则表现出足外展状态。

三、方法技巧

放松训练一般包括被动式肌肉放松训练和主动式肌肉放松训练。

（一）被动式肌肉放松训练

1. 准备工作

在进行放松训练时，首先要让求助者感觉舒适，采用平躺或坐姿都可以。大多数人都比较喜欢采取平躺的姿势，躺在床上或沙发上。如果是在团体活动中，没有平躺的条件，坐姿也比较方便。

2. 导入语

第一种：咨询师："请调整一下姿势，尽量让自己感到放松和舒适。然后闭上眼睛，开始深呼吸。想象一下，当吸气的时候，把你身上的疲劳、紧张以及头脑中一切不愉快的念头和烦恼统统聚集起来。而当呼气的时候，把这些疲劳、紧张和不愉快的念头统统呼出去。"这时候仔细观察来访者的呼吸，当对方吸气的时候就说："聚集起来……"当对方呼气的时候就说："呼出去……"就这样呼吸3～5次，然后说："随着你的呼吸，你的身体变得越来越放松了。"

第二种：咨询师："闭上眼睛，深呼吸，你的呼吸变得越来越平缓……请把注意力放在你的身体与这张床接触的部位，你的头后部、脖子和肩膀、背部、胳膊、腰部、臀部、大腿和小腿与床接触的部位……（间隔10秒钟）。同时想象一下，你在把身上所有的重量统统交给这张床，而这张床正承受着你身体的所有重量……（间隔10秒钟）你的身体变得越来越放松了，越来越放松了。"

3. 开始放松

咨询师对求助者进行放松的语言指导，需要时可以播放放松用的音乐。

"请把注意力都集中在你的双脚上，双脚放松了……放松了……越来越放松了……"

停顿10秒钟，"放松的感觉让你的双脚开始微微发热了……发热了……发热了……"停顿10秒钟。

"仔细地体会双脚放松和发热的感觉。"停顿15秒钟。

"请把注意力集中到你的小腿上，小腿放松了……放松了……越来越放松了……"停顿10秒钟。

"放松的感觉让你的小腿开始微微发热了……发热了……发热了……"停顿10秒钟。

“仔细地体会双脚放松和发热的感觉。”停顿15秒钟。

按照上面的模式继续进行引导。

“请把注意力集中到你的大腿……”

“请把注意力集中到你的臀部……”

“请把注意力集中到你的腰部……”

“请把注意力集中到你的背部……”

“请把注意力集中到你的胸部……”

“请把注意力集中到你的双手……”

“请把注意力集中到你的小臂……”

“请把注意力集中到你的大臂……”

“请把注意力集中到你的肩部……”

“请把注意力集中到你的脖子……”

“请把注意力集中到你的面部……”

“请把注意力集中到你的头部……”

“请把注意力集中到你的全身，全身都放松了……都放松了……更加放松了……”停顿10秒钟，“仔细体会全身放松和发热的感觉……”

经过上面的练习之后，通常来访者的身体就可以完全放松了。在做身体的放松练习时，一定要尽量让来访者的注意力集中在身体的各种感受上，注意力越集中，放松得越快，效果越好。

4. 导出语

放松练习结束的时候，要注意不要让来访者突然清醒和睁开眼睛，这样会让他非常不舒服。可以参考以下的导出语。

“好，我们今天的放松练习就到这里。请感觉一下你身下的床（或垫子、椅子、沙发）……呼吸一下新鲜空气……活动一下双手……活动一下双脚……好，清醒了……不要着急，等你感到舒服的时候再慢慢睁开眼睛。”

（二）渐进式肌肉放松训练

1. 准备工作

让接受放松训练者靠坐在沙发上，尽量坐得舒服，最好轻轻地闭上眼睛。

2. 指导语

“我现在来教你怎样使自己放松。双肩下垂，闭上眼睛慢慢地做深呼吸。为了做到这一点，我将先让你紧张，然后放松全身的肌肉。紧张及放松的意义在于使你体验到放松的感觉，从而学会如何保持松弛的感觉。”

3. 基本体验

好，先体验一下肌肉紧张的感觉。

治疗师用手握着求助者的手腕，并告诉求助者：“请用力弯曲你的前臂，与我的拉力形成对抗，体验肌肉紧张的感觉（持续10秒）。”

“好，请放松，尽量放松，体验感受上的差异（停顿5秒）。”

这就是紧张与放松的基本体验。

4. 放松程序

“下面我将使你全身的肌肉逐渐紧张和放松，从手部开始，依次是上肢、肩部、头部、颈部、胸部、腹部、臀部、下肢，直至双脚。顺次对各组肌群进行先紧张后放松的练习，最后达到全身放松的目的。”

让求助者双肩下垂，闭上眼睛慢慢地做深呼吸。“深深地吸进来，慢慢地呼出去，深深地吸进来，慢慢地呼出去……”

第一步，优势手握住拳头，以右手为优势手为例。

“首先考虑你的右臂，尤其是右手。握紧拳头，用力握紧，感觉右手和右前臂紧张的状态，再感受这些紧张（停顿5秒）。”

“好，现在松开拳头，放松右手并将其放在椅子扶手上休息。注意体验紧张和放松之间的差异（停顿10秒）。”

第二步，非优势手紧握拳头。

“现在左手做同样的动作。握紧左拳，用力握紧，感受左手和左前臂紧张的状态，再感受这些紧张（停顿5秒）。接着放松，感受紧张和放松之间的差异（停顿10秒）。”

第三步，手腕。

咨询师引导求助者同时弯曲或分别弯曲两只手腕。如果分开进行，可以从优势手臂开始。“现在让手腕向后弯曲，你的手背和前臂的肌肉紧张起来。胳膊不动，让手指指向天花板，感受手臂的紧张（停顿5秒）。现在放松，感受紧张和放松之间的差异（停顿10秒）。”

第四步，二头肌。

咨询师引导求助者同时练习两个二头肌或一次一个。如果分开进行，则从优势胳膊的二头肌开始。“现在双手紧握，前臂向肩部弯曲，这使你上臂前面的肌肉变紧。感觉这些肌肉的放松（停顿5秒）。现在放松，让你的手臂落下，回到身边。注意紧张和放松之间的差别（停顿10秒）。”

第五步，肩部。

通常要求求助者耸起双肩，也可以每次只耸一个肩膀。“现在我们向上移动到肩部。举起你的肩部，向耳部靠拢。感觉和保持肩部的紧张（停顿5秒）。现在让肩部放松，注意紧张和放松之间的差异（停顿10秒）。”

第六步，前额。

这个练习和下面的三个练习都是面部肌肉练习。“现在我们来练习如何放松面部肌肉。首先皱起你的前额和眉头，感觉到眉头上有了皱纹（停顿5秒）。现在放松，前额皱纹松弛下来（停顿10秒）。”

第七步，眼睛。

这个练习的目的是让求助者能控制和调节眼部肌肉的运动。“现在紧闭双眼，感觉眼睛周围肌肉的紧张（停顿5秒）。现在放松那些肌肉，注意紧张和放松之间的差异（停顿10秒）。”

第八步，舌头和咀嚼肌。

“现在咬紧牙关，并将嘴角向后移动。感觉嘴部肌肉的紧张（停顿5秒）。现在放松，区别嘴部肌肉紧张和放松的差异（停顿10秒）。”

第九步，嘴巴和下巴的肌肉。

“现在紧闭双唇，感觉嘴部周围的紧张（停顿5秒）。现在放松那些肌肉，感受嘴和整个脸部肌肉的放松（停顿10秒）。你的脸像你的手臂肌肉一样放松吗（在肌肉群之间进行比较）?”

第十步，头。

“现在我们移向颈部肌肉。将头紧靠在椅背上。你能感受到颈部和后背的紧张吗（停顿5秒）？现在让头部休息，注意两者的差异，保持放松（停顿10秒）。”

第十一步，下颌。

这个练习仍然是颈部肌肉，主要是颈前部肌肉。“现在请继续注意颈部，头向前伸，看看能否让下巴接触到前胸，感觉颈部肌肉的紧张。现在放松（停顿 10 秒）。”

第十二步，背部。

做这个练习要小心，不要让求助者感到背部酸痛。“现在注意你的后背。将背向后弯曲，挺出胸部和腹部。你能感觉到后背紧张吗？感觉这种紧张（停顿 5 秒）。现在放松，注意紧张和放松之间的差异（停顿 10 秒）。”

第十三步，胸部肌肉。

“现在吸气，使气充满你的胸腔，憋一会儿。感觉整个胸部和腹部的紧张（停顿 5 秒）。现在放松，自然地呼出气体，感受放松的感觉（停顿 10 秒）。”

第十四步，腹部练习。

“现在将注意力放在腹部，紧绷腹部肌肉（停顿 5 秒）。现在放松腹部练习（停顿 10 秒）。你的腹部是否像后背和胸部那样放松（肌肉群之间的比较）？”

第十五步，臀部。

这组肌肉群可以不进行，直接做腿部练习。“现在收紧臀部肌肉，向椅子上压。感觉它的紧张（停顿 5 秒）。现在放松（停顿 10 秒）。”

第十六步，腿部。

“注意力集中到腿部。伸直双腿，感觉大腿的紧张（停顿 5 秒）。现在放松，感受紧张和放松之间的差异（停顿 10 秒）。”

第十七步，脚部。

“现在注意小腿和脚。将脚尖尽量向上跷，使你的小腿肌肉绷紧，好像有一根线正向上牵拉着你的脚尖。你能感觉到这种牵拉和紧张吗（停顿 5 秒）？现在放松，感受紧张和放松之间的差异（停顿 10 秒）。”

以上放松训练，休息 2 分钟后，再重新做一遍。

5. 放松训练结束语

“这就是整个放松过程。现在，请感受你身上的肌群，从下到上。你的脚趾、脚部、小腿、大腿、臀部、腹部、胸部、背部、颈部、嘴唇、舌头、眼睛、前额、肩部、双臂、双手，全身的肌肉都处于放松状态（停顿 10 秒）。”

“请进一步注意放松后的感受。此时，你有一种温暖、愉快、舒适的感觉，并将这种感觉尽量保持 1～2 分钟。然后我从一数到五，当我数到五时，你睁开眼，就会有一种平静、安详、舒适、愉快、精神焕发的感觉（停 1 分钟）。”

“好，现在我开始计数。一，感到平静；二，感到非常安详平静；三，感到舒适愉快；四，感到精神焕发；五，睁开双眼。”

（三）呼吸放松训练

这种训练可以锻炼我们清楚地觉察和意识到自己的呼吸状况。因为我们在躺着的时候采用的是腹式呼吸，所以可以躺下来去体验。

（1）要穿舒适宽松的衣服，保持舒适的躺姿，两脚向两边自然张开，一只手臂放在上腹，另一只手臂自然放在身体一侧。

（2）缓慢地通过鼻孔呼吸，感觉吸入的气体有点凉，呼出的气息有点暖。吸气和呼气的同时，感觉腹部的涨落运动。

（3）保持深而慢的呼吸，吸气和呼气的中间有一个短暂的停顿。

（4）几分钟过后，坐直，一只手放在小腹上，另一只手放在胸前，注意两手在吸气和呼气中的运动，判断哪一只手活动更明显。如果放在胸部的手的运动比另一只手更明显，这意味着我们采用更多的是胸式呼吸而非腹式呼吸，要加强腹式呼吸训练。

在呼吸的同时，提示自己身上哪些部位还紧张，想象气体从那些部位流过，带走了紧张，达到放松的状态。

（四）想象放松训练

（1）选一个安静的房间，平躺在床上或坐在沙发上。

（2）闭上双眼，想象放松每部分紧张的肌肉。

（3）想象一个你熟悉的、令人高兴的、具有快乐联想的景象，或是校园或是公园。

（4）仔细看着它，寻找细致之处。如果是花园，找到花坛、树林的位置，看着它们的颜色和形状，尽量准确地观察它。

（5）此时，敞开想象的翅膀，幻想你来到一个海滩（或草原），你躺在海边，周围风平浪静，波光粼粼，一望无际，使你心旷神怡，内心充满宁静、祥和。

（6）随着景象越来越清晰，你幻想自己越来越轻柔，飘飘悠悠地离开躺着的地方，融进环境之中。阳光、微风轻拂着你。你已成为景象的一部分，没有事要做，没有压力，只有宁静和轻松。

（7）在这种状态下停留一会儿，然后想象自己慢慢地又躺回海边，景象渐渐离你而去。再躺一会儿，周围是蓝天白云，碧涛沙滩。然后做好准备，睁开眼睛，回到现实。此时，头脑平静，全身轻松，非常舒服。

（五）注意事项

对于进入放松状态较深的求助者，如果过快导出会让他很难从前面的状态回到清醒状态，非常难受，所以要逐步唤醒。特别是当说到“清醒了”的时候，很多服从性较强的求助者会在很不情愿的情况下强迫自己睁开眼睛，造成很难受的体验。所以要特别注意，说“清醒了”之后不要停顿，要立即接着说：“不要着急，等你舒服的时候再慢慢睁开眼睛。”

对于进入放松状态较浅的求助者，咨询师可以简单地说：“好，今天的放松练习就到这里。我从5数到1，你就完全清醒了。5，4，3，2，1，清醒了。”

咨询师在说指导语的时候，不可故意拉长语调，拉长音节，不可以使用非常慢而低沉的语调。一般使用自己在放松状态下的语调和语速说话，就可以了。也就是说，比自己平常说话的语调稍低一些，语速稍慢一些就可以了。

技术二　系统脱敏训练

一、术语理解

系统脱敏法又称交互抑制法，指当患者面前出现焦虑和恐惧刺激的同时，施加与焦虑、恐惧相对立的刺激，从而使患者逐渐消除焦虑与恐惧，不再对有害的刺激发生敏感而产生病理性反应。

二、要点提示

系统脱敏法通过一系列步骤，刺激强度由弱到强、由小到大逐渐训练心理的承受力、忍耐力，增强适应力，从而达到对真实体验不产生“过敏”反应，保持身心的正常或接近正常状态。其理论基础是学习理论，即经典的条件反射与操作条件反射。基本假设是：(1) 个体是通过学习获得不适应的行为的。(2) 个体可以通过学习消除习得的不良或不适应行为，也可以通过学习获得所缺少的适应性行为。

系统脱敏技术的基本实施程序：放松、建立焦虑等级、系统脱敏。在使用系统脱敏技术时，要注意对求助者的视觉表象能力的测验，求助者达到较好的放松水平后再开始脱敏；建立恐惧或焦虑等级时要注意等级之间有一定的差距，不可过多，也不可过少。

由于在实践中咨询师很难有效控制求助者的想象活动，因此人们在此基础上提出了系统过敏疗法的一些变式，主要有快速脱敏、接触脱敏、自动脱敏等。适用于老年人的还是系统脱敏法。

三、方法技巧

(一) 操作步骤

1. 学会放松技巧

求助者靠在沙发上，全身各部位处于舒适状态，双臂自然下垂或搁在椅子扶手上，想象自己处在令人轻松的环境中。按照从上到下的顺序，依次进行头部、面部、上肢、胸腹部和下肢各组肌肉的放松训练。每日一次，每次 20～30 分钟。

2. 建立焦虑的等级层次

第一，找出所有使焦虑者感到焦虑的事件，并报告出其对每一事件感到焦虑的主观程度。这种主观程度可以用主观感觉尺度来衡量，从 0～100 分为 10 个等级。

第二，将求助者报告出的焦虑事件按等级程度划分，并按从小到大的顺序排列。

3. 实施分级脱敏练习

按照事前设计好的焦虑等级表，由小到大逐次脱敏，要求求助者在安静的环境中、身体完全放松的状态下进行。

首先，治疗师做口头描述，让求助者想象最低等级的刺激事件或情境。当求助者确实感到有些焦虑或紧张时，令其停止想象，并全身放松。待求助者平静后重复上述过程。每次放松后，都要询问求助者焦虑分数有多少。如果分数超过 25 分，就要继续放松。反复训练，直到求助者不再感到焦虑为止。此时算一级脱敏。

其次，让求助者想象高一级的刺激事件或情境，然后全身放松，反复多次。直到想象这个刺激情境不再焦虑紧张为止，如此逐级而上。

(二) 实务操作

(1) 第一次治疗：收集病史。

咨询师：你有什么问题?

求助者：两年前开始，去人多的广场就感到紧张，后来就避免去广场。但家里人多的时候也使我感到不自在。

咨询师：是只有在广场上才感到焦虑呢，还是在社区活动室这样的地方也是如此？

求助者：只要谈到退休的问题，我便立即感到心跳、口干、手抖，其他场合无所谓。

咨询师：你说两年前开始，当时有什么特殊情况吗？

求助者：我一直在工作上比较争先，退休时是处级干部。退休前一个月，有一次开工作会议，我给大家宣读了上级部门的政策文件，同时传达了自己将要退休、新领导任命的信息。虽然事先有心理准备，但当宣布新领导名字的时候，感觉部门人员交头接耳好像在议论什么，看我的目光也躲躲闪闪的。讲着讲着我就开始紧张，第二天进单位的时候紧张得手心都出汗了。以后的情况越来越糟，一直到退休都没有缓解。

咨询师：现在我用一张焦虑等级量表来测量你的焦虑程度，表上有 0～100 个单位，0 表示绝对平静，100 表示极度焦虑，即惊恐体验。那么你现在的焦虑程度大概有多少单位呢？

求助者：15。

咨询师：如果是碰到一个以前的同事呢？

求助者：那可能是 30。

咨询师：如果是一个陌生人呢？

求助者：40。

咨询师：如果是十个陌生人呢？

求助者：60。

咨询师：五十个陌生人面前呢？

求助者：最紧张了，可以达到 95。

咨询师：除了人数，还有哪些因素影响紧张程度呢？

求助者：当人们的眼光在我身上停留，或者看着我，彼此交谈的时候，感到特别紧张。

咨询师：好，现在我们运用一种方法，叫作系统脱敏法，逐步让你在人多的场合不再那么紧张。首先你要学会全身肌肉松弛的方法。

(2) 第二次治疗：放松练习（略）。

咨询师运用 4 次会面对来访者进行放松训练，并请她每天用 15 分钟左右的时间练习，以达到快速放松全身的目的。

(3) 第六次治疗：设计焦虑等级，巩固肌肉训练。

提出一个在社区老年活动室为老年人讲退休生活感受的场景的现场练习。设想听众是 40 人，持续讲半个小时，现场讨论发言 20 分钟。

咨询师：到场 40 人，现场很安静，彼此没有聊天。你的感觉如何？

求助者：也许是 20 个单位。

咨询师：有几位开始聊事情，但说话的声音很大。感觉如何？

求助者：30 个单位。

咨询师：整个会场都在分组聊天，有些人会偶尔看一眼你在的位置。

求助者：50 个单位。

咨询师：会场依然很嘈杂，总是有人看向你在的位置，还有人似乎在指你。

求助者：70 个单位。我不能再想了。

根据上述谈话设计了主观不适程度的等级，见表 4—2。

表 4—2　　焦虑等级评定量表

等级	项目	单位
1	安静	20
2	大声聊天	30
3	大声聊天，眼神关注	50
4	大声聊天，眼神关注，肢体语言	70

（4）第七到十次治疗：系统脱敏治疗。

为了考察求助者的视觉表象能力，首先让她想象一个比较中性的情境，然后让她想象等级表中最轻的恐惧情境。

咨询师：现在我要求你想象一些场面，你要想象得清晰，它们也许会干扰你的放松。如果你感到紧张想让我停止，请随时告诉我。如果你已经清楚地想象出了一个情境，举起左手指让我知道。

首先你想象自己在小区广场一个安静的体育器材站坐着，这是一个愉快的早晨。你在看着花坛里的花朵，看到不远处公路上的机动车、行人，并听到相应的声音。（过了几秒钟，求助者举起了左手指，咨询师停顿了 5 秒钟）

咨询者：停止想象那个画面，在你想象的时候，你的焦虑增加了多少？

求助者：一点也没有。

咨询师：现在想象你看到广场上走来了两个聊天的陌生人。（15 秒后求助者举起左手指。等待 5 秒）

咨询师：停止那个画面。焦虑增加了多少？

求助者：大约 15 分。

咨询师：现在继续想象那个情境。

（在第二次想象中焦虑分数仅增加 5 分，第三次、第四次、第五次有少量增加，第六次是 0 分。处理完第一个焦虑等级。）

运用相同的方法，逐步处理后面的几个焦虑等级。

技术三　行为塑造训练

一、术语理解

行为塑造技术指采用逐步晋级的方法，并在患者出现或完成期望的动作时，给予奖励，以增加出现期望行为次数的过程。这种方法可以塑造新的行为，来取代不良行为。这是塑造新行为的一种过程和方法，它的原理是操作条件反射。

二、要点提示

行为塑造技术是一种让个体从不会到逐渐学会一个新行为的手段。它不断强化目标行为的一系列连续趋近行为，直到个体学会目标行为。行为塑造过程包含强化和消退两种机制。最初所强化的行为虽然出现频率较低，但却是客观存在的。当它在强化的作用下出现频率增大时，就停止强化它，转而开始强化另一个更加接近目标行为的反应。通过这样持续地强化更为接近目标行为的反应，同时消退先前的较为接近目标行为的反应，使目标行为得以最终形成。

在行为塑造过程中，要注意以下问题：（1）明确界定目标行为；（2）重视选择起始行为；（3）合理设定塑造步骤；（4）正确选择和呈现强化物；（5）恰当把握塑造速度。

三、方法技巧

【案例操作】

治疗对象是一名脑卒中后遗症的 65 岁老人王先生。他的双腿运动受到限制，只有左腿能够缓慢地行走，右腿只能被拖着前行。治疗者为其设计了两套塑造计划。第一个计划是使用单一栏杆行走，让王先生借助单一栏杆走 10 步。初始行为是王先生坐在一张椅子上，用手扶住右边的栏杆。治疗师运用喝饮料作为强化物，王先生通过 7 个步骤达到了目标行为。具体步骤见表 4—3。

表 4—3　　使用单一栏杆行走计划

步骤	行为
一	坐在轮椅上用右手扶住栏杆
二	在步骤一的基础上，扶着栏杆站起来并保持姿势，直到喝完一勺饮料
三	在前两步的基础上，借助栏杆走一步才能得到一勺饮料
四	与前三步相同，需要走 3 步才能得到奖励
五	与前三步相同，需要走 5 步才能得到奖励
六	与前三步相同，需要走 8 步才能得到奖励
七	与前三步相同，需要走 10 步才能得到奖励

治疗者的第二个计划是使用拐杖行走。目标行为是让王先生使用右臂支撑拐杖走 10 步。初始行为是王先生用正确的姿势熟练运用拐杖。经过 9 个步骤，近百次训练，达到了第二个计划的目标行为。具体步骤见表 4—4。

表 4—4　　使用拐杖行走计划

步骤	行为
一	患者使用拐杖撑住自己，治疗师在后面从腋下撑住他，让他调整站姿保持 15 秒钟，做完这些才有奖励。
二	患者靠拐杖走一步，治疗师在后面从腋下撑住他，让他调整站姿保持 15 秒钟，做完这些才有奖励。
三	同步骤二，治疗师不再提供帮助，患者自己调整站姿以撑住拐杖，做完这些才有奖励。
四	治疗师扶住患者的后背，使其保持平衡，患者借助拐杖走 4 步可以得到奖励。
五	同步骤四，但患者要走完 5 步，将双脚调整到并立站好。
六	同步骤五，但患者要走完 6 步，并且将拐杖撑到向前的位置，并保持站好。
七	将拐杖点向前方再收回来，这样反复 4 次，治疗师减少对患者的帮助。
八	同步骤七，反复 8 次，且在没有治疗师的帮助下保持平衡。
九	照上述动作做 12 次并保持平衡。

按照上述指导计划，按“拄拐行走—调整站姿—保持站姿—前/左/右方向使用拐杖”的步骤，逐渐增加行走步数，保持重复训练直至能使用右腿行走。

技术四 认知行为疗法

一、术语理解

（一）认知行为疗法

认知行为疗法是一组通过改变思维或信念和行为的方法来改变不良认知，达到消除不良情绪和行为的短程心理治疗方法。它的主要着眼点在老人非功能性的认知问题上，意图通过改变老人对己、对人或对事的看法与态度来改变并改善其所呈现的心理问题。

（二）信念

信念指个体在诱发事件之后产生的信念系统，即对该事件的想法、解释和评价。其中有些是导致负性情绪和不合理行为的信念，这些信念称为不合理信念。

二、要点提示

（一）适用人群

认知行为疗法并不适用于所有患抑郁症或焦虑症的老人。它对口头表达能力不错、认知受损不大的老人最有效。因为在运用认知行为疗法的过程中要求老人能够识别自己的想法并讨论感受。这种进行抽象思考和分析自身行为的能力是认知行为疗法的基石。这一疗法对于高度自主的老人、极难开口求助或接受他人帮助的老人作用有限。换句话说，老人必须愿意和工作者一起探求想法与感受之间的联系。不管工作者如何看出认知扭曲造成老人一直抑郁或感到焦虑，最终能改变老人感受的是老人的洞察力，而不是工作者的领悟力。此外，记忆力有严重问题或不能长时间集中注意力的老人不适宜使用认知行为疗法。酗酒或吸毒老人也不适用认知行为疗法。

（二）实施阶段

1. 准备阶段

此阶段要与老人建立关系，让老人知道若参加治疗可能会发生什么变化。与老人讨论适宜干预的抑郁症或焦虑症的症状，以及常见的病因、疾病如何影响老人的功能等，并向老人保证这一疾病是可以医治的。此阶段工作者也要向老人解释什么是认知行为疗法。

2. 共同识别阶段

工作者向老人介绍如何识别情形与感受之间的联系。通过与老人交谈了解其感觉特别抑郁或焦虑的情形，帮助老人识别特定的情形和事件，以及接踵而来的感受的产生原因。工作者要帮老人澄清特定情形以及随后的感受。在两次治疗活动之间，工作者会给老人布置家庭作业，要求他用表格记录生活中的情形与自己的感受。一旦老人能自己独立识别情形与感受之间的联系，就可以让老人思考在对某个情形发生情绪反应之前他想到了什么以及有何意义，从而让老人逐渐意识到情形或事件、认知反应或想法与随后的感受三者之间的联系。

3. 改变阶段

当老人认识到事件、想法和感受之间的联系，他们就能着手识别和矫正自己在认知上的扭曲。

认知扭曲的例子有泛化、糟糕透顶化、无端推测人的心思、妄加自责、对他人有不现实的要求、对自我有不现实的期许、夸大自我的重要性等。这一干预阶段的行为技术包括刺激控制和行为预演。刺激控制指的是重新安排、消灭或尽量减少带来困扰的刺激；行为预演指的是学习和演练新的行为模式，来应对有问题的老情形或一再出现的情形。

4. 巩固和结束阶段

认知行为疗法的最后阶段，工作者要巩固在治疗过程中发生的改变。此阶段工作还包括和老人一起回顾取得的进步，讨论在识别情绪和想法方面老人有哪些优势，强化老人靠自己也能处理未来挑战的信念。

此阶段的最后一项任务是工作者与老人告别。方式可能是逐渐减少约见的频率或者是由面对面的个人接触变成电话交谈等。谈论助人关系对工作者和老人有什么意义，对于平稳过渡到助人关系结束或者至少是重新界定这一关系有好处。

（三）艾利斯十种不合理信念

倾向于进行畸形的思维（如强迫思维）；倾向于易受暗示影响；倾向于过度概括化以偏概全；倾向于要求尽善尽美，认为不是完美的就是无用的；倾向于对他人的过分要求；倾向于追求追求绝对化、肯定化，不能忍受不确定性；倾向于夸大负性事件的危害性；倾向于自暴自弃；倾向于自我贬低；倾向于过度过分关注自身的机体的变化。

不合理信念具有以下特征：绝对化要求，即从自己的主观愿望出发认为某事物必定会这样或那样；过分概括化，即以偏概全，以一概十的不合理思维方式；糟糕至极，即某件不好的事情发生，认为将会是十分可怕的灾难性后果，有天塌下来的感觉。

此外，在运用合理情绪想象技术时，有以下注意事项：

（1）训练要在安静放松的状态下进行，要根据求助者的困境确定想象内容。请求助者一定要遵照咨询师的指示按照步骤完成想象。

（2）向求助者说明进行想象的时候，要积极配合，全身心的感应，就像身临其境一样，通过想象进行心理治疗。

（3）在想象中，如果求助者由于痛苦要终止想象，一定要制止．但态度要温和。

（4）要引导求助者说出情绪改变背后观念的改变。

（5）想象结束之后，对求助者形成的合理观念要及时强化。

（6）咨询结束前，要求求助者按照这种方法实践练习一段时间。

三、方法技巧

（一）不合理信念识别

请每位同学仔细阅读案例，完成任务，找出所呈现的案例的认知成分，然后再找出不合理信念，并分析其特征。整个过程要遵循保密原则和真诚参与。

1. 不合理信念广度训练

第一部分：学生完成。

读完下列题目后，首先试着写下你觉得不合理的想法，以及你可能有的感受和行为，然后试着写下你觉得合理的想法，以及你可能有的感受和行为。

ⅰ. 在一次考试中，你考了一个很差的名次。

（1）不合理的想法：

你可能会有的不合理感受：

你可能会采取的不合理行动：

（2）合理的想法：

你可能会有的合理感受：

你可能会采取的合理行动：

ⅱ. 你想组织一个活动，但有关领导不批准。

（1）不合理的想法：

你可能会有的不合理感受：

你可能会采取的不合理行动：

（2）合理的想法：

你可能会有的合理感受：

你可能会采取的合理行动：

ⅲ. 和你谈了两年的女（男）朋友，因为某种原因和你提出分手，并且决心已定。

（1）不合理的想法：

你可能会有的不合理感受：

你可能会采取的不合理行动：

（2）合理的想法：

你可能会有的合理感受：

你可能会采取的合理行动：

第二部分：教师指导学生完成。

ⅰ．给每人一张A4纸，将以上不合理信念的题号分别归入：绝对化、过分概括化、糟糕至极三类特征下，注意一个信念可能不止有一种特征。

ⅱ．老师带领同学对每一条不合理信念进行分析归类，让同学们对照自己的归类，看哪些选择错误，并分享错误的原因，即为什么当时认为是那样归类，现在是否理解。

2. 不合理信念的深度训练

【案例】 刘老个头不高，但身体健康，耳聪目明，精神矍铄，领导着一个近千人的大厂子，一点也不比战场上统率千军万马的将军差，上上下下没有一个人不服他、不敬他。两年前，厂领导换届，刘老的厂长职务被年轻人取而代之，但厂方考虑到刘老的年龄和工作经验，聘他为厂里的技术顾问，但也只是一个虚衔。刘老当领导当惯了，总是爱管事，爱操心，看什么不顺眼就想多说几句，别人考虑到面子问题，当面不说什么，照样该怎么做还是怎么做，刘老只能是干着急，回到家也总是闷闷不乐。更使刘老不能接受的是，很多人看见自己连招呼都不打，还在背后说长道短。刘老实在是不能忍受，一赌气提前一年退休了。

就这么一年多的光景，就完全变了个人，变得连他老伴都有点不可思议——目光呆滞，脸色灰暗，腰也不直了，背也驼了，过去的精神头儿是一点也没有了，天天待在家里是足不出户，特别是最近，刘老的举止越来越奇怪，情绪低落到了极点，动不动就大发脾气。后来干脆一个人跑到阁楼上住。一天夜里，老伴半夜醒来发现阁楼上的灯还亮着，好像还听见老头子在和谁说话，老伴觉得很奇怪，半夜三更的谁会跑到阁楼上与他说话？于是上去一看，发现老头子把孙女的几个布娃娃一会摆弄成这样，一会又摆弄成那样，嘴里还在念念有词，好像在指挥工人们生产一样。就这样闹了大半夜，白天就萎靡不振了。

第一部分：学生完成。

读完案例后，首先试着写下你觉得刘先生不合理的想法，以及他可能有的感受和行为，然后试着写下他的合理的想法，以及可能有的感受和行为。

（1）不合理的想法：

____

你可能会有的不合理感受：

____

你可能会采取的不合理行动：

____

（2）合理的想法：

____

你可能会有的合理感受：

____

你可能会采取的合理行动：

____

第二部分：教师指导学生完成。

（1）分析求助者的认知成分。

（2）找出认知成分中不合理信念和合理信念，并将不合理信念归入绝对化、过分概括化、糟糕至极三类特征下。

（3）分析上一步骤，思考合理信念和不合理信念各自会导致什么情绪反应和行为反应。

（二）不合理信念的辩论

1. 辩论方法

不合理信念的辩论可分为质疑式和夸张式。

(1) 质疑式。

咨询师直截了当地向求助者的不合理信念发问，它在动摇当事人的信念上显得很有力量。如："你有什么证据能证明你自己的这一观点？""这样想的理由是什么？""难道别人都要照你的想法去办事吗？""你有什么权力要求大家那样做呢？"等。一般来说，求助者不会简单地放弃自己的信念，他可能直接为自己的不合理信念辩护，也可能迂回曲折地坚持他的认识，或向你反问一些问题以坚持他的观点，直到理屈词穷，再也找不到为自己的观点辩解的理由时，才可能放弃原有的不合理的信念。此外，要允许他有一个思考的过程。

(2) 夸张式。

这是治疗者针对求助者信念的不合理之处故意提出一些夸张的问题，把对方信念的不合理、不合逻辑、不现实之处，以夸张的方式放大给他们看。运用夸张式的手法进行辩论，应该在咨询双方建立了信任关系的基础上进行。夸张中有幽默成分，使求助者感到自己的不合理信念确实没有道理，甚至是可笑和愚蠢的。

咨询师与求助者的不合理信念辩论后，应该指导求助者学会自我辩论，有一套规范化的家庭作业形式，内容很简单，只需求助者回答一些具体的问题：

i. 打算与哪一个不合理的信念辩论并放弃这一信念？

ii. 这个信念是否正确？

iii. 有什么证据能使我得出这个信念是错误的（正确的）这样的结论呢？

iv. 假如我没能做到自己以为必须要做到的事情，可能产生的最坏的结果是什么？

v. 假如我没能做到自己认为必须要做到的事情，可能产生的最好的结果是什么？

2. 实务操作

以下是一些不合理信念，请将之分别归类。

i. 别人有什么理由必须友好地对待你？

ii. 事情为什么必须按照你的意志来发展？如果不是这样，那又会怎样？

iii. 怎么才能证明你（或别人）是个一无是处的人？

iv. 毫无价值的含义到底是什么？

v. 如果你在这一件事情上失败了，就认为自己是个毫无价值的人，那么你以前许多成功的经历表明你是个什么人？

vi. 你能否保证每个人在每件事情上都不出差错？如果他们做不到这一点，那么又有什么理由表明他们就不可救药了？

vii. 这件事到底糟糕到什么程度？你能否拿出一个客观数量来说明？

viii. 如果这件可怕的事发生了，世界会因此而灭亡吗？你会因此而死去吗？

vx. 如果你认为这件事是糟糕至极的，我可以举出比这还要糟糕十倍的事，你若遇到这些事情，你又会怎样？

x. 你怎么证明你真的受不了啦？

请对上述十个案例语句归类。

体现质疑式的有：______________________________。

体现夸张式的有：______________________________。

（三）合理情绪想象技术

合理情绪想象技术是理性情绪疗法中最常用的方法之一，主要是帮助求助者找出问题情境中他所希望的适当的合理的情绪，同时也能让求助者通过自我想象体验的练习，使自己在逆境中可以获得适当的情绪。

1. 操作方法

（1）使求助者在想象中进入他产生过的不适当的情绪反应或自感最受不了的情境之中，体验在这种情境下的强烈的情绪反应。

（2）让求助者在想象的情境中调整情绪，在想象中逐渐消除不适当情绪，使合理的情绪状态占据主导地位，用合理的情绪状态取代消极的情绪。如果求助者感到困难，鼓励他坚持并尝试各种办法。

（3）停止想象，让对方讲述他是怎么想的，自己的情绪有哪些变化，是如何变化的，改变了哪些概念，学到了哪些观念。对求助者情绪和观念的积极转变，咨询师应该及时给予强化，以巩固其情绪反应。

2. 实务操作

咨询师：好，现在闭上你的眼睛，尽可能坐得舒服一些……现在开始想象，你正和一些朋友在一起，其中有你认识的，也有你不认识的，有男的，也有女的，你正坐在他们中间。尽可能想象得像真的一样……现在继续想，有几个人好像在议论你，用那种眼光看着你，好像你有什么特别的地方。慢慢地，越来越多的人都对你流露出讨厌的神情……尽可能生动地想象这些情境，能做到吗？

求助者：……是的，我在努力这样做。

咨询师：你现在有什么感觉？

求助者：我快要受不了了，那么多人在议论我，讨厌我……真是糟透了。

咨询师：继续想象，你现在体验到什么？

求助者：我感到很害怕，很伤心，也很焦虑。

咨询师：是的，你经常会体验到这些情绪。但是你现在把这种情绪转变为仅仅是一种失望和遗憾。仍然保持刚才的想象，但你仅仅感到失望和遗憾。能做到吗？

求助者：我在努力……但是，很困难。

咨询师：他们只不过是不喜欢你而已，有什么理由必须让别人都喜欢你呢？即使他们真的不喜欢你，那又怎样呢？你不是还好好地坐在这里吗？并不是真的受不了，对不对？你只是对他们的反应感到失望而已……现在的感觉怎么样？

求助者：好一些……对，我只是感到有些失望。我在告诉自己，他们不喜欢我，但这没什么关系。

咨询师：好极了！现在停止想象，告诉我你是如何改变最初那种感觉的？

求助者：虽然他们不喜欢我，但我并没因此而死去，正像你说的，我还好好地坐在这里。看样子，我把问题想象得太严重了。

咨询师：很好！你能讲一讲你从刚才的练习中都获得了哪些东西吗？

求助者：我想是因为我的想法的改变才使我不再感到那么伤心和焦虑。事情不是像我想得那样糟糕，只要我不去想别人到底怎么看我，我就会觉得自己还行，当然，可能不是像我希望的那样好，但是我想这会改变的。如果我仍像以前那样想，事情就可能变得越来越糟。

咨询师：好极了！你已经发现了你以前想法中的不合理的地方，并在努力用新的想法来代替，这正是我们要做的。如果你能继续下去，并亲自实践，你就会发现自己进步得更快。

同步训练

教师指导学生模拟各项治疗技术。

1. 角色分配：小组合作为基础，3 人一组，1 人扮演求助者，1 人扮演咨询师，另一人为观察者。

2. 准备练习案例，可以是生活事件，也可以是检索案例。

3. 训练方法：由观察者介绍案例，“求助者”与“咨询师”扮演案例中的角色。咨询师设计出各种行为治疗方法并实施。“咨询师”训练时要注意训练要点，“求助者”要仔细体会“咨询师”所提的方案能否解决自己的问题，观察者记录模拟咨询过程。结束后小组成员就优缺点展开讨论，并在练习中进一步概念。

项目小结

老年心理咨询的不同阶段会运用到不同的技术。初诊接待时，咨询师需要给求助者留下良好的第一印象，并采用结构化技术向老人说明心理咨询的流程、时间、保密原则等。建立良好关系时要采取有效的倾听方式，避免急于下结论。分析诊断阶段可运用询问技术、情感反应、内容反应技术等，咨询阶段则可以使用面质、解释、具体化、指导性建议等，进一步明确咨询思路。此外，可采取放松训练、行为塑造、不合理信念辩论等针对性较强的技术为老人提供治疗。

教学做一体化训练

重点概念

结构化技术、倾听、重述、封闭式提问、开放式提问、情感反应技术、内容反应技术、面质、解释、自我暴露、不合理信念

简答题

1. 初次接待老年来访者时，有何注意事项？
2. 结构化技术需要向来访者说明哪些问题？
3. 会谈中如何化解访谈僵局？
4. 倾听方式可分为哪两种？具体内容是什么？
5. 非言语沟通有哪些表现？
6. 常用的开放式提问有哪些方法？
7. 常用的情感反应语句有哪些？

8. 自我暴露技术使用的注意事项有哪些？

9. 如何实施放松训练？

10. 如何实施系统脱敏训练？

● **案例分析题**

【案例 1】

求助者 65 岁，公务员，男性，因为隔代教育问题前来咨询。

求助者：您结婚了吗？有孩子吗？

咨询师：听起来似乎你的问题与孩子有关？

求助者：您猜对了。我不知道这是不是我对您的偏见，请您别在意。我觉得没有孩子的人，可能无法帮我解决问题。

咨询师 A：我已结婚，但是确实还没有孩子。这或许是缺点，不过凡事总无绝对性。或许您在我这里咨询一段时间，会有意外的收获。人总是不能给自己把希望的大门关死。

咨询师 B：你希望我是有孩子的，否则你担心我无法帮助您。虽然我还未为人父母，但我的专业领域是老年人身心发展问题。我在老年心理研究机构学习过五年，并接受过三年的咨询技能训练。在我的工作中，都是与老年人身心健康，特别是家庭关系的问题。虽然你还没有告诉我你的问题，但是我愿意试试看。我会先评估你的状况，然后再做决定。咨询开始后，可能你的想法会有所改善。

【案例 2】

来访者：我觉得一次咨询的时间才 50 分钟，怎么够呢？可不可以延长谈话时间，我想尽快把问题处理掉，一次能解决最好。

咨询师：你认为 50 分钟的谈话时间不够，无法解决你的问题，所以内心有点着急。一般来说，50 分钟是适当的。延长时间对你的帮助并不大。如果遇到了危机事件，我会延长谈话时间。咨询与朋友间的谈话不一样，需要开放你内心深层的世界。每个人开放内心世界的速度是不同的，与谈话时间长短没有必然关系。

【案例 3】

来访者：我的婚姻状况不好，我觉得老伴有外遇了。这个问题是否可以解决？

咨询师：听起来你的问题让你很苦恼，似乎你想解决与老伴的相处问题。我们可以依照这个方向制定谈话目标。当然目标不是不可变动的，很可能随着咨询的进行，目标会有所调整。

【案例 4】

来访者：如果我接受咨询，我不知道什么时候可以结束？

咨询师：如果你觉得你的问题已经获得改善，可以面对之前的问题时，就可以结束咨询。如果你想在中途结束，依照咨询前的约定，也可以这样做。

阅读案例，分析咨询师分别运用到哪些心理咨询技术？

延伸阅读

心理学典型流派及其主要思想

一、行为主义

行为主义出现在美国，20 世纪初自然科学飞速发展，一些年轻的心理学家认为心理学不能研究意识，认为心理学和其他自然科学处于同样的地位，应该像其他自然科学一样研究看得见、摸得着的客观东西，也就是行为。

行为派认为，人的心理意识、精神活动是不可捉摸的，是不可接近的，心理学应该研究人的行为。行为是有机体适应环境变化的身体反应的组合，这些反应不外是肌肉的收缩和腺体的分泌。心理学研究行为在于查明刺激与反应的关系，以便根据刺激推知反应，根据反应推知刺激，达到预测和控制人的行为的目的。

该学派的主要代表人物是华生（1878—1958）和斯金纳（1904—）。

二、精神分析

精神分析学说又称弗洛伊德主义，产生于19世纪末20世纪初，创始人是奥地利的精神病学家弗洛伊德。在心理学界，这个理论是指精神分析和无意识心理学体系，也称为精神病学和深蕴心理学，分为古典弗洛伊德主义和新弗洛伊德主义。

按照弗洛伊德自己的说法，精神分析是他“研究和治疗”癔症（神经症）的方法。弗洛伊德心理学包含两个不可分割的内容：第一部分是精神病的治疗方法及其理论；第二部分是关于人的心理过程的理解。弗洛伊德认为，人的心理领域是一个深不可测的巨大的世界，它最深层有着神奇的不能被人意识到的东西，这是一个充满魅力的领域。

该学派的主要代表人物是弗洛伊德（1856—1939）、阿德勒（1870—1937）和荣格（1875—1961）。

三、人本主义心理学

人本主义心理学兴起于20世纪五六十年代的美国。由马斯洛创立，以罗杰斯为代表，被称为除行为学派和精神分析以外，心理学上的“第三势力”。人本主义和其他学派最大的不同是特别强调人的正面本质和价值，而并非集中研究人的问题行为，并强调人的成长和发展，称为自我实现。

人本主义于20世纪五六十年代在美国兴起，七八十年代迅速发展，它既反对行为主义把人等同于动物，只研究人的行为，不理解人的内在本性，又批评弗洛伊德只研究神经症和精神病人，不考察正常人的心理，因而被称之为心理学的第三种运动。

人本学派强调人的尊严、价值、创造力和自我实现，把人的本性的自我实现归结为潜能的发挥，而潜能是一种类似本能的性质。人本主义最大的贡献是看到了人的心理与人的本质的一致性，主张心理学必须从人的本性出发研究人的心理。

该学派的主要代表人物是马斯洛（1908—1970）和罗杰斯（1902—）。

四、认知心理学

认知心理学是20世纪五十年代中期在西方兴起的一种心理学思潮，是作为人类行为基础的心理机制，其核心是输入和输出之间发生的内部心理过程。它与西方传统哲学也有一定联系，其主要特点是强调知识的作用，认为知识是决定人类行为的主要因素。

认知心理学研究人的高级心理过程，主要是认知过程，如注意、知觉、表象、记忆、思维和语言等。与行为主义心理学家相反，认知心理学家研究那些不能观察的内部机制和过程，如记忆的加工、存储、提取和记忆力的改变。认知心理学研究通常需要实验、认知神经科学、认知神经心理学和计算机模拟等多方面的证据的共同支持，而这种多方位的研究也越来越受到青睐。认知心理学家们通过研究脑本身，来揭示认知活动的本质过程，而非仅仅推测其过程。最常用的就是研究脑损伤病人的认知与正常人的区别来证明认知加工过程的存在及具体模式。

以信息加工观点研究认知过程是现代认知心理学的主流，可以说认知心理学相当于信息加工心理学。它将人看作是一个信息加工的系统，认为认知就是信息加工，包括感觉输入的编码、贮存和提取的全过程。按照这一观点，认知可以分解为一系列阶段，每个阶段是一个对输入的信息进行某些特定操作的单元，而反应则是这一系列阶段和操作的产物。信息加工系统的各个组成部分之间都以某种方式相互联系着。而随着认知心理学的发展，这种序列加工观越来越受到平行加工理论和认知神经心理学的相关理论的挑战。

项 目 五

老年情绪调节

学习目标

知识目标

1. 掌握老年常见的负性情绪困扰；
2. 掌握常见负性情绪的调节方法。

能力目标

1. 具备为老人制定个性化情绪调节方案的能力；
2. 具备针对具体情绪问题，协助老人自我管理的能力。

项目情境

社区来了一位新同事小梁姑娘，负责为社区高龄老人办理社保服务。由于年龄相近，小王和小梁很快成了好朋友。最近小王发现小梁情绪变得很不稳定，总是闷闷不乐，在为老人服务时还控制不住会显露不耐烦的情绪。小王了解到，小梁工作这段时间以来，感觉到老年人境遇不容乐观，老年服务工作困难很大。当她看到社区有些老年人病危时就会联想到自己将来也会经历这一切，因而感到痛苦。特别是一些老年人在办理业务的过程中，由于一些细节问题，也会把情绪发泄到小梁身上。这样的情形让小梁产生了很大的心理压力，常常感到力不从心。慢慢地，小梁对老年人表现出一些不耐烦和不满的情绪。发泄完情绪后她又非常自责和内疚，但就是无法控制。看着小梁对自己的工作以及能力评价变得越来越悲观和消极，小王决定开展几期关于“老化情绪调节”的心理健康教育活动，针对人群不仅是社区老年人际家属，也包括社区里的老龄服务工作者。

任务一

老年情绪认知

任务情境

陈某，男，63岁，曾任行政领导多年，工作上勤勤恳恳，具有极好的口碑。三年前退休，现与老伴住一起，儿女都在外地工作，一年难得来几次。退休后他每天就是帮着老伴买菜做家务。时间长了，渐渐感到时间过得很慢。早上起床后感到没什么大事可做，十分无聊。心里有一种说不出的失落感，常坐在家里叹气，闷闷不乐。老伴发现他不像以前那么开朗了，问他有什么烦心事他也不说，劝他去公园走走，他也不感兴趣。他说不知道怎么安排生活，觉得自己是一块朽木，老了，最近饭量也小了，身体也没以前好了。当别人叫他“老人家”“老前辈”时，他会表现出很不开心，甚至想到虽然目前身体还算硬朗，可是年复一年会每况愈下。听到一些同龄人撒手人寰的消息后，他总感觉到“下一个该轮到我了”，对身体状况也越来越敏感，觉得身体有一点儿不舒服就要去医院诊治。

任务描述

1. 确定陈某老化情绪的表现。
2. 探讨诱发陈某老化情绪的原因。

相关知识

一、术语理解

（一）情绪

情绪情感是对客观事物的态度和体验，如喜、怒、哀、乐等，有时还伴有外部表情的变化。每个人都会有苦、有乐、有悲、有喜、有爱、有恨，情绪情感是被每个人所熟悉的、无时无刻被体验着的。情绪情感有肯定和否定两极，如满意与失意、高兴与悲伤、热爱与憎恨、兴奋与沉闷等。情绪的两极性可以表现为积极的增力和消极的减力。积极增力可以提高人的活动能力，驱使人积极地行动，如愉快、兴奋使人进取，对人对事充满热情；消极减力则会降低人的活动能力，如悲伤、忧郁使人消沉，对人对事漠不关心。

（二）老化情绪

老化情绪是老年人对各种事物变化的一种特殊的精神神经反应，因人而异，表现复杂多变，严重干扰和损害老年人的生理功能、防病能力，影响神经、免疫、内分泌及其他各系统的功能，从而加速衰老和老年性疾病的发生和发展。

二、要点提示

老年人情绪体验有如下特点：

(1) 老年人比较容易产生消极的情绪情感体验，他们常常会感到身体明显不如以前。老年人由于身体机能下降，抵抗力下降，很容易受到疾病的困扰，而且疾病通常也会持续较长的时间；由于工作环境和职务的变化，他们参加集体活动的时间减少了；由于子女都在忙自己的工作和小家庭，没有大量的时间陪伴在他们身边。另外，老年人还必须面临丧偶的痛苦。所有这些都使得老年人很容易产生冷落感、孤独感、疑虑感、忧郁感、不满感和老朽感。天津市社会科学院的一项研究结果表明，老年人有很多担心的问题。在 860 位被调查的老年人中，最担心自己健康的有 378 人，占 43.95%；最担心物价上涨、经济入不敷出的有 299 人，占 34.77%；担心患病后照顾问题的占 11.63%；另外，还有不少老年人担心自己被社会遗忘等。可见，老年人的消极情绪是比较多的，属于主导情绪。

(2) 老年人的情绪情感体验比较深刻。一项对 42 个城市 4 483 名被试者进行的关于改革与发展的社会心理系列调查中，有一题要求调查对象对“你认为什么是最重要的基本道德”进行选择，结果选择“热爱祖国”的百分比如下：18～30 岁占 27.9%，31～45 岁占 38.3%，46～60 岁占 45.5%，60 岁以上占 52.1%。可见，把“热爱祖国”看作最重要的道德的老年人人数比例是各年龄阶段中最多的。此外，老年人也很重视美感，他们主要看重的是美的内容，更看重那些对社会、对人类有益的事物或行为，他们用自己的理智去审美，追求内在而深沉的心灵美。

(3) 老年人情绪情感体验的另外一个特点是持续的时间较长。当脑组织老化或伴有某些脑部疾病时，老年人往往失去自我控制，容易勃然大怒，且难以平静下来，其情绪激动程度和所遭遇不顺心的事情之程度并不相对应。有时为周围环境及影视中有关人物的命运而悲伤或不平，迅速出现情绪高涨、低落、激动等不同程度的情绪变化，时而天真单纯，忽而激动万分。老年人的情绪情感一旦被激发，需要花费很长的时间才能够恢复平静。无论是热情、激情还是应激，都会如此。同时，由于老年人形成了比较稳定的价值观，以及较强的自我控制能力，他们的情绪情感一般不会轻易因为一点点环境的变化而起伏变化。

三、方法技巧

负性情绪主要是指孤独、抑郁、焦虑、怀疑、恐惧、偏激、失落等消极性情绪。负性情绪持续过长或过于激烈，在一定的条件下能够引起人体各个系统功能的失调。老年人的消极情绪可能给各种疾病大开方便之门。老年人过于激烈的情绪如狂怒与狂喜，可能引起机体功能的严重失调，甚至死亡。因此，一定要提前注意老年人的消极情绪。

（一）孤独

孤独情绪是老年期较常见的一种消极情绪，它往往会给人带来寂寞、冷落甚至被遗弃的体验。孤独细分为两种类型，一种是由情感依托缺失引起的，称为情感性孤独，比如与配偶或子女的情感缺失；另一种是社会性孤独，经常发生在社会联系缺失时，比如缺失朋友或熟人的孤独。这两种关系的作用是不容易相互替代的。

（二）抑郁

抑郁以情绪低落、悲伤和失望为主要特征。常伴有失眠、早醒、兴趣减退等症状，严重的抑郁情绪甚至会导致自杀。一些老年人心理较脆弱，面对衰老的事实既无奈又惧怕。如不及时调整，很容易引起抑郁。抑郁的人极容易丧失生活兴趣，还容易情绪激动、动不动就发火，经常自卑自责、自怨自叹，严重者或有自杀倾向。抑郁的临床表现除了情绪低落、沮丧、忧伤之外，往往还伴有：(1) 对日常生活的兴趣（包括原有的爱好和娱乐消遣）显著减退或消失；(2) 感到生活无意义，对前途悲观失望；(3) 自我评价下降，对赞扬等不感到高兴；(4) 经常回忆过去不愉快或痛苦的经历；(5) 自觉懒散、乏力、精神不振、脑力迟钝、记忆减退；(6) 不愿主动与人接触和交往；(7) 易伤感、流泪或愁容满面；(8) 常有想死的念头，但又顾虑重重。

（三）焦虑

焦虑是一种内心紧张不安，预感到似乎将要发生某种不安情况而又难于应付的不愉快情绪。临床表现往往有：(1) 情绪紧张不安、恐惧惊慌，担心失去控制或害怕发病等；(2) 植物神经功能失调症状，如心悸、胸闷、皮肤苍白、四肢发抖、出冷汗、呼吸不畅、失眠、尿频、阳痿等；(3) 生化改变，如血糖、肾上腺素和皮质类固醇增加。焦虑症的病程和预后个体差异很大。

老年期老化改变的不适应，如耳聋、眼花、躯体不适、手脚不灵活、力不从心、疼痛、性功能障碍、社交障碍、沟通能力下降等，可引发焦虑。老年期离休退休的问题，经济来源减少的问题，周围环境改变的问题，人际关系冲突，尊重和自尊的需要未得到满足等，也常引起老年人的焦虑。

（四）怀疑

一些老人因身体有病而多疑，即便自己只是有些轻伤小恙也总以为无药可医。这种疑病可令其对衰退的身体机能极度敏感，精神倍感压力。受身体渐渐衰老的影响，一些老年人盼望长寿的愿望也会越发强烈。于是，他们经常会用幻想欺骗自己，以获得一时的心理宽慰，比如爱听他人说关于自己健康的恭维话等，一旦身体出现不适，便很难接受。

（五）恐惧

恐惧是在遇到某些特殊事件或与人交往时，产生的不合情理的强烈畏惧或紧张不安的体验，同时伴有回避行为。老年人害怕衰老的核心往往是恐惧死亡。这种心理常常令老人惧怕谈论死亡、不敢探视患病的人、怕经过墓地或听到哀乐，甚至看见一只死亡的动物也备受刺激，不敢正视。

（六）偏激

偏激情绪可表现为两种相反的趋向。一种是因衰老而以点带面地否定自我，常常自责、自卑、自怜、自贬。另一种则是因衰老而更高地要求别人，总希望得到他人的敬重和照顾，而不考虑他人的实际条件和能力。如果种种希望得不到满足，其心理偏激会加剧，进而自暴自弃。在这种情绪过程中，老年人往往伴有极端行为，同时感到十分苦恼和焦虑、抑郁等。

（七）失落

失落感是一种若有所失，无所事事又无所适从的感觉。老年人会面临各种“丧失”的问题，包括社会经济地位、健康、容貌、配偶等，这些丧失对老人来讲都是重要的激发事件，容易导致被冷落心理的产生。

同步训练

教师指导学生对任务情境中的案例进行分析。

任务二

老年情绪调节方法认知

任务情境

小王帮助陈某分析了目前的心理状况，以及可能诱发其产生各种情绪的原因。陈某表示赞成，他希望能够获得一些方法改善目前的消极状况。

任务描述

1. 确定情绪自我调节方法。
2. 实施自我调节。
3. 鼓励寻求专业帮助。

相关知识

一、术语理解

（一）情绪调节

情绪调节是每个人管理和改变自己或他人情绪的过程。在这个过程中，通过一定的策略和机制，使情绪在生理活动、主观体验、表情行为等方面发生一定的变化。成功的情绪调节，主要是管理情绪体验和行为，使之处在适度的水平，其中包括：削弱或去除正在进行的情绪，激活需要的情绪，掩盖或伪装一种情绪等。可见，情绪调节既包括抑制、削弱和掩盖等过程，也包括维持和增强的过程。

（二）情绪调节的分类

根据来源，情绪调节可分为内部调节、外部调节。内部调节可以通过个体自我暗示、深呼吸、体育运动等进行生理、心理、行为调节。外部调节可通过与朋友谈心、爬山、游泳等进行自然调节。

根据调节发生的阶段，情绪调节可分为原因调节和反应调节。原因调节是针对引起情绪的原因或起源进行加工和调整，包括对情境的选择、修改，注意的调整，认识的改变等策略。反应调节发生于情绪激活或诱发之后，是个体对已经发生的情绪在生理反应、主观体验和表情行为等三方面，通过增强、减少、延长、缩短等策略进行调整。

二、要点提示

（一）老年人情绪调节的原则

第一，鼓励老年人表达情绪，但是不强迫其表达，特别是消极情绪的表达。

第二，根据具体情绪，制定相应慰藉方法①。

心理学研究表明情绪可分为基本情绪和复合情绪。人们通常感受到的都是复合情绪，如果我们能够明晰这些复合情绪由哪些基本情绪组成，就可以削弱负性情绪带给自己的冲击。美国心理学家奇普·康利在著作《如何控制自己的情绪》一书中，运用加减乘除对人类常见的22种情绪列出了情绪方程。最典型的有：遗憾＝失望＋责任感，失望＝期望－现实，焦虑＝不确定性×无力感，幸福＝想要拥有的÷拥有想要的；类似的还有：乐观＝期望＋高兴，好奇心＝惊奇＋敬畏，绝望＝苦难－意义，成长＝改变－抗拒，真实性＝自我觉知×勇气，正直＝真实×无形×可靠，猜忌＝不信任÷自尊，工作狂＝你在逃避什么÷你为何而活，活力＝积极的频率÷消极的频率等。

---

① 参见［美］奇普·康利著，谢传刚译：《如何控制自己的情绪》，北京，中信出版社，2013。

透过情绪方程，可以让我们在乱如麻的情绪纷扰中厘清主要脉络，快速走出情绪困境。以焦虑情绪为例。

焦虑=不确定性×无力感。与加减法相比，乘法中的因子之间有着更加强大的关系，得到的结果也更加惊人。我们常陷入焦虑之中，不是因为面对未知，而是不确定的事情来临时自己没有准备好或有无力感而产生巨大的恐惧。当感觉越不确定时，无力感会越强，恐惧也就越深。如果能改变其中一个变量，降低到较小或接近零，就可以明显降低焦虑感。

比如，当焦虑来袭时，制作一张平衡表列出自身知道的和能影响的因素。首先，去掉对不知道事情的神秘感，如：这种情况如我们想象的那样不明朗吗，我们是否高估了其危险性或重要性等。其次，探究自己是否真的没有准备好去面对，如：自己可以借助哪些资源感到更有力量。最后，列出自己的强项、应对技巧及可用的资源，这会让自己更有力量。

当我们被情绪困扰时，一目了然的情绪方程可以让我们快速找到情绪的源头，走出困境。其实，我们也可以创建属于自己的情绪方程。当我们直面情绪的动因，重新找到生活的意义时，就不会被绝望、焦虑等负面情绪所控制。

（二）常见老年情绪调节的误区

生活中每个人都拥有一些自我调节的方法，例如购物、唱歌、有氧运动、旅游等。这些方法在对他人和自己都没有构成伤害的前提下，都可以广泛地运用。但是有一些方法只能治标，却不能治本。

1. 回避

老年人在应激事件发生后，可能会产生惊恐或焦虑情绪。除了回避那些难以逃脱或难以获得帮助的情境之外，还回避社会活动和其他一些事情。例如以下行为：

（1）避免服用各种药物，甚至医生开的药。

（2）避免运动或强体力劳动。

（3）避免饥饿。

（4）避免看恐怖电影、医学资料和非常悲伤的电影。

（5）非常冷或非常热时，避免出门。

（6）避免离开医学上的帮助。

（7）避免匆匆忙忙。

通常个体会回避这些活动，因为这些活动会引起与惊恐发作相似的症状。尽管回避会在短时间内帮助个体减轻焦虑和惊恐，但长久下去仍然会导致焦虑。

2. 分散注意力

分散注意力的方法没有限制。例如，如果你感到自己情绪低落，你是否会：

（1）把音乐声音开大。

（2）拿起身边的报纸来阅读。

（3）掐自己。

（4）拉断手腕上的橡皮筋。

（5）用湿冷的毛巾敷脸。

（6）让身边的人陪你随便说点什么。

（7）让自己尽可能忙碌。

（8）开着电视睡觉。

（9）想象自己在其他某个地方。

（10）玩数数游戏。

这些分散注意力的方法过去可能缓解某种情绪，或许今后也会有效，但是这些方法的作用更类似拐杖。例如，如果你忘记携带阅读材料或者橡皮筋，你就不得不回家去取。而且，从长远来看这些方法并非十分有效。分散注意力就好像用带子绑住桌子的断腿，而不是将其修好。

3. 依赖品与安全信号

迷信的物体或人，是指能使人感到安全的特定的物体或人（也可以称作安全信号），比如其他人、食物或者空或满的药瓶。如果这些物体或人不在你身边，你可能会感到更加焦虑。事实上，这些迷信品并没有真正的拯救过谁。下面列出一些常见的依赖物品：

（1）依赖品与安全信号。
（2）食物或饮料。
（3）嗅盐。
（4）纸袋。
（5）宗教象征物。
（6）手电筒。
（7）钱。
（8）照相机。
（9）手提包或钱包。
（10）阅读材料。
（11）香烟。
（12）宠物。
（13）手提电话。

同分散注意力一样，这些物体会成为一种依靠，长久下去会引发焦虑。

4. 酒精

许多人利用喝酒来度过情绪低沉的情境。实际上，长期用酒精来“自我治疗”抑郁、焦虑的人会对酒精形成依赖。使用酒精来应对焦虑是极度危险的，因为当酒精产生一段时间的效用后，抑郁、焦虑的人可能会更加依赖酒精，从而对酒精的需求越来越多。随着引用酒精量的不断增多，酒精减轻焦虑的可能性就越来越小，取而代之的是焦虑和抑郁不断增加。如果你用饮酒来控制焦虑，那要尽快地努力戒酒，并向医生或精神健康专业人员寻求帮助。

三、方法技巧

（一）自我调节方法

自我调节有两个层面，一是观念上的，二是躯体上的。在观念上，首先，个体要能够认识到所有的痛苦都与个体选择的观念系统有关，一旦改变了观念，心理的痛苦会不治而愈。其次，个体要理解所有心理痛苦都是有意义的，所有的体验对生命都是重要的。如果明白情绪的困扰是人类生存的一种自然状态，每个人都有自己的情绪周期，快乐和忧伤交替而来，开朗和沉抑轮回出现，就能够接受自我不良情绪出现，并且与它们共同存在。躯体上自我调节的方式有很多，当下人们广为接受的有放松、冥想、沉思、瑜伽、辟谷、运动等。这是人类通过肌体外在修炼的方式获得更大的自我控制能力，最终目的是先修身而后修心。但是，自我调节的方法好比双刃剑，并非只有益而无害。

（二）专业工作者常用方法

如果老年人的负性情绪持续时间较长，则需要专业心理咨询师或心理治疗师给予治疗，常用的方法有：放松疗法、认知行为疗法、合理信念疗法、系统脱敏法，以及语言开导法等。具体内容可参见本书其他章节。

（三）学会记录负性情绪

老年人日常生活中记录情绪的习惯，能够帮助辨别自己的情绪发作可能在何时、何地，从而有自控感；能够辨别自己情绪发作的特殊方式、躯体感觉、当时的想法及行为，并能更加正确地判断自己负性情绪的程度，从而评估自己改变的成果。

有规律地鼓励老年人坚持记录情绪的原因有很多。首先，学习成为情绪的观察者而不是受害者，是获得控制权的第一步。通过坚持记录，老年人将学会观察自己的负性情绪，了解其在什么时候出现、在哪里出现，以及会在什么样的环境中出现。了解导致负性情绪出现的因素，会让个体觉得更能自控而不会觉得自己只是个受害者。

其次，坚持记录情绪有利于了解自己经历负性情绪的方式，包括所想、所感及所为，这是非常重要的。因为了解自己经历负性情绪的方式有利于改变个体的想法、感觉和行为。如果不能正确了解这些情况，他们是改变不了的。

再次，通过坚持记录，个体会获得更多正确的信息，而不是问自己："近来我的感觉如何?"如果让你描述上周负性情绪出现时的感觉，你可能会说"当时很糟糕"，实际上，你有好几次是相当镇静的。当情绪在你的头脑中根深蒂固时，你很容易就会忘记没有情绪的时候。例如总是想着上周糟糕的感觉，而忽视良好的感觉时，很可能会使你的感觉更糟，从而更加焦虑。事实上，个人对自己所做的事做出负面判断会导致持续的负性情绪。通过坚持记录，认识到自己的情绪波动，认识到自己有好几次并不那么糟糕，这不仅让你感到能自控，而且会使情绪减轻。

最后，记录可以帮助你评估自己的进步。坚持记录会使你珍惜所取得的成果，防止偶然性的情绪发作，避免掩盖已经取得的进步。

同步训练

教师指导学生，明确情绪自我调节方法的运用原则，并制定详细的使用说明。

任务三

典型老年负性情绪调节

任务情境

通过放松、慢走、社会交往等自我调节方式，陈某感觉自己的情绪得到了很大的改善。他给小王介绍了自己的一些老年朋友，他们在生活中也遇到了各种不同的情绪困扰。小王非常耐心地帮助各位老人舒缓困扰。

任务描述

1. 明确老化情绪的表现；
2. 分析老化情绪的形成原因；
3. 制定情绪自我调节方法。

相关知识

一、术语理解

（一）孤独情绪

孤独情绪是指人在步入老年后面对种种丧失无法逃避的一种个体情绪体验。这些丧失包括：子女成家、亲友去世、人际关系范围逐渐缩小等。这些情绪可导致老年人的社会人际交往技能、认知能力或交流能力等发生广泛性迟缓。

（二）抑郁情绪

老年人在生活中的不良体验，可表现为沮丧失望、缺乏愉快感和自信心、对人和事物的兴趣下降等。

（三）焦虑情绪

焦虑情绪是一种由忧虑或恐惧引起情绪高度紧张的心理状态。它类似害怕，是因为主体感觉受到威胁；但它又不同于害怕，因为主体觉察到的威胁来源通常是模糊的或不可言状的。与抑郁情绪的区别是焦虑情绪的来源通常是指向将来的。

二、要点提示

（一）孤独情绪

1. 老年孤独情绪的表现

易感孤独的老年人群有离退休老人、空巢老人、丧偶老人、独居老人。其表现为：

（1）情绪上：态度消极。往往表现为固执、忧郁，以寂寞为主，伴有明显的失落感及对社会家庭均“无用”的心理倾向。孤独的老人情绪低落，不愿意主动求医。

（2）语言上：寡言少语，表情呆板。几乎是低头走路，回避与他人的目光交流，喜欢一个人躲在屋子里。

（3）行为上：社会交往减少。表现为极少出门，很少会与人说话，兴趣降低、娱乐活动减少等；对周围事物兴趣索然，很少参与社会活动，严重者连户外活动也不愿进行；不主动与人交往，每天只是机械地重复简单的话，既不关心他人，也不关心周围发生的事情。

（4）饮食上：食量逐渐下降，食品种类单一。日常生活中常便秘、睡眠不好，以致体重日益减轻。有些老人甚至用抽烟、酗酒等不良的生活方式来伤害自己，反映出其内心的苦闷感和孤独感。

2. 老年人孤独感产生的原因

（1）客观原因：子女长大成人，老伴去世，老年人丧失工作而远离社会，体力渐衰，与亲朋好友来往频率下降，信息交流很少等都会使老人产生不同程度的孤独感。

（2）主观原因：老人偏向于已有的人际交往模式，不易结交新的朋友，人际关系范围逐步缩小，容易造成封闭的心态。此外，人到老年，爱和尊重的心理需求很容易被忽视，得不到基本的满足，孤独感会越来越明显。

（二）抑郁情绪

1. 老年抑郁情绪的表现

（1）情绪上：情绪低落，愉快感缺失；

（2）语言上：少言寡语，主动与他人交谈的次数减少；

（3）行为上：对以往爱好缺乏兴趣。

2. 老年抑郁情绪产生的原因

现实生活中遭受挫折、不顺心，身体日趋衰落，不能自由活动等。

3. 抑郁情绪不等同于抑郁症

老年抑郁症是情绪长期低落的结果，其具体表现可有：

（1）对日常生活丧失兴趣，无愉快感；

（2）精力明显减退，无原因的持续疲乏；

（3）动作明显缓慢，焦虑不安，易发脾气；

（4）自我评价过低、自责或有内疚感，严重感到自己犯下了不可饶恕的罪行；

（5）思维迟缓或自觉思维能力明显下降；

（6）反复出现自杀观念或行为；

（7）失眠或睡眠过多；

（8）食欲缺乏或体重减轻；

（9）性欲明显减退。

抑郁情绪和抑郁症按照以下表现可进行区分：

（1）当不如意的事情发生后，会出现情绪抑郁，这是正常的，每个人都会发生。但如果扭曲想法，在消极思想中钻牛角尖，则可能是抑郁症。

（2）抑郁情绪的低落持续一段时间后会消失，抑郁症则认为低落心境将永远伴随。

（3）抑郁情绪可以通过分散注意力得到缓解，抑郁症则终日沉浸在失落沮丧感中，持续时间很长。

（4）抑郁情绪不会显著影响人际关系或其他行为，抑郁症对人际关系等行为产生很大的负面影响。

（5）抑郁症会反复产生自杀、自罪和自责的念头或行为，抑郁情绪则不会。

（三）焦虑情绪

1. 老年焦虑情绪的表现

（1）主观感受。老人内心体验到害怕，感到提心吊胆、紧张、恐惧等，注意力不能集中，有失去支持和帮助的感受。

（2）行为表现。老年人常表现为坐立不安、不知所措、对外界缺乏兴趣，有时激动失态，经常无缘无故的发怒、与人争吵，对什么事情都看不惯。

（3）躯体症状。可表现为心跳加快、胸闷、口干、腹痛、尿频、大汗淋漓、全身疲乏。部分老年人会有失眠、早醒、手抖、手指震颤或有麻木感，还伴有食欲减退、头晕眼花等症状。

2. 引发老年人焦虑的原因

（1）身体因素。进入老年期后，生理机能衰退，更突出的表现是感觉和知觉能力下降。部分老年人会因为这些功能退化而产生焦虑。有些慢性疾病也会增强这种不安全感，引发或加强焦虑感。

（2）心理因素。老年人进入老年期后，生活发生了很大的变化，社交圈减少、闲暇时间增多，常会有患得患失的心理，从而引起焦虑不安。

（3）应激事件。老年人心理承受能力降低，对很多事情容易反应过激，从而产生焦虑。

（四）恐惧情绪

1. 老年恐惧情绪的表现

患有恐惧症的老年人，一般做什么事都小心翼翼，常常感到恐惧、害怕，但是却说不出害怕什么。而且这种莫名其妙的恐惧感总是时刻存在，让他们终日惶恐不安，提心吊胆过日子。

2. 诱发老年人恐惧的原因

随着年龄的增长，老年人害怕的事情越来越多，最明显的便是对死亡的恐惧，以及对死后的顾虑。因此，老年人变得愈发害怕生病，或者害怕生活里会遇到各种不开心的事情，对自己的一切缺乏信心，缺乏安全感，这样不知不觉中就形成了一种恐怖感。

（五）愤怒情绪

1. 愤怒情绪的表现

愤怒情绪主要表现为语调升高、攻击性行为增加、心跳加速、血压升高等。

2. 老年愤怒情绪产生的原因

老年人的愤怒情绪是由紧张、敌意的心理，真实或想象的失败、伤害、威胁，或遭遇不公正待遇所引起。

（六）老朽情绪

1. 老朽情绪的表现

老朽情绪表现为对身心客观老化现象有失落感，丧失生活兴趣，社会交往减少等。

2. 老朽情绪产生的原因

老朽情绪产生的原因有生理功能衰退、心理逐渐老化等。

三、方法技巧

（一）孤独情绪

【案例】陈老伯为退休干部，今年 78 岁，生活尚能自理。与老伴结婚 60 年来，一直居住在一起，两人感情十分深厚，5 个子女长大后都已单独居住。陈老伯的老伴在 5 个月前由于做胃癌手术失败，在短短十几天的时间内没有留下一句话就撒手人寰，子女请了一个保姆来照顾陈老伯，但老人觉得保姆对自己态度不好，没多久就辞退了保姆。子女们担心他一人在家无人照顾，也怕他在家中睹物思人，心情过度伤悲，便将他送到福利院居住。但老人住进福利院后，一改以前开朗的性格，经常一人独坐在一处，很少与其他老人交谈。

案例中陈老伯面临的正是老年孤独的问题。从案例中可以看出，老人对任何事情都提不起兴趣，情绪低落，感觉到自己已经没有用了。

针对老年人的孤独情绪，调节方法如下：

（1）实施心理健康教育，帮助老人健全独处的能力，让老人正确地看待孤独。让老人明白独处并不一定等于孤独，并不表示没人关心。可以建议老年人利用独处的时间做一些对身心有利的事情，比如练习书法、打太极拳、听戏等，培养老年人平静的心态。

（2）帮助老人建立并加深与子女的关系。老年人要有主动建立关系的意识。帮助老年人学会向子女适度求助，但是不要事事指望子女，教会老人一些与子女沟通的技巧。

（3）搭建相关平台，鼓励老人发展兴趣爱好，加强人际交往。社区可以通过开展活动丰富老年人的业余生活。家人可以鼓励老年人参加老年大学、社会义工或志愿者的活动。让老年通过发展兴趣爱好，与广大同伴一起学习交流来消除孤独感。团体活动也能够让老人体会老有所学、老有所用、有被人需要的感觉。

（二）抑郁情绪

【案例】李老太太今年72岁，往日精神头儿还不错的她近半年变得不爱运动，动作缓慢僵硬，很少的家务劳动需很长时间才能完成，也不爱主动讲话，每次都以简短低弱的言语答复家人。面部表情变化少，有时双眼凝视，对外界动向常常无动于衷，只有在提及她故去的老伴时，她才眼含泪花，说许多事情自己都做不了，或者想不起怎么做，头脑一片空白。

案例中的老人面临的正是老年抑郁情绪的问题。

针对抑郁情绪，老年人进行的调节方法如下：

（1）不要忽略自己的感受，注意识别自己的需求、想法和感受，并向别人倾诉，将自己的内心情感表达出来。

（2）对于缺乏兴趣的活动或超出能力范围的事勇敢地说“不”。

（3）加强心理健康教育，避免采用消极的方式来处理和看待一切事物。

（4）避免压力过大，做事情注意轻重缓急，不要急于追求完美。

（5）注意合理的饮食营养。

（6）保持恰当的睡眠（不要过多或过少）。

（7）有规律地进行体育锻炼，可有助于缓解压力，改善睡眠，从而减轻抑郁的程度。

（8）调节情趣。从事一些有趣的、分散紧张和压力的创造性活动项目。

（9）积极表达内心情感。

（10）不要试图承担一切，需要时，寻求他人的帮助和支持。

（11）积极利用社会支持资源和注意开发新的社会支持网络。

（12）培养积极老龄化意识，制定明确的人生目标，有计划地向着目标前进。

如果抑郁情绪持续时间较长，建议去专科医院就诊和治疗。

（三）焦虑情绪

【案例】男性孤寡老人，60岁，罹患高血压、糖尿病、心脏病等多种慢性病。下岗多年，一直依靠政府的低保来维持生活。平时只要有点不舒服或不顺心的事情，就开始烦躁，总是想很多事情，心理压力很大，见什么烦什么，吃饭担心碗筷不干净，不愿意和别人一起活动。年终临近，他想到自己多年来孤独的生活，对未来充满了担忧，心情又开始烦躁，出现吃不香、睡不着、全身乏力、胸闷、头晕、记忆力减退等症状。

案例中的老人面临的是老年焦虑的问题。

针对老年人的焦虑情绪，调节方法如下：

（1）鼓励老人进行自我观察和监测，矫正有害健康的信念和行为。

记录焦虑的症状和引发焦虑的情境，分析导致焦虑产生的原因，并努力去矫正有害健康的信念和行为，如完美主义的、控制性的、共依存性的行为等。

如果问题是自己掌控中的，就考虑解决这些问题的方法，并选择最佳方案着力解决；如果问题超出自己可控制的范围，对自己无法处理的问题则顺其自然。

（2）认知重建。改变和修正使自己产生难以控制焦虑的思维，采用积极的内部对话进行自我指导，将会使焦虑减轻。可利用放松、运动、参加娱乐活动等转移注意力或利用思维中止法阻断被特定情境激活的负性自我对话模式。

（3）记日记。日记是宣泄情绪和想法的良好工具。写下想法和感受有助于澄清并加深对问题的理解，而问题的解决又可以帮助减轻压力和清理自己的思绪。同时它还能监控自己为缓解焦虑而做出改变的意志力，确保承诺得以实现。

（4）学习放松技能。这是焦虑管理非常有效的方法。通过深呼吸、视觉想象、静思、渐进式肌肉放松训练获得放松感，缓解紧张和压力。

（5）把注意力从应激源中转移出来，放松自己并享受乐趣。比如做一些让自己感到愉快的事情或者与喜欢的人共度时光，以转移注意力缓解焦虑。

（6）调理好自己的日常生活，树立积极、具体的生活目标。

（7）积极开发和利用社会支持系统。缓解焦虑需要各方面的支持，包括朋友、家庭、医生、社团组织等。

（8）加强子女或照护者对老年人的关爱。

（9）进行时间管理和解决问题的技能训练，增强对生活的控制能力。

（10）增强沟通中的自信，恰如其分且如实地表达自己的愿望与需求，会使自我感觉更好，会获得更多的自信。

（11）管理应激。注意识别自身的应激症状，一旦有应激反应，通过休息、运动或放松技巧来减轻应激和焦虑，防止持续的应激给身心造成的伤害。

（12）缓解恐惧情绪。如果对一些特异性情境极度焦虑，则需寻求心理治疗师或专业医生进行干预。

（13）针对老年人群较为普遍的死亡焦虑，可对老年人进行团体辅导，提供死亡教育，树立健康生命观。

（四）恐惧情绪

【案例】张婆婆今年69岁，没上过学，一直有高血压，还有静动脉钙化等老年常见的疾病，本来没什么大问题，坚持服药就可以了，可最近发生的两件事，让她以为自己的病情变得严重了，以为自己要死了。一件事是和老伴为了陈年往事吵得特别凶，她说自己彻底伤了心；另一件事是她骑电动三轮车时，不小心撞到一个深坑旁边的沙堆上。为此，她天天生活在恐惧当中，天天唠叨“我的病还可以治好吗”“这次老天爷是要来收我的”等之类的话语。

案例中的老人有恐惧情绪。

针对老年人的恐惧情绪，调节方法如下：

（1）进行自我检查与监测，找出所恐惧的事物或环境，澄清恐惧根源。恐惧体验中最具影响力的部分是不可预知的事情或不确定性。因此，当情况可预知时，恐惧就会减少。所获得的信息越准确越现实，处理起来就会感觉越有所准备。

（2）运用体育锻炼、积极自我对话以及渐进式肌肉放松或静思等方法，缓解与恐惧相关的躯体和情绪应激体验。

（3）练习。对于某件事情知道得越多，控制感越强，恐惧感就越小。如果有些事你想做但感到害怕，那就不断练习，这样将产生“我能做”的自信感觉。

（4）模仿。通过观察学习其他人有效应对恐惧的方法和行为来缓解恐惧。

（5）通过与他人交谈得到帮助。公开你的恐惧感也许可以缓解压力，试图隐藏则无法获取所需要的帮助。

（6）认知重建。了解有关恐惧的相关知识，提醒自己恐惧并非无可救药，相信通过自己的努力能战胜恐惧心理。

（7）运用想象。转换对事物的看法，尝试创造性地解决问题。例如想象讲话的对象是幼儿园的孩子，可以降低被听众评判的恐惧。

（8）从小事做起。小事通常是可控制的，从做小事的成功体验中强化自我效能，增强自信。

（9）对恐惧体验进行分级，从无恐惧或最小的恐惧到最强烈的恐惧体验逐步克服。当通过努力克服一个级别的恐惧时，给自己一个奖励，如享受一顿美餐或看一场电影，予以正性强化使这种行为继续保持下去。

（10）寻求专业帮助。如果症状严重可能患有焦虑障碍，需要在医生指导下接受药物治疗和心理治疗，如系统脱敏疗法或满灌疗法。

（五）愤怒情绪

【案例】2013 年 5 月 22 日上午，在天津 606 路公交车上，一位 83 岁的老人要求中途下车遭拒，之后突然情绪失控，暴怒拉住司机，公交车因之瞬间失控，撞向对面车道，导致 9 车碰撞，幸好车速不快，但仍有两名乘客受伤。事后，相关部门对老人进行了批评教育。

案例中的老人有愤怒情绪。

针对老年人的愤怒情绪，调节方法如下：

（1）识别愤怒情绪。有愤怒情绪时，个体会感到不舒服、生气、易激动、不安、心烦意乱、恼怒、发狂等；同时伴有头痛、肌肉紧张、胃部不适、睡眠障碍、呼吸急促等生理变化及握紧拳头、尖叫等行为反应。敏于觉察这些愤怒情绪是十分重要的，有助于在愤怒尚未加剧的萌芽阶段就得以表达，从而减少其对身心健康的影响。

（2）选择适宜方式宣泄，不压抑愤怒。愤怒是对外界威胁的一种自然反应，可以让我们在受到攻击时进行反抗并保护自己。从这个角度讲适当的怒气对于生存是必需的。如果因为担心得不到别人的支持或自己失控等原因而不表达愤怒，或采取否认愤怒的存在或回避愤怒感受的方式，则会给自己的身心带来不良影响。适宜的愤怒宣泄方法有：语言表述而不是暴力（咆哮、砸门、摔东西、动拳头）、说话不超过一分钟等。

（3）应对愤怒的方法如下：

1）不急于争辩，先使用深呼吸、渐进式肌肉放松等放松技巧平静自己的情绪。只要你保持平静，就能控制好局面。

2）当认为某人应该对你遭受的压力、忧虑或者挫折负责时，用正确的方式来表达愤怒。以礼貌、恭敬、自信的态度，用以“我”开头的句子来陈述自己的感受，让别人了解你此时此刻的情绪和感受。

3）倾诉。向家人、朋友等能够设身处地为你着想的人倾诉感受。这是使不良情绪得以释放的良好方法。

4）进行自我对话，把负性思维转变为正性思维。

5）当需要或需求处于冲突或争议中时，要对别人做出一些让步。总能得到或者几乎不能得到自己想要的东西的想法，都是不合情理的。因此，相互的尊重、让步和协商能让人找到一种公平的解决办法。

6）学会放弃。自己只能控制自己，如果有的事情是自己无法控制的，那么就做出让步，接受现实，放弃不做。如果希望在某种让你感到挫折的局面或者关系中生存下去，学会放弃也是一种重要的能力。

7）写出情绪和想法。写一封不打算寄送的毫无保留的信，宣泄内心的愤怒和压抑情绪。

8）充分开发和利用个人资源和社会支持系统，为自己提供帮助、支持、关心和鼓励。

9）培养积极的自尊感。规划个人发展，确定目标，实现自我发展，进行自我监测。

10）记日记。回顾分析经历过的困难，评估对克服困难做出的努力，明确需要进一步解决的问题，或者弄清楚阻碍自己所期望取得的进步和发生变化的不良模式，增强自我效能感。

（六）老朽情绪

【案例】李先生，65岁，离退休后，李先生一天到晚把自己关在家里，吃了睡，睡了吃，生活单调又无味，苦恼烦闷，总是唉声叹气说无聊。但是儿女劝他出去做事或者找点娱乐他又不去。日复一日，李先生的身体比以前明显差了很多。一位以前的同事遇到他，跟他说自己现在帮一家公司守门，日子过得挺不错的，劝他也做做看。但李先生摇头说：“你比我年轻，我这么老了肯定没人会要我去的。现在老了，不中用了，只能在家看看电视，陪陪孙子孙女。”李先生一天比一天老得快，沉默寡言，常常不说不动，并感慨自己老而无用。儿女们想带他出去活动活动，但怎么说他也不动。他总说如果再年轻五岁一定去活动，现在老了，会被人笑话的。

案例中的老人有老朽情绪。

针对老年人的老朽情绪，调节方法如下：

（1）陪伴。陪伴可以增加老年人的安全感，通过双方交谈，可以使其压抑在内心的情绪得到疏导，心情也会舒畅。

（2）倾听。与老年人进行交谈时，除了说些安慰、支持、激励之类的话，最重要的是静心聆听，并引导老年人尽情地诉说。这样其情绪会得到最大限度的宣泄。最忌讳随意打断他们的谈话或否定他们的看法，或者以自己为中心滔滔不绝地大发言论。

（3）疏导。帮助老人分析面临的困难，并且引导他们选择多种解决问题的方法；如有不能解决的困难，则要帮助其重新认识，并采取客观现实的态度，选择新的生活方式或变更追求目标。

（4）实施心理健康教育，对老年人宣讲成功老龄化、积极老龄化的观念。

（5）鼓励老年人扩大人际交往，帮助老人学习人际交往和沟通的技巧。

同步训练

教师指导学生针对不同老化情绪，制定心理慰藉方案。

项目小结

传统观点认为由于身体机能下降和各种外界事件的刺激，老年人容易产生消极的情绪情感体验。常见的老化情绪有抑郁、焦虑、怀疑、恐惧、偏激、孤独、失落、老朽等。

老年人情绪调节要遵循两个原则：鼓励老年人表达负性情绪，但是不强迫表达；根据具体情绪制定相应慰藉方法。常见老年情绪调节的误区有回避、分散注意力、物品依赖、酒精等。鼓励老人记录负性情绪，能够帮助老年人辨别自己的情绪发作程度，从而有效评估情绪调节结果。

教学做一体化训练

● 重点概念

老化情绪、情绪调节、自我调节

● 简答题

1. 老年人情绪体验的特点有哪些？
2. 老年人常见负性情绪有哪些？
3. 老年情绪调节的常用方法有哪些？
4. 常见老年应对负性情绪的误区有哪些？
5. 如何对老年人的孤独、抑郁、焦虑、愤怒、恐惧及老朽情绪实施情绪调节？

● 案例分析题

李女士，65岁，退休在家，身体状况较好。除了做家务外，有时间就参加一些社区活动。今年入冬以来，她感觉浑身没有力气、胸闷、气短和心慌。李女士认为可能最近家里事情多，没有休息好。休息几天后，自我感觉好了点，李女士就继续参加社区活动。可是随后就出现头昏脑涨的症状，表现为早晨起床后感觉头脑不清醒，早餐后有所改善，午后极易犯困，但到了晚上又很清醒。有时晚上会出现小腿抽筋，并伴有刺痛等症状。李女士的老伴发现她与以前情况相比有变化了，于是督促她前往医院就诊。经医院确诊李女士患有心脑血管疾病。医生说幸亏及时就诊，如果不小心摔倒后果会很严重，甚至会有中风、瘫痪的危险。

得知消息后，李女士渐渐变得非常敏感，感觉身体总是不舒服，劝说老伴和子女陪自己隔三岔五就去医院就诊。家人稍有怠慢，就觉得他们不再关注自己了，大发雷霆，委屈地声泪俱下。同时，李女士还对自己未来的生活充满担忧，感觉自己已经成为社会、家庭的负担，没有价值感。

【思考题】

请同学阅读案例，思考以下问题：

1. 李女士表现出哪些负性情绪？

2. 作为照护人员，你将如何协助李女士进行情绪调节？

延伸阅读

自我情绪调节的几种方法

大多数情绪困扰或心理疾病都是要靠自己去解决的，心理医生只是给你一个方向或建议，是否能从困扰中出来全靠当事人自己。很多来看心理医生的人，以为一旦建立了关系，医生就会投入热情来帮助当事人走出困境，这是一种想当然。心理医生更像一个图书馆，你在那儿查阅资料，有了这些资料怎么使用是自己的事，跟那本书无关。也许我贬低了心理医生的作用，不过，如果当事人去除对心理医生的神话，对自己的康复是更有益的。

自我调节有两个层面，一是观念上的，二是躯体上的。我比较喜欢通过改变观念来适应环境，这里不外三条原则：

（1）所有的痛苦跟你选择的观念系统有关，如果改变了观念，心理痛苦会不治而愈。

为什么？因为我们的行为、思想、欲望常常被自己的观念系统限制，不能随心所欲地生活，这就产生了痛苦。比如，我们欣赏美丽的女性，并坦然地在人群中表达自己的喜爱，一旦担心被人斥责为好色之徒，那种坦荡的之心就蒙上了阴影。如果人能自行其是又不用承担责任和风险是很少有烦恼的。

（2）所有心理痛苦都是有意义的，所有的体验对生命都是重要的。

心理痛苦是自我在成长中的必经阶段，既然是成长的烦恼，也要靠成长去解决。明白情绪的困扰是人类生存的一种自然状态，快乐和忧伤是交替着的，开朗和沉抑也是交替的，像白天与黑夜。可以把情绪困扰想象为一个不期而来的“客人”。家里客人来了，会让你感觉不舒服，不能那么随便了，行坐、穿衣要规矩一些，说话、做事也有了禁忌。但客人还会走，它不是你家里的人，这样一想就不是那么难受了。

（3）文化造就了人类的辉煌，也造就了人存在的困境。

文化把无极的世界变成有极，把无序的社会变得有序，把具有动物天性的人从自然界剥离成为循规蹈矩的社会人。按照主流文化模式，每个人必须削足适履去成为一个普通人，需要去个性、加共性来符合文化期望。正如契诃夫笔下《装在套子里的人》，我们正是被强行装入文化套子中的人。装在套子里的你不可能没有压抑的痛苦，如果你认同这个痛苦，那么痛苦就不再烦恼你，反倒成为你的资源；如果你不认同这个痛苦，希望没有它，或者试图快速消除它，那么你就扩大了这个痛苦。

躯体上自我调节的方式有很多，数千年来，人们都在通过努力获得更大的自我控制能力。修行是从身到心，然后再由心及身，这是自我调节或养身的诀窍。大多数学者或著书人可能因为自己的偏好，常常夸大某种自我调节的功能，仿佛告诉读者只要坚持你就可以重整心态，摆脱烦恼。其实，这个世界上没有哪种自我调节的方式是只有益而无害的。正如轻松的跑步锻炼也可能引发膝关节磨损一样，要很好地通过自我情绪调节来完善心身，就要破除一些迷信，根据自己的特点来选择自我调节的方式或程度。不然，越想改善越被其累，出力不讨好。正如越想睡越睡不着，想睡的念头使自己的神经处在兴奋之中。

以下是自我调节的几种常见方法的分析。

一、运动调节

大量的调查研究表明运动可以减轻焦虑和抑郁症。现代人越来越愿意把金钱和时间花在健身房，运动（跑步、打球、游泳、器械操）的确可以提高人身体的机能、知觉和控制力，增加血液循环，调节心率，改善机体的含氧量，让人的精力在短时间获得提升。情绪烦恼是一种难以释放的负性能量，有节律的运动可以把这样的能量通过汗水释放出去。同样，当大脑因为心理压力疲惫不堪时，运动转移了对压力的关注，让我们可怜的心智获得喘息。

1. 质疑

尽管运动对人的心理情绪有广泛的好处，但是我们很难得到一个运动可以让情感改善令人信服的解释。运动的时候，肌肉收缩，心率加快，呼吸加深，实际上是增加躯体的紧张与情绪的焦虑。很多人在运动后会有不短的时间处在躯体不舒服中，对想通过晨跑来清晰自己头脑的人，往往适得其反。如果真有点效果，那可能是清新的空气带来的，而非你身体运动后的疲惫。运动也会诱发情绪的激动，看看足球场上或竞技场上的暴力你就知道此言不虚。

你可能会说运动虽然增加紧张，但可以得到紧张以后的放松。但我们很快发现，运动会提高我们对焦虑的释放阈值，这个阈值像水库的闸门，我们把焦虑、烦恼想象为水库里装满的水。运动启动这个闸门，让焦虑流掉，身体就感觉舒服一些。糟糕的是这样的闸门有一个特性，需要每次增加力量才能打开。这就是运动调节开始好像奏效，多几次身体就没有新鲜感了，焦虑释放不了，人又回到情绪的烦乱中，运动治疗慢慢失效。

2. 不适用人群

实际上绝大多数人是不适合运用运动治疗情绪的。运动增加心肺、机体的负担，这也是运动员总是有那么多关节、肌肉病的原因，而且运动会使身体衰老得快，寿命也不长。对情绪容易激动的人来说，运动是一种触媒，情绪更难自控，由研究证明，爱运动的人攻击性也比较强。

要学会善用运动原理，相对有效的是慢运动，比如太极拳、瑜伽、散步、体操、慢跑。

二、冥想调节

用想象描绘一个充满野花的田野；聆听瀑布的声音；深吻一朵盛开的玫瑰；飘浮在安静的湖面上，隐身在深山的静谧中等。冥想是使用想象力来调节心身。对绝大多数人来讲，视觉的想象是比较生动有力的。听觉想象需要有音乐的诱导。实际上，想象主要是激发一种记忆，尤其是身体的记忆，这个记忆便是体验。有躯体体验（紧张、痛苦、喜悦、恐慌……）的记忆是不容易忘却的，所以有人说大部分的记忆是储存在身体的皮肤、肌肉、内脏器官里，而非在大脑里。

1. 质疑 1

冥想一个从来没有体验过的情景是没有实际意义的。冥想一个你虽然到过、体验过，却没有深刻的躯体或心理记忆，如舒适感、惊讶、内心激动等，也是没有多大意义的。冥想是一种记忆体验的唤醒，如果一个人终身忙忙碌碌，没有对大自然的兴趣，没有对美的追求，没有对音乐的兴趣，冥想治疗差不多是对牛弹琴。

2. 不适用人群

没有美好体验的人冥想的时候不如找一个自己喜欢的词或短句，静静地重复，专注自己读出的字词，不去理解字词本身的意义，而是注重它的音节。这很像和尚念的经，藏传佛教中的七字真言：嘛、咪……，或“南无阿弥陀佛”。

3. 质疑2

人的想象力受记忆和情感的束缚，冥想的时候往往唤来的不是天使，而是诱发早年的创伤性经历，比如创伤性适应障碍的人是特别怕静坐与冥想的，痛苦情景会像开了闸门的水，不断地闪回。一切光线、声音、气味、味道和身体感觉都与创伤的再次体验有关，冥想让人陷入更深的抑郁中。有严重创伤适应障碍的人最好不用冥想。

4. 学会善用冥想原理：重塑记忆

与其冥想不如常回忆自己的青春年华和愉快事件。假设自己有一个记忆的图书馆，打开那些与积极经历有关的记忆，重新唤起那些愉快、兴奋、享受、满足和自豪感。把不好的记忆打包收藏，再贴上封条。好的记忆是人们值得常常去浏览的地方，要多花点时间，利用闲暇的时刻对记忆进行回忆、强化和添油加醋。记忆是要时时更新的，所以，我鼓励人去夸大以往幸福的体验，以此想象来调节自己。

三、沉思

沉思是一种思想的深奥。沉思可能具有最古老的历史，于早期的东方宗教信仰中发展起来。沉思和祈祷有许多共同之处，是指向精神的一种修炼与沉淀。用沉思来调节自己可以增强自我意识，增强自我对情绪的识别、管理与控制力。

沉思与放松之间有许多共同之处，沉思和放松都需要精神的集中，不同的是放松是慢慢掩藏住对意识的觉察，沉思却是慢慢强化这种觉察，通过反复思考同一件事，直到自己穷极一种思想，产生类似开悟的感受。关注当下是沉思中最重要的概念，佛教将留意当下定义为“对当前的现实生活保持活跃的意识”。留意当下不会导向自我意识的飘逸，却可以带来对压力和情绪的接纳。心理的自我调节让人感觉是指向对现实苦恼的摆脱，这两者看起来是矛盾的。其实，两者并不矛盾，反复的思考会激发一种顿悟，顿悟也是更彻底地摆脱，去执着、去妄念、去烦恩，这在佛教修炼里很强调。

东方文化喜欢把沉思或冥想解读为打坐，它追求一种形式，坐的姿势，呼吸的形式。西方不太强调身体的形，更注重思想的指向。

不过，缺乏顿悟能力的人做沉思却有百害无一利。尤其对强迫症病人来说，反复思考却不能开悟便留下祸根。增加自我的顿悟力是改善强迫症状很重要的技术。

四、自我催眠

我要说的不是在专业医生指导下帮助人进入一种神思恍惚的状态的那种催眠，而是谈论一种丰富多彩的自我催眠。什么是自我催眠？不管采用什么方式让你快速脱离现实，你就是在使用一种自我催眠。喝酒、幻想、运动、看吸引人的书、听愉快的音乐、与人聊天等无一不是试图在催眠自己。烦恼需要一种觉知力，我们通过事情减轻对烦恼的觉知，让自己处在一种对痛苦的恍惚状态就是一种自我催眠。

催眠现象很多时候都会自然地呈现，看一部电影，进入了剧情而失去理性的判断；听一个人说话，慢慢无条件认同说话的人；听一段音乐到了痴迷的境界；深爱一个人以至于无力识别幼稚的骗局；对金钱权利的渴望导致人格的疯狂，这些都是自我催眠，但愉悦和动力由此而生。

1. 质疑

很有趣味的是，痛苦、烦恼、悲伤、自卑、丧失感、缺陷感、无力感也有催眠的能力，人被这样的事情催眠就陷入麻烦，再也看不到光明，即便是阳光灿烂也感觉不到。抑郁就是被这样的情绪催眠的结果，好像有一个声音说你什么都不是，你只是一个包袱……自杀就是自我催眠最极致的后果。

自我催眠也不是无害的，这样的意识状态有时像“盲人骑瞎马，夜半临深池”，不管旁人怎么规劝都执迷不悟。对一些有暴力倾向的人，自我催眠会把暴力看成主持正义，把杀人看成是清理社会垃圾。保持觉知，让被自我催眠下的你睁着第三只眼睛，保留住一丝清醒。

有暴力倾向的人、缺乏自我觉知的人要时时保持对自己的警觉，不要乱用自我催眠把自己塑造成一个很狂妄自大的神。最好的自我调节是去运动，把攻击性释放在球场，用胜利来奚落对手，赢得内心需要的唯我独尊的感觉，减轻无意义感引发的焦虑。这样的自我调节方式至少是和主流社会协调的。

2. 善用催眠原理

最精彩的自我催眠是自我幻想，幻想自己是最有魅力的、最可爱、最有前途的、最有能力的人，让自己慢慢在这种自我催眠诱导下真正成为那样的一个人。对自己美好的想象差不多是人最容易得到且最不容易被影响的精神动力，除非自己根本就不想给自己成长的动力。

3. 拍打

(1) 什么是拍打

拍打身体有一个秩序，一般从头面部开始，两边对称的轻拍，要略微有些舒服的痛感，然后肩、上臂、前臂、胸、腹、腿直到脚。拍打是自我催眠的反向。人在痛苦的时候，会失去躯体感，处于一种盲目的、恍惚的状态，通过拍打身体，唤起对躯体的感觉是重获自我控制最快的心理干预技术。在严重的情绪紊乱时，人往往感觉意识与身体是分离的，怎么把灵魂唤回来，拍打自己的身体，让自己有疼的感觉，意识会起来掌管一切。

在《一千零一夜》小说中，我们看到伊斯兰文化下很多幸福得过了头的人通过仆人或美丽女郎的鞭打来减轻心理的痛苦。躯体的疼痛帮助心灵释放痛苦，这是心身合一中最奇妙的现象。失去爱情的人会折磨自己，失恋是一种精神痛苦，折磨自己让身体的疼来释放失恋的痛。前不久，报载美国某心理研究所用鞭打患者的臀部来缓解抑郁症，据说有奇效。当人们紧张的时候，猛地一掌可以把他从被焦虑催眠的状态下唤醒回来。俄罗斯人洗澡的时候，喜欢用毛巾抽打自己的身体，看起来是为了洗涤，同时也清洗了心灵与情绪。看过电影《红菱艳》的人一定记得当跳舞的女主角因过度紧张不知所措时，剧场老板一个耳光让她忘却紧张，跳出惊艳的舞姿来。当然，这儿说的拍打是现在流行的躯体治疗的一种方式，目的是唤起自我感，重获控制，方法是循序渐进地用手分别拍打躯体，腿、面部、肩颈，有节律的，轻重合适的，紧张在这样的拍打下便慢慢放松。

当然，拍打唯一不好的是当别人不知情的时候会以为你疯了。神经质的人或有精神障碍的人在做拍打前要得到家人的理解，不然会让家人提心吊胆。另一方面，在某种情况下，如集体的拍打可能被误认为邪教练功，遭受鄙视。同样，拍打过度类似一种自虐，是指向身体的一种暴力。一些有严重情绪情感问题的人，往往通过自虐来替代心理痛苦，这样的人千万不要用拍打，因为拍打的时候不好控制力度。

(2) 善用拍打原理：感觉到了就好了。

有的时候，拍打并不是真正的拍打，而是用你的意识感觉你坐在椅子的臀部、接触椅背的背部；或站起来往墙上靠靠，感觉你的背在那里；或跺跺脚，拍拍手，用手推推墙感觉你的力量等，这样的方式也可唤起躯体感，让被烦恼催眠的心灵苏醒过来。拍打的另一个被欢迎的形式是按摩，用按摩来减除心理与情绪压力也是躯体治疗中非常重要的内容。

五、结语

所有的自我心理调节必须符合这样两点：一是很容易掌握，过程不复杂，也不需要什么设备；

二是便于人们在家里、办公室或日常生活的活动中随时进行。真正的自我情绪调节是一种情绪的平衡，人不能总是快乐，也不能总是不快乐。让情绪处在一种流动的状态，关注并体验它的起伏，乐在其中。如果我们喜欢痛苦，痛苦就是一种享受，如果我们认为痛苦后面有生命更真实的意义，我们容忍痛苦的能力就会很强，从痛苦中获取有用资源的可能也最大。当然，痛苦体验与人性本能的趋避反应相关，接受痛苦需要有很高的精神境界。

不过，不管我们做了多少自我调节的努力，焦虑、不幸福感、失落并不会因此而减轻。如果你感觉减轻了那也是转移了注意力和形成了催眠效应所致。自我调节的关键是重获一种自我控制，在自控的感觉下心灵才会飞翔，才会有自由选择的能力。在我们烦恼的时候，我们依然知道我们的内心还有快乐与轻松，只要去体验，快乐、满足、轻松还在那儿！

知道这些，自我心理调节就成了。

（资料来源：李子勋：《自我情绪调节的几种方法》，百度文库。）

项目六

老年家庭心理慰藉

学习目标

知识目标

1. 掌握空巢综合征的情绪及行为表现；
2. 了解老年人家庭暴力的常见类型；
3. 掌握代沟、亲子情感依赖及啃老等术语的含义。

能力目标

1. 具备对空巢老年人提供心理慰藉的能力；
2. 具备对遭受家暴老年人提供心理慰藉的能力；
3. 具备对亲子情感依赖的老年人提供心理慰藉的能力；
4. 具备对面临隔代教育困扰老年人提供心理慰藉的能力；
5. 具备缓解婆媳心理冲突的能力。

项目情境

小王所在的社区是该市的一个大型社区，约有居民两万人，其中60岁以上老人约占户籍总人数的13%，离退休老人约占5%。此外，还有不少外地老人在帮助子女带孩子。该社区老年人心理健康问题突出表现在家庭关系问题上。小王决定为社区范围内有需要的老年人开展一次专业化的社区服务。

任务一

享受空巢家庭

任务情境

李大叔，27岁和李大婶结婚，生育有四个子女，年轻时收入低，孩子多，日子过得很艰难。夫妻二人靠着省吃俭用和节假日偷偷在外打零工，好不容易把孩子们拉扯大。孩子们也十分争气，相继考上名牌大学，毕业后都找到了令人羡慕的工作，成家立业，其乐融融地过上了自己的小日子。对此，李大叔常常带着几分欣慰和自得的口气对身边人说，他和老伴是“小人物干了件大事情，为国家培养了四个优秀人才”。可就在最小的孩子结婚离开家的第二年，李大叔的精神状态一天比一天糟糕，深居简出，不愿与人交往。面对空荡荡的家，他觉得自己很可怜，也很孤独，甚至有一种恐惧感。“我们老了，不能动的时候怎么办呢?”这种忧虑时常会让他在梦里惊醒，每每此时，他老泪纵横，伤心不已。

任务描述

1. 确定李大叔的心理问题。
2. 与李大叔一起制定服务目标。
3. 对李大叔实施心理关爱。

相关知识

一、术语理解

（一）老年空巢家庭

老年空巢家庭指无子女共同生活，只剩下老人独自生活的家庭。包括单身老年人的家庭和夫妇两人的家庭。进一步可分为绝对空巢组和相对空巢组，前者主要包括子女全在国外或外地、或无子女的老人；后者指子女与父母在同一个城市但不一起吃住。通常，子女与父母分开六个月以上，则可判定为空巢家庭。

（二）老年空巢综合征

老年空巢综合征是指老年父母在子女成家立业独立生活后，由于适应不良产生的一系列身心症状。其主要表现有：

（1）躯体症状：失眠、早醒、睡眠质量差、头晕头疼、食欲缺乏、心慌气短、消化不良、心律失常，以及高血压、冠心病、消化性溃疡等。

（2）情绪表现：孤独、无助、缺乏激情。

（3）行为表现：自我封闭，不愿意与他人交往，生活态度悲观低沉，怀疑生存的价值和意义。

（4）性格变化：孤僻、自闭，内分泌紊乱，免疫力下降，严重时可引发老年痴呆。

二、要点提示

老年空巢家庭并非“问题”家庭

“空巢综合征”观点的产生，源于法国一本叫《环境与性格》的书籍。作者维克多·布拉斯认为，当今住宅建筑呈现出“封闭性、单元式、单门独户”的特点，虽然能够给住户带来宁静、舒适感，也容易避免邻里间的纠纷和干扰，但是，长期生活在这种环境里的人，在人际关系中极易形成一种病态的离群索居、薄情寡义的行为，同时还会产生自我封闭、脾气乖僻、性格偏执、心胸狭窄等心理问题，也容易加速精神衰老，诱发老年痴呆、老年性抑郁症和其他老年性精神、心理疾病。

一个家庭的生命周期大致需要经历五个阶段：诞生、新婚、生育、空巢和解体。传统观念认为空巢状态必定会对老人的心理健康产生不利影响。近年来，一些学者的调查却得到了完全相反的结果。尽管在空巢阶段父母与子女不再以经营代际关系为重点，但并不会削弱家庭功能；相反，父母与子女间相互支持与联系更加紧密频繁。研究者通过对芬兰、德国、日本、英国、以色列、西班牙等多个国家的跨文化比较后发现，没有孩子不一定会在晚年出现社交孤立，在这些发达国家，有相当一部分空巢老人正因为孩子不在身边，反而能充分享受自由，用更多的时间去享受生活、结识朋友、休闲娱乐等。因此，空巢老人的心理健康状况并不能一概而论，不同文化背景会存在差异。

20世纪末，“空巢”现象发生了一些微妙的变化。许多子女成年后并不急于离开父母去营建自己的温暖安乐窝，而是像小时候一样与父母同吃同住，不必为操持家务和生计而犯愁拼搏。这一“杜鹃效应”或“啃老”现象的兴起引发了一系列代际矛盾，一些老年人发出“渴望空巢”的呼唤。

在此背景下，有学者研究认为，在不同的文化背景下，老年空巢家庭对老年人的身心发展具有两面性：消极方面是老人常常会觉得被子女抛弃或被孤立，由此而变得悲伤、焦虑、抑郁、失去信心、自我否定或低自尊等；积极方面则是老年夫妻一起积极应对，和谐相处，用其他方面来弥补孩子的缺失，经过一段时间的角色适应后，开始了属于自己的新生活。因此，综合考虑，空巢家庭绝对不等同于问题家庭，空巢老人也绝对不是问题老人。随着社会的发展，一部分具有较高教育程度和经济收入的空巢老人，对子女的依赖性逐渐减小，独立生活的能力和质量也好于其他老人。因此，空巢老人也并非是绝对的弱势群体。

三、方法技巧

第一，帮助老人认识到自己产生“空巢”情绪的原因：在中国的传统家庭中，孩子是家庭三角关系的唯一支点，父母从儿女年幼的时候就开始习惯了这种“关注子女”的家庭关系，到了老年已成为根深蒂固的习惯，一旦子女离开，就容易引发父母对子女的特殊依恋心理。

第二，建议两位老人互相协助，将家庭关系的重心由亲子关系向夫妻关系转移，并降低对子女的回报期望水平。

第三，鼓励老年人为自己找点事做，帮助老人确立属于自己的生活目标。

第四，和父母住同一城镇的子女，与父母住房距离不要太远。日本人提倡“一碗汤”距离，即子女与老人的居住距离以送过去一碗汤而汤不会凉为标准，目的是鼓励子女与老人分而不离，分开住，但不隔离。就子女而言，对长辈的关爱不容忽视，无论身处何方，尽量抽时间与父母多交流，争取常回家看看。

第五，设立专业的老年人心理咨询场所和服务热线，普及老年人心理知识，改变老年人孤立生活的环境。

第六，引导老年人积极看待空巢现象。把子女长大离巢看作自己抚养的成就，把独自生活当作自己锻炼社会适应能力的机会，利用空闲时间做自己感兴趣的事。

第七，建立各种形式的老年人群组织，注重开发老年人才，完善老年活动中心的硬件建设，为老年人的公共养老、健身、休闲娱乐提供必要的场所。

第八，加强宣传，营造全社会关心和帮助空巢老人的良好氛围。

同步训练

案例中的李大叔面临的是空巢综合征的问题，教师指导学生完成心理慰藉方案。

任务二

应对老年家庭暴力

任务情境

【案例 1】关奶奶生在农村，没有文化。21 岁时凭着“媒妁之言”嫁给了木匠关老汉。关老汉做得一手好木工活，十里八村有点小名气。出嫁那天，关奶奶觉得脸上很有光彩。后来，有人介绍关老汉进了城里的木器厂，关奶奶也就随之进了城。关老汉不抽烟，不喝酒，不赌钱，就是脾气大。火暴脾气说来就来，一句话不对便大发雷霆，冲着关奶奶拳打脚踢，直至气消了才住手，关奶奶的身上经常青一块紫一块的。关奶奶曾想过离婚，但念及三个孩子，以及自己“不识字，没本事”，只能把眼泪往肚里咽。一晃几十年过去，关老汉虽然年老体衰，但脾气并没有丝毫减退，特别是孩子们相继成家独自生活之后，关老汉打骂关奶奶更成了家常便饭。在关老汉看来，丈夫打老婆天经地义，他的祖辈没有不打老婆的。其实不然，他的行动实为家庭暴力，是对女性尊严的侵犯。

【案例 2】韩大妈，63 岁，最近要和老伴离婚。据她描述，老伴在机关单位工作了 30 多年，退休前已经是局级干部，而自己一直只是个普通工人。几十年来，老伴每天都说工作忙，工作累，回家基本上不同妻子讲话，对妻子的身体状况也从来不过问。现在退休了，每天早出晚归，在社区活动室下棋、和朋友外出钓鱼，不到饭点绝对不回家。

任务描述

1. 确定家庭暴力类型；
2. 制定心理慰藉方案。

相关知识

一、术语理解

（一）家庭暴力

我国《最高人民法院关于适用〈中华人民共和国婚姻法〉若干问题的解释（一）》（以下简称《解释（一）》）第一条明确对家庭暴力做出界定。《解释（一）》指出：家庭暴力是指行为人以殴打、捆绑、残害、强行限制人身自由或者其他手段，给其家庭成员的身体、精神等方面造成一定伤害后果的行为。

（二）老年家庭暴力类型

老年家庭暴力大致有两种类型：第一种类型是显性暴力，即看得见的暴力，如殴打、谩骂、虐待、讥讽、恐吓、凌辱人格、赶出家门、不给饭吃等，施暴程度强烈，伤害直接；第二种类型是隐性暴力，如冷漠、歧视、疏离等，施暴过程时间长，施暴程度低，不容易被发现。

家庭暴力有反复发作的特性。受害者通常满怀希望，认为施暴者会改变，但是绝大多数情况下，家庭暴力不断重复。曾受到严重家庭暴力的人，身心承受重大压力和创伤，若不妥善处理，常会形成身心方面的疾病，不容轻视。

（三）冷暴力

中国法学会对全国家庭暴力现状的一项社会调查显示：在发生矛盾的家庭中，有 88%会出现夫妻双方互不理睬的现象，即“冷暴力”。这种现象常常出现在知识分子、干部和高收入家庭。由于当事人对情感要求比较细腻，但是却不擅长和他人表达内心的需求及情绪，当他们感觉自己的需求得不到另一半的满足或是无法与对方沟通交流时，便采取冷落、漠视、不闻不问的方式对待另一半。

二、要点提示

家庭暴力的心理学视角分析

（一）攻击本能

弗洛伊德认为个体的本能来源于身体的状态与需求；本能的目的就是消除身体的欠缺或者重建内在平衡。人的本能又分为生的本能和死亡本能。据其理论，攻击是指向外部对象而非指向自身的一种自我毁灭的需要，属于死亡本能。弗洛伊德认为，正是因为人的攻击本能，使部分群体产生严重的暴力倾向，继而外显出来，对自己周围的人或者家庭成员实施暴力行为。

（二）个人病理模式论

对于具有暴力倾向的个体，人们的第一反应会认为“这人脑子有病”。个人病理模式论认为，施暴者和受暴者可能具有的精神疾病或性格缺陷，会引发家庭暴力行为的频繁发生，常见的表现有缺少自尊、不成熟、精神分裂症等。

（三）心理理论模式

心理理论不关注精神疾病，侧重分析施暴者和受害者在心理上的倾向性。施暴者往往被描述为充满嫉妒心、过度依赖和强烈占有欲，通常具有缺少自我控制和自尊的心理模式，而受害者则被形容为精神压抑、过度依赖和强烈的不安全感。

此外，对于老年夫妻来讲，家庭冷暴力可能是由于长期缺乏沟通造成的。婚前双方没有充分了解对方就走到了一起，这可能是问题的根源。许多夫妻之前工作繁忙或两地分居，自身调节压力的能力非常差，回家后将外界压力转移到家里，又疏于日常沟通和情感交流，出了问题也是听之任之，夫妻感情越来越冷淡。夫妻中的一方可能会期待另一方在退休后能够有所改变，但多年的冷漠使得夫妻双方的沟通困难重重，越演越烈。一方想影响和支配另一方，也可能是家庭关系紧张而形成暴力的原因之一。

三、方法技巧①

（一）受害者方面

1. 安抚情绪

一般来说，受暴力者的情绪表现为非常低落、无助、恐惧，甚至绝望。应对受害者及时关注，运用同理、倾听、表达专注等专业技巧，通过肯定、激励、挑战等方式，结合理性情绪治疗模式，对其进行心理辅导和治疗，减轻其自责，安抚其情绪，发展正向的自我概念。

在安抚情绪时，鼓励其说出心中痛楚，但是不“强迫要求”把家庭遭遇说出来。在建立信任的

① 欧竹青，席春玲：《对家庭暴力的心理学视角分析》，载《中华女子学院学报》，2003，15（6）：15～18页；彭慧，冯寿林，廖颖，付凤兰：《家庭暴力的社会工作干预策略》，载《老区建设》，2014（2）：33～35页。

基础上，在受虐待者愿意的前提下，鼓励其主动说出实情。注意要提供适合倾诉的场所，保证安静、舒适、不受打扰。

2. 提供心理健康教育

受虐待者的自我概念较低，应该提供帮助其认识自我、了解自我的课程，帮助其重新肯定自己、重建信心和安全感，提供的课程包括认知重建，自我肯定训练，纾解紧张、压力等。

提供相关政策及资源，鼓励当事人拿起法律武器和争取社会资源来保护自己的权益。鼓励老年人勇敢自卫，不要有“家丑不可外扬”的顾虑。

增强受虐待者面对暴力的决心，让其明白面对暴力默默忍受不是最佳决策，反而会促进施虐者的暴力行为产生。

教导受虐待者学会正确反抗暴力和自我保护的技巧及应变措施；寻求解决暴力行为的可行方法。

3. 提供心理咨询及辅导

针对受虐者承受的压力和创伤，可提供专业的心理咨询及辅导，如系统脱敏训练、放松训练、休闲治疗、音乐治疗等。

帮助受虐待者认清暴力产生的原因。有学者认为，夫妻之间因沟通不良引起争吵往往是暴力行为产生的原因之一。据此，对受虐待者提供包括倾听、口语及非口语的肢体语言、同理心测试、言语沟通技巧等教育课程。

改善不良认知图式。对于大多数受暴者来说，只要暴力还可以承受，就不会轻易选择离婚。要引导其树立正确的观念，建立积极正确的认知。建议当事人站在冷静、客观的角度，思考自己对未来的生活目标和内心真实的想法：是给婚姻一个机会？还是希望从这种冷暴力中解脱？或是暂时分开，让双方有充分的时间思考？总之，主动选择至少给了自己重新追求幸福的机会。

4. 帮助受虐待者寻求社会支持系统的支持

让受虐待者了解可以求助的机构和组织，懂得自我防卫及保护。由于受虐待者常常有封闭性的心态，较为畏缩、害怕、没有自信，在人际关系上受到阻碍和影响，因此可为其提供扩展人际关系的教育。同时鼓励受虐待者参加由同一特殊群体所组成的团体，团体的带领会有治疗的作用，也可增进受害者心理的重整和重建，经验式的分享常常会形成当事者的观点转换，对受创伤者有较大的帮助。

（二）施暴者方面

对于大多数施暴者来说，实施暴力行为的目的并不是赶走受暴者、解除婚姻关系，而是控制受暴妇女，满足自己的心理需求。从某种程度上说，他们更需要心理援助。施暴者需要面对真实的自我，清晰地认识暴力行为的违法性。当矫治没有希望的时候，则应该由政府出面对施暴者进行强制心理干预。

在美国和我国台湾地区，一旦发生家庭暴力并经过法院判决确认后，施暴者将被迫定期接受“团体心理辅导”，通过团体成员之间互相交流和观察等方法来实现施暴者的悔过和进步。这是因为在团体的情境中，更有助于社会学习和社会比较，以强化正确的行为。

多数施暴者需要诉诸专业的心理治疗，在心理医生的帮助下探索内心矛盾冲突的本质和根源，获得人格上的进步，进而化解矛盾。

引导施暴者认识其不合理的行为，同时协助其习得正确应对问题的方法，如学习抗拒性别不平等的错误观念与行为，寻找处理情绪压力和缓和冲突的良方。

（三）家庭方面

心理工作者在提供个案辅导的同时，应重视其家庭成员的互动。可运用维护、追查、模拟、重构、重演、平衡与打破平衡、制定任务等治疗策略和技巧，介入家庭，协助家庭认识问题的根源，发现家庭中存在的问题，如不良的互动方式等，推动家庭结构和家庭功能的改善和重构。

针对隐性暴力家庭，对夫妻双方开展心理辅导的效果要优于对任何一人的辅导工作。

首先，要请双方秉着坦诚的态度，把可能导致冷暴力的问题一一列出，从生活琐事到对方的性格，探究诱发冷暴力的原因。如果其中一方情绪比较激动，先帮助其调节情绪。如果需要，可以寻找朋友或家人的帮助，尽量客观地分析问题；也可以建议一方主动地多给对方一些关爱和关心来化解夫妻关系的坚冰，主要目的是构建一个开放性的沟通氛围，便于双方了解彼此的想法和感受。

其次，请夫妻双方坦诚沟通。一方可主动提出谈话，先剖析自己的问题，再说家庭和对方的问题，让对方体会到诚意。如果对方不愿谈，也可以采取写信的方式，将自己的想法以最真诚的语言表达出来。

最后，心理工作者可单独约谈“冷暴力”的执行者，探究其内心对对方的真实看法，如是否过于在意了双方的不同或对方的缺点，忽视了对方的优点，以及两人在生活中已达成的默契和谐。

同步训练

教师指导学生根据案例中老人遇到的暴力类型，制定不同的心理慰藉方案。

任务三

减少隔代养育困扰

任务情境

【案例 1】赵大妈隔壁住着一对年轻夫妻。妻子年底生了孩子，丈夫将在农村居住的妈妈接来照顾母子俩。平时做完家务，奶奶就喜欢将孙子抱在怀里，甚是疼爱。妈妈起初觉得奶奶爱孙心切，尚能理解。但时间长了，孩子似乎只喜欢被奶奶抱着，妈妈一抱就哭个不停。四个月产假到期，妈妈要去上班，于是将给孩子喂奶、做辅食、洗澡等事项都交给奶奶做。尽管妈妈列了详细的“带宝宝清单”，可奶奶总觉得没有必要“照本宣科”。看到宝宝该加的辅食没有加上，脏脏的小手就伸到嘴里，穿的衣服也不合适，妈妈的抱怨就越来越多。奶奶则不以为然，说：“你丈夫都是我带大的，难道我还不会带孙子吗？”随着孩子慢慢长大，妈妈发现，奶奶什么事情都依着孩子的意愿，只要孩子高兴，奶奶做什么都行。看着奶奶对孙子百依百顺的样子，小两口都不能再忍受了，“这样下去岂不是宠坏了孩子？”为了孩子，夫妻二人做了果断的决定：宁可雇保姆，也不能再让老人带孩子了。

未等到孩子过第一个生日，奶奶就带着满腹辛酸和委屈，含着眼泪坐上了回家的火车。

【案例 2】朱爷爷的儿子非常有出息，就读于名牌大学，毕业后又找了一份让邻居们羡慕的工作。在城里娶了老婆，买了大房子，还给朱爷爷生了个胖孙子，老两口不知道有多高兴。可这份高兴却时常是笑在脸上，苦在心里。其原因说到底就是祖孙三代之间没有共同语言，说不到一起。经常朱爷爷说的话，儿子不爱听，孙子不搭理。儿子说朱爷爷是“老观念，跟不上时代”，孙子说朱爷爷“什么都不懂，像个古代人”。在儿子和孙子的眼里，朱爷爷是这也不对，那也不对，父子两人也经常因为话不投机闹矛盾。在孙子看来，父亲和爷爷相差无几，也是不懂时尚、落后潮流的传统人。这一家人只要碰到一起，说不上几句话就争吵，日复一日，年复一年。朱爷爷为此苦恼极了。

任务描述

1. 确定赵大妈和朱爷爷面临的问题；
2. 制定心理慰藉方案。

相关知识

一、术语理解

（一）隔代养育

由祖辈对孙辈的抚养和教育称为隔代养育。一些年轻家长或者因为自己的工作繁忙，或者因为离婚而把孩子的教育、生活等责任全部推给了爷爷、奶奶、外公、外婆，使得祖父母们成为全面照顾第三代的“现代父母”。

（二）代沟

代沟是指两代人之间因身体因素、环境因素造成的思维方式、行为方式等方面的差异。

（三）代际冲突

由代沟导致的两代人在处理问题的方式方法上产生的分歧和矛盾叫代际冲突。

二、要点提示

隔代养育利弊的心理学分析

发展心理学认为，在人的生命历程中，由家庭环境及家庭成员给孩子带来的早期经验对其身心发展起着关键作用。

（一）隔代教育的有利方面

1. 隔代教育让年轻父母后顾无忧

祖辈对孙辈的爱是任何育儿机构或者保姆都无法替代的，他们可以为宝宝提供最好的心理支持，给宝宝带来足够的安全感，他们的加入使得年轻父母从养育幼儿的辛苦、烦躁、焦虑中解放出来，全身心地投入自己的工作与学习中。

2. 隔代教育有利于老年人身心健康

心理学家埃里克森认为，人生 65 岁以后发展的基本任务是自我整合对绝望。在这一阶段祖父母含饴弄孙的“孙子疗法”不仅给老年人增添了生活的乐趣，加强了身体的运动，而且也促进了身心健康的良性循环，使他们重新体会到自己的价值，实现更完善的自我整合。此外，孩子就像纽带一样，加强了老人与子女间的交往与沟通，增进了老人和子女之间的感情。

3. 祖辈的一些个性特点有利于孩子形成某些良好品质

祖辈在“隔代教育”中的优势已经得到儿童心理研究专家的认可。和父母相比，爷爷奶奶有更充足的时间与耐心同孩子沟通，情绪更加安详平和，能够更专注地倾听。美国心理学家玛莉·派佛在访谈许多祖孙后发现：祖辈若能够持续关注孙辈，就能给其以安全感和归属感，双方更能温馨接纳、无话不谈；在道德观及处世智慧上，祖父母的价值观及传统习俗总会与现代社会有所差异，三代家庭的儿童更容易形成容纳差异的品质，社会能力更成熟。

（二）隔代养育的弊端

1. 破坏儿童早期依恋感，后天可能有情绪障碍

有研究表明，过早离开父母而未建立正常依恋的幼儿，缺乏主动冒险意识。早期主要依恋的破坏会导致儿童感情上的危险，在以后的生活中以突然的抑郁或焦虑形式表现出来。

2. 过分溺爱孩子，社会适应能力不能健康发展

祖辈在年轻的时候，因为生活和工作条件的限制，对子女可能没有很好地照顾，他们很容易产生一种补偿心理，把对子女的爱以及对孙辈的爱全部集中到孙辈的身上，对宝宝疼爱有加，过分关注，以至于事事代劳，处处迁就宝宝，极易造成孩子任性、懒惰、以自我为中心、缺乏团结协作精神等不良人格，或专横跋扈、胆大妄为，或性格孤僻、胆小退缩。一旦走向社会，就因独立生活能力缺乏及承受能力差而难以适应。

3. 引发家庭矛盾，导致亲子隔阂

亲子隔阂包括两个层面的含义：一个是祖辈与父辈的隔阂，另一个是父辈与子辈的隔阂。一些老人带孩子往往溺爱无度，孩子习惯了接受老人的袒护与迁就，养成一些不好的行为习惯。父母可能会急于去扭转孩子的问题行为，导致父母和孩子之间极易出现对立情绪。这种对立情绪会让宝宝更加疏远父母，退缩到祖辈的身边。于是祖辈和父辈之间就很容易因为孩子的教育问题引发或激化家庭矛盾。

4. 坚持“陈旧”观念，不能满足孩子的某些现代需要，形成代沟

许多祖辈教育理念比较落后，对儿童心理发展的特点缺乏正确的认识，可能限制孩子的各种探索活动，或提一些与年龄不相适应的要求，导致孩子缺乏开创精神。此外，在信息化和数字化时代，孩子的成长过程中充满了各种新鲜事物。祖辈对新知识的接收和高科技能力的发挥等方面较慢，甚至拒绝接受。隔代之间由于缺乏共同语言难以沟通而产生代沟现象。

5. 一定程度上会影响男孩子性别角色的定型

有调查发现，隔代抚养孙辈的女性老人在城乡分别高达 71.95%和 73.45%，男性祖辈的角色弱化使儿童教育处于女性文化状态之中。心理学家认为，因为得不到同性的教育而影响“男子气”的发展，男孩子有依赖性强等女孩子的特征，在一定程度上影响了男孩子的角色定型。

三、方法技巧

（一）对隔代养育困扰的问题

（1）克服过来人的优势心理。作为爷爷奶奶或者姥姥姥爷，需要充分认识到祖辈在“隔代教养”中既有优势性，也有局限性。优势性是老人是抚养孩子的过来人，局限性则是老人的教育程度较低、知识面狭窄、思维观念守旧以及交往活动范围小等。老人要承担起孙辈的教养，首先需要克服自己“过来人”的优势心理，坦然面对自己可能存在的问题。

（2）积极学习新理念，缩短两代人育儿理念的差距。祖辈在养育宝宝时需要克服自己“重养轻教”“重智轻德”“重满足轻管束”的倾向，用理智控制感情，分清爱和溺爱的界限。

（3）要充分重视与年轻父母的沟通，接纳子女的各种意见和建议。当发觉子女的观点可能不正确时，及时提出自己的想法。

（4）具有不卑不亢的心态。在城市的隔代教养中，往往是老年人到子女家照顾孙辈，这会让一些老人觉得自己“没有地位”，尤其是来自农村的老年人感受更深。在这种心态下，即使他们发觉年轻父母教养孩子的方式不合适，也不敢说出来。

总之，建议老年人与子女之间构建平等的对话模式。年轻父母不要“无视”老年人的建议，老人也要积极接纳新观念。

（二）对代沟困扰的问题

（1）接纳。换个角度看代沟，代沟并不完全是一件坏事，它从另一方面说明了社会的发展、时代的进步以及子女的独立。

（2）并存。倡导老年人学会向儿女学习。并非是说老年人要以年轻一代的文化指导自己的行为，而是说双方能够以一种更为包容和开放的心态去对待彼此的文化，从承认、了解到产生兴趣，就会发现一切并非想象中那么难以接受。

（3）融合。鼓励老年人走进老年教育的课堂，学习新观念，了解新鲜事物的发生发展，减小与年轻人之间的知识隔阂。同样，年轻人也可以从老年人身上学到经验。

（4）沟通。教会老年人与子女互动交流的技巧，学会相互理解和包容、相互融合对方的文化。如今的老年人可尝试换位思考，自己年轻时必定也经历过不被父母所理解的情况，以作为子女的心情来理解现在的子女，可能就会减少一些自己的固执，也减少了心理冲突。

（5）搁置。对于原则性问题，双方看法不一，也不要针尖对麦芒，争得面红耳赤，伤了和气。可以暂时将问题搁置，静观发展，等日后有机会再解决。

同步训练

案例1中的奶奶面临的问题是隔代教育问题，案例2中的爷爷面临的问题则是与孙辈的代沟问题，教师指导学生完成对应的心理慰藉方案。

任务四

应对子女啃老

任务情境

小林今年25岁，大专毕业3年，因为一直没有找到合适的工作，至今仍然闲在家里。刚毕业的时候，小林有一份工作，工作不久，他觉得压力太大，又感觉“老板不尊重人”，就辞职了。听儿子说工作很累，小林的母亲很心疼，就让儿子在家休息一下，委托亲戚朋友帮忙找份清闲的工作。

小林的父母都是高校退休老师，老来得子令他们对孩子百般呵护。只要是儿子想要的，父母长辈都会想方设法实现，有时即便是无理的要求，父母长辈也是“有求必应”。上大学时，父母总怕小林在外面受苦，常常给小林寄钱，父母自己却省吃俭用。没想到，他毕业3年了，至今还在家里吃闲饭，每天睡到自然醒，然后上上网，或者找朋友喝茶、游玩，所有一切花销都是父母在买单。去年，小林交了一个女朋友，父母以为有女朋友管着，或许儿子愿意出去工作。没想到，小林的女朋友也是啃老族，刚从技校毕业，也没有找到工作，靠父母供养。小林恋爱后，花钱更是大手大脚。

闲在家里的小林开始还有些愧疚，但日子久了，反而越来越享受这种生活。在他看来，他出去工作一个月辛辛苦苦才赚一两千元，这个钱对父母来说完全不成问题。父母就他一个儿子，家里将来所有的一切就是他的，“家里又不缺钱，为什么要辛辛苦苦去工作呢?”父母忧心忡忡，现在俩人还有能力养活儿子，将来病了、老了，儿子该怎么在这个世界上生存?

任务描述

1. 确定小林父母面临的问题；
2. 制定心理慰藉方案。

相关知识

一、术语理解

（一）啃老

啃老是指已成年、具有社会生存能力的年轻人，还依靠父母或亲戚养活自己，在不“断奶”的状态下生存。

（二）亲子一体化心理

中国人注重关系，尤其是家庭成员之间的关系，认为“与自己关系最亲密的当属自己的家庭，尤其是自己的父母；而对父母而言，与自己关系最近的也是自己的子女”。这是一种亲子一体化的心理，即父母和孩子是不可分割的整体，彼此相互拥有、相互依赖。这里主要指孩子在精神和经济上对父母的依赖。亲子一体化的心理模糊了父母与孩子之间的责任与义务，从而使孩子不管是在思想上，还是在情绪、行为上，都有了依赖性，不能真正在社会上独立起来。

二、要点提示

啃老现象的心理分析

“啃老”一词最早使用于英国，之后渐渐地使用在其他国家。它原本是指一些不升学、不就业、不进修或参加就业辅导的年轻人，终日无所事事，经济上完全依赖父母的现象。还有一些情况是子女虽然没有完全靠父母供养，却不时对父母“啃钱”“啃物”和“啃力”。

中国城市青壮年“啃老”的产生原因，可以归为个体社会化的失败。社会化就是指个体在与社会的互动过程中，逐渐养成独特的个性和人格，从生物人转变为社会人，并通过社会文化的内化和角色知识的学习，逐渐适应社会生活的过程。在这个过程中，社会文化得以积累和延续，社会结构得以维持和发展，人的个性得以健全和完善。一个成熟的社会人，不会寄希望于外在的施舍或给予，而是要不断发掘自己的内在潜能，发挥自己的主观能动性，尽最大努力独立解决生活中的各种问题。

自身具有劳动能力的“啃老族”们，由于从小受到家庭的百般呵护，他们对于社会责任和自身所需要扮演的社会角色规范习得并不充分。其在心理上不成熟，在精神上始终没有“断奶”，没有形成独立而完整的个性和人格。

三、方法技巧

首先，老年父母要明白子女“啃老”现象的形成原因。从根本上说，“啃老”并非源于失业，而在于我们特有的家庭亲子观——亲子一体化心理。孩子从小习惯了父母照顾自己的一切，形成“父母的一切将来都是自己的”“父母挣得钱就应该来由自己花”等心理。长大后遇到工作生活中的任何挫折，都缺乏承担责任的勇气，首先想到的就是逃避。

其次，父母断乳。老年父母要对子女的强行啃老学会说“不”。父母不要把晚年寄托在子女身上，安排好自己的晚年生活，做好独立养老的心理和物质准备。父母有了自己独立的生活，才会促进子女的独立和自立。

再次，老年父母需要帮助孩子完成“再社会化”的心理成长过程。帮助子女重新树立行为规范，让孩子意识到自己是家庭成员和社会成员的统一。他们既要履行孝敬父母的责任，又要承担起应有的社会义务。老年父母可以积极挖掘孩子的职业兴趣，引导其走上工作岗位。

最后，老年父母将子女简单粗暴地从家中撵走的方式并非良策。这可能会造成孩子逆反心理和攻击性增强，严重者可能会走上犯罪道路，应该循序渐进。对于意识到自己“啃老”这一行为具有偏差但又迫不得已的子女，老年父母可以耐心教导，给他们一些缓冲的空间，逐步减少对子女的供养；对于未认识到这一点且毫无改变之意的子女，父母可以首先从经济上进行控制和限制，让他们接受相关的观念教导和技能培训，有必要的话可以通过法律手段，督促子女融入社会，破解“啃老”难题。

同步训练

案例中小林父母面临的是子女啃老的问题，教师指导学生完成心理慰藉方案。

任务五

预防亲子情感依赖

任务情境

李阿姨，今年75岁。32岁时因情感纠纷与丈夫离异，独自带着女儿生活。离异之后，心里总是空落落的，把全部的爱都集中到了女儿身上。只要有可能，就和女儿粘在一起，形影不离。女儿上小学，天天接送，风雨无阻；女儿上中学，她还是经常找理由去接女儿。一次女儿因集体活动回家晚了些，她竟然急得哭了。女儿23岁那年，告诉她自己交了男友，她听后，竟然大发雷霆，不假思索就表示反对。母女为此事争吵了一年多时间，直到女儿与男友分手才休战。此后这类事情重复发生了3次。10年后的一天，33岁的女儿突然向她宣布，她已经和一个外国人办理了结婚手续，明天就要随夫君远去异国他乡，李阿姨一下子崩溃了。女儿有了孩子之后，李阿姨每年都要去探亲，但是去的次数越多，她发现洋女婿身上的毛病也越多，最后她坚定地认为洋女婿是个骗子，要求女儿和他离婚，并宣布如果女儿不从，就断绝母女关系。女儿忍无可忍，不再同意母亲探亲，和母亲联系的次数也越来越少。居委会主任建议李阿姨看看心理医生。进行心理咨询时，泪流满面的李阿姨再三问道：“我有什么不对吗？”

任务描述

1. 确定李阿姨面临的问题；
2. 制定心理慰藉方案。

相关知识

一、术语理解

亲子情感依赖症是一种心理障碍，指父母对儿女有着超出寻常的心理依恋，过度地渴求从儿女那里获得自身情感的满足，把儿女视作自己的情感靠山，时时刻刻得到儿女的温情，为此甚至可以放弃自己的需要、自己的兴趣、自己的个性，甚至自己的工作和生活。

二、要点提示

亲子情感依赖的心理表现

第一，情感上过度依赖儿女，认为子女是自己快乐和满足的唯一源泉。

第二，缺少自己的生活内容，觉得儿女是自己的生命价值和生活意义所在，找不到儿女之外的快乐。

第三，缺少自主性和内在的力量感，无论大事小事都要儿女为自己出主意、做决断，心理上自我怀疑，行为上自我退缩。

第四，心理脆弱。如果儿女一天没来电话，回来得晚，都会引起情感上的过度反应，如紧张、焦虑、担心、害怕、惶恐不安，有时还会假想出各种各样的灾难性情境，自我强化紧张感和恐惧感。

第五，自我压抑。与儿女发生矛盾或冲突后，会克制自己的情绪，把不愉快、不高兴、不喜欢、不愿意等情绪放在心里，不表达出来，长期压抑导致人格改变。

三、方法技巧

父母对子女的情感依赖特别容易出现在孩子初次离家求学或工作的家庭，尤其是独生子女家庭。这些家庭中的老年父母，普遍表现为失落、轻微的强迫症、交往方面的障碍以及对孩子的过度依赖感。需要明确的是，这种情感依赖很正常，只要注意调节自己的情绪，不影响生活质量即可。但是如果对子女的关注程度越来越高，甚至对子女的任何事情都要发表自己的意见或评论，一旦子女表示任何反对意见就会情绪激动无法控制，对未来有莫名的恐惧担忧，甚至会出现“亲子情感依赖症”。

针对此类现象，可采取以下心理服务措施：

第一，引导老年人认清亲子情感依赖的危害。这种依赖会剥夺子女独立发展自我、完善我的机会，导致其与同龄人相比显得幼稚不成熟，遇到困难只会寻求父母的支持和帮助。

第二，帮助老年人提高对症状实质的认识。要认清对孩子的依赖实质上是自己内心空虚的反应，而通过对孩子的情感依赖试图解决自己内心的空虚，是无济于事的。

第三，引导老年人学会和家庭之外的人建立友善的人际关系。

第四，启发老年人体验自己身边的幸福，夫妻之间、亲友之间要加强情感沟通，而不是仅仅从儿女身上找幸福。

第五，当子女初次离开父母时，父母可将自己的情感表露出来，把自己在生活中的事情和孩子交流。同时，扩大交际面，将精神寄托在其他事物上，学会转移注意力。

同步训练

案例中李阿姨面临的是亲子情感依赖的问题，教师指导学生完成心理慰藉方案。

任务六

优化婆媳关系

任务情境

杜大妈早上和儿媳妇拌了嘴，出门买菜时还带着一脸的愤怒。碰到邻居张老太，她不由自主地发起牢骚：儿媳妇在家不做家务，大部分都是儿子做。儿子工作一天，进门冷锅冷灶，还得自己做饭。杜大妈很是心疼，觉得做家务是女人理所应当的，儿媳妇啥也不干，太不像话了，所以她就给儿媳上“思想政治课”，说自己年轻时如何料理家务、如何照顾丈夫。儿媳刚开始还耐心听着，渐渐就不高兴起来。儿媳周末喜欢睡懒觉，一般到中午才起床。杜大妈看不惯，规定他们要早睡早起，甚至跑去敲卧室的门，让他们早点起床。杜大妈总是教育儿媳要这样那样，当着儿子儿媳的面说，背后和儿子也说。儿媳不高兴了，和杜大妈拌了几句嘴。杜大妈更生气了，觉得儿媳“容不下她”。

任务描述

1. 确定杜大妈面临的问题；
2. 制定心理慰藉方案。

相关知识

一、术语理解

心理换位是人与人之间在心理上互换位置，在人际交往中对所遇到的问题，能设身处地地从对方所处的位置、角色、情境去思考、理解和处理，深刻觉察他人潜在的行为动因，不单纯用自己的心态看问题、对待他人的一种心理活动过程。

二、要点提示

婆媳关系的心理学分析

在家庭关系中，最为敏感的就是婆媳关系。婆媳关系往往是整个家庭关系的焦点，婆媳关系的好坏直接影响到家庭关系是否和睦。

从心理学的角度，就婆媳之间的相互关系分析婆媳矛盾的产生，存在如下心理原因：

（一）婆媳双方的个性及行为习惯存在时代差异性

首先，婆媳原来生活在各自家庭中，具有不同的个性心理，在思想观念、脾气性情、生活习惯和饮食嗜好等方面会有很多的不一致。生活在一起后，要改变自己来适应对方，这是不容易做到的。

其次，新老两代人，生在不同的年代，成长于不同的环境，接受教育的水平也不同，在价值观、人生观方面都有巨大的差异，观念的差异又导致了两代人不同的行为习惯。老人已经形成了比较稳定的价值观，习惯于自己的行为规范、生活模式和思维方式。与年轻人的行为模式有所冲突时，潜意识会认为自己的“模式”才是正确的。

最后，在家庭代际关系中，婆媳关系是唯一不属于亲子关系的人际关系，因而在人际心理方面一旦发生矛盾，不像亲子关系那样能较快消失或毫不介意。婆婆和媳妇既不是婚姻关系也没有血缘关系，而是以“儿子”为中介而建立起来的一种家庭关系，她们之间没有夫妻间的亲密无间，也没有母女间的血浓于水，所以这两个女人之间的关系缺乏牢固紧密的联系，有问题是很常见的。

（二）当婆媳双方混淆了婆媳关系与母女关系时，会因为对方无法满足自己的预期而渐生不满

儿子和媳妇结婚后，婆婆就会本能的形成一种预期，就是“儿媳妇儿应该像女儿、儿子那样对待自己”。可是在媳妇儿心里，“母亲、娘家”多是无法替代的情感港湾，短时间内无法做到这一点。同时，媳妇儿改口称“婆婆”为“妈妈”，也会本能地将婆婆的行为与自己的母亲相比，形成一种预期。预期无法满足，也会有失落感。这些不满的情绪出现后，婆婆和媳妇又都会出现一种归因偏误，即认为婆媳关系永远不会变为母女关系，彼此都不懂得通过对方的母女关系来判读对方的情感和人品。

（三）父系制传统可引发婆媳矛盾

在中国传统文化里，一个妻子要在夫家家族里巩固个人地位，需要依靠替夫家绵延子嗣。儿子是女人最真实的情感寄托，也是最重要的生活依靠。母亲把儿子拉扯大，付出了大量的辛苦和无私的爱，期望儿子长大后能给予爱的回报。儿子娶了媳妇后，打破了母子之间已经稳定的关系，为母者从心理上极易产生失落感，这对婆媳关系成了致命伤。儿子结婚后对母亲稍有冷淡，都会被母亲归咎到儿媳妇身上。

三、方法技巧

（一）从婆婆角度化解

1. 适当降低期望水平

心理学认为决定情绪感受的因素主要是人原来对某事物所抱有的期望值，期望值越高，心理上的情绪冲突就越大。婆婆对儿媳妇期望值不要太高，这样可以少一些失望，多一些意想不到的欣慰。

2. 经常进行心理换位

实际上心理换位就是要克服以自我为中心。“自我中心”倾向使人不能清醒地认识客观事物，妨碍人们的理智，妨碍情感交流。从婆婆方面讲，就是用当年自己做儿媳妇时候的心情来理解和体谅自己儿媳的难处，彼此增进理解。儿媳妇从初为人妻到初为人母，生理和心理都经历了明显剧

变。由于很多事情都不懂，她们在心理上会有很多焦虑，情绪也很容易不稳定，所以她们特别需要甚至依赖丈夫的帮助，这看起来有可能是在频繁过度地“使唤”丈夫。或者是情绪不好不愿意说话，看起来是不和“婆婆主动打招呼或者不尊重人”，这需要婆婆及家人多多体谅和担待。

3. 防止感情混淆

注意防止在心理上把爱情与亲情混淆。儿子与媳妇之间的爱是异性之间的爱情，与儿子对母亲的敬爱、疼爱并非同一情感。这两种情感不能替代，也不是此消彼长的问题。所以，婆婆要尽量避免和儿媳妇“争夺”儿子。

4. 坦诚沟通

所谓坦诚沟通，就是不藏话、不过话，有话真诚地讲出来。不藏话就是有想说的不闷着，通常要藏的话都是表达不同意见的，都是有些负面情绪的。如果压抑，对方就不了解真实的我们。这会让关系疏远和隔膜，更大的危险是一直压抑到压抑不住的时候爆发，那会使情况更糟。

坦诚沟通的前提是不伤害他人。最基本的技巧就是用“我”开头来说，比如：“我觉得……”“我看到……”“我希望……”，而不是用“你”开头，比如“你怎么……”“你不要……”“你应该……”。后者会给对方带来压力，而前者既能表达自己的意见，又不至于让儿媳妇感到被指责、要求和评价。

（二）从儿媳妇角度化解

1. 尊重婆婆

所谓尊重，包括尊重婆婆的身份、劳动和付出。婆婆是丈夫的母亲，虽然没有把儿媳妇养大，但是却对丈夫有养育之恩。同时，尊重婆婆的意愿。自己可能不喜欢婆婆的某个想法或做法，但是婆婆的动机如果是好的，就应该被了解、尊重和感谢。

2. 包容

老年人的观念和经验与年轻人之间必然存在差异。斤斤计较不仅让自己不开心，也会影响整个家庭的氛围，甚至对孩子的身心健康产生影响。在原则问题上，年轻人可以坚持自己的意见，如果是非原则性的问题，年轻人需要懂得包容，比如一些生活细节、卫生习惯等问题就可以包容一下。特别是在育儿方面，多数时候是年轻人由于缺乏经验而引发焦虑，加剧了矛盾的严重化。

3. 学习表达

中国人多数时候含蓄内敛、疏于表达，儿媳妇内心的感谢和尊重如果不表达出来，婆婆很可能感受不到，她感受不到就会多思，认为儿媳妇内心没有。因此儿媳妇应学会表达感谢和认可，正确表达自己的期待。当看到老人的长处和善意时，及时表达感谢．比如“妈，有您在我心里特别踏实”“妈，您为我们这个家做了这么多，我心里特别感动”等。当内心有所期待时，可以说“妈，我特别需要您的理解”“妈，我特别希望您能把衣服分类洗，你愿意体谅我吗”。这样的话语能够让老人感到自己很被需要、很重要，婆婆变得善解人意，更乐意付出。

（三）婆媳关系平衡的核心是年轻夫妻的感情

夫妻关系是协调婆媳关系的核心要素。如果夫妻感情深厚，妻子会把丈夫的家当成自己的娘家，把丈夫的父母当作自己的父母；丈夫也是一样，把岳父岳母当成自己的父母，把妻子的娘家当成自己的家。另外，如果夫妻感情深厚，就会相互尊重对方对家人的价值认定，体验对方的父子情深或母子情深，站在对方的立场上考虑问题和处理事情。这两种思路尽管有些不同，却都可以较好地协调因婆媳关系引起的夫妻冲突。

同步训练

案例中杜大妈面临的是婆媳冲突问题，教师指导学生完成心理慰藉方案。

项目小结

空巢老人是指一对夫妻不与子女居住，独自生活的老年父母。根据子女与父母居住的距离可将空巢分为绝对空巢和相对空巢。老年父母由于子女离开而难以适应，可能表现为空巢综合征。但是空巢老人并非弱势群体。

老年人遭受家庭暴力后，要鼓励老人勇敢自卫，积极寻求社会支持和帮助。

老年父母要充分注重与年轻父母的沟通，避免和减少隔代教育困扰及代沟问题。

面对子女啃老，老年父母要帮助孩子完成“再社会化”的心理成长过程；同样，老年父母也要预防自己发生亲子情感依赖。

教学做一体化训练

重点概念

空巢老人、空巢综合征、家庭暴力、代沟、啃老、亲子情感依赖、心理换位

简答题

1. 如何为空巢老人提供心理慰藉？
2. 如何理解空巢家庭不是问题家庭？
3. 老年家庭暴力有哪些类型？
4. 如何对遭受家庭暴力的老年人提供心理慰藉？
5. 如何对面临隔代教育困扰的老年人提供心理慰藉？
6. 老年人应如何应对子女啃老？
7. 老年人应如何预防亲子情感依赖？
8. 从心理学的角度，如何调节婆媳冲突？

案例分析题

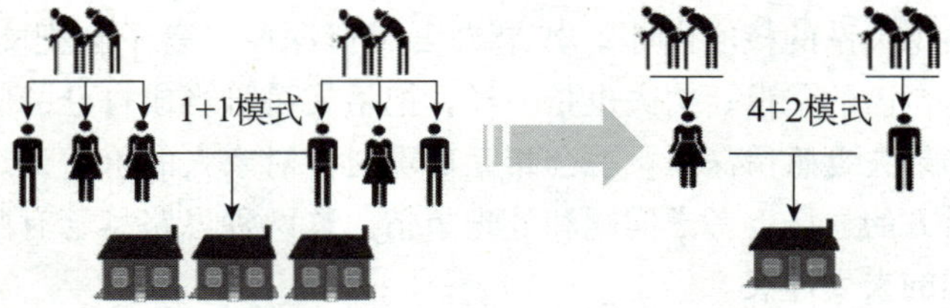

请根据上述示意图，分析老年空巢家庭形成的原因。

延伸阅读

老年人受虐类型

WHO 多伦多宣言中提出：老年人虐待是指在本应充满信任的任何关系中发生的一次或多次致使老年人受到伤害或处境困难的行为，或以不采取适当行动的方式致使老年人受到伤害或处境困难的行为。一般老年受虐包括两方面：一是由老年人的家庭成员或其他照顾者、亲近信赖的人对老年人实施虐待行为、故意造成严重伤害的行为或者故意或无意地导致严重伤害风险的行为；二是老年人的照顾者不能满足老人维持生存的基本需求或者难以保障老年人人身安全。

老年人受虐类型通常有以下几种：

（1）躯体虐待，是指由于故意伤害所导致的躯体疼痛或受伤的行为。这些行为可能是重复性的某一短期行为或长期行为，而长期行为包括施加造成痛苦或有害身体的不适当的限制或禁闭。躯体虐待的后果包括可表明受到虐待的有形标志和明显的心理表现，例如外出活动减少、困惑以及行为方式上的其他改变。

（2）精神虐待，指故意导致情感疼痛或心理伤害的行为，包括贬低老年人，伤害老年人，削弱老年人的个性、尊严和自我价值的言辞和交往。特点是：（a）缺乏对老年人的隐私和个人物品的尊重；（b）不考虑老年人的愿望；（c）剥夺老年人接触对其来说是至关重要的人的机会；（d）不能满足老年人在健康和社会方面的需要。表明受到精神虐待的标志包括恐惧、做决定的能力差、冷漠、不与人交往和忧郁症。

（3）经济剥夺，或物质虐待，包括对老年人的物资、钱财或财产进行侵占，比如盗窃现金、社会保障账户及其他个人物资或财产。包括：（a）非法使用或不适当地使用或侵吞老年人的财产；（b）强迫老年人更改遗嘱及其他法律文件；（c）剥夺老年人使用其控制个人资金的权利；（d）经济骗局及诈骗性计划。

（4）疏于照料，即指派的照顾者不能满足老年人的基本生活和心理需求。系指采取下列行动以满足老年人的需要：（a）不提供适当的食物，干净的衣服，安全、舒适的住所，良好的保健和个人卫生条件；（b）不准与外人交往；（c）不提供必要的辅助用品；（d）未能防止老人受到身体上的伤害，未能进行必要的监护。照料老人者可能由于缺乏信息、技能、兴趣或资源而未能提供基本用品。疏于照料的标志包括能够表明老人身心状况欠佳的各种外在症状，例如脸色苍白、嘴唇干裂、体重减轻、衣着邋遢、颤抖、缺少辅助用品、个人卫生差、不能自制、身上长疮、皮肤与口部溃疡和身体及精神状况恶化。有时，禁闭和不适当地大剂量用药也是疏于照料的表现形式。

（5）配偶虐待，包括终身伴侣关系或近期伴侣关系中的身心虐待和性虐待、经济剥削以及疏于照料的行为。

（6）药物虐待系指故意或无意滥用药物和处方，不提供所需要的药物，或所给的药物剂量导致老年人昏睡不醒或造成身体上的伤害。

（7）性虐待，指照顾老人犯下的从暴力强奸或卑鄙的性攻击到性骚扰等各种未经同意的任何形式的性接触行为。如果受害者无法正常交流，或由于体弱或因其所处环境而无法保护自己，性虐待就格外恶劣。性攻击通常被列入躯体虐待。

此外，年龄歧视是剥夺或侵犯老年人人权的一种方式。老年劳动者可能由于工作场所的年龄歧视而被排斥在正式就业领域之外。年龄及性别方面的文化价值观念影响到社会、经济、政治和社区生活对老年人的歧视程度。

总之，不同国家和地区，由于种族和文化的差异，老年人家庭暴力的具体表现形式有所不同。在中国的老年群体中，最为常见的是照顾者对老人的忽视和精神虐待，其次是经济剥削、躯体虐待和遗弃。在欧美国家，躯体虐待和忽视最为常见，其次是精神虐待，而性虐待和经济虐待在欧美国家的老年人家庭暴力案件中并不多见。

（资料来源：联合国经济及社会理事会就虐待老年人问题的报告（2002）：《虐待老年人问题：承认并回应全球各地的虐待老年人问题》。）

项目七

老年婚恋心理慰藉

学习目标

知识目标

1. 掌握常见老年婚恋的心理困扰；
2. 掌握针对具体婚恋心理困扰的慰藉方法。

能力目标

1. 具备对再婚老人提供心理慰藉的能力；
2. 具备对离异老人提供心理慰藉的能力；
3. 具备对丧偶老人提供心理慰藉的能力；
4. 具备对“未婚同居”老人提供心理慰藉的能力。

项目情境

在社区工作期间，小王动员社会各界力量开展了一系列关爱老年人心理健康的活动，提升了全社区居民爱老敬老护老的意识。通过对老年人家庭心理状况调查，小王对社区中老年人的生活状况及需求进行了分析，目前社区中老年人主要面临着老年家庭关系处理、老年社会参与和晚年规划等几个方面的内容，其中老年婚恋现象为诸多问题中的重要内容。基于对老年状况与需求的准确把握，结合社区内外的可用资源，小王准备进一步开展老年婚恋心理的健康指导。

任务一

解读老年夫妻相处的心理

任务情境

【案例 1】 92 岁老人饶爷爷，为了怀念亡妻，他仿照丰子恺的画风，画了 200 多幅插画，记录两人 60 年的婚姻生活。饶爷爷凭着记忆，画妻子年轻时的模样，画两个人的婚礼，画两个人的离别。虽然都是极为平淡的事情，但是老人的画却分量很重。他说："相思始觉海非深。"

【案例 2】 郑爷爷和于奶奶在 1966 年结婚，迄今已携手走过半个世纪。几年前郑爷爷得了脑梗死，听力下降，走路跌跌撞撞。医生说很难恢复了，但在老伴的精心照顾下，他现在走路都不用拐杖了。郑爷爷病倒以后，家里的体力活虽然一直都是于奶奶在做，但她仍然每天坚持扶着丈夫出来锻炼身体。于奶奶说："他虽然比我大 10 岁，可是一直以来，我都把他当成个孩子一样看待，在他病了以后，越来越像小孩子，只让我来呵护他。一起苦过也甜过，我们一起经历过人生最美的风景。"

任务描述

1. 阅读案例，分析老年人婚姻维持和睦的心理技巧。
2. 检索资料，搜集整理典型老年婚姻案例。

相关知识

方法技巧

老年夫妻如何维护婚姻和谐呢？

第一，彼此尊重，凡事有商有量。不管是夫妻还是朋友，人与人相处时最重要的一点就是相互尊重，夫妻之间更应该做到这一点。家里或者自己有需要做出选择或者决定的时候，就应该让对方知道，两人在一起商量，不要自己一个人偷偷地做出决定，否则很容易造成对方的愤怒，也会给对方一种不受尊重和重视的感觉，让对方产生误解。相反，告知对方后两人可以商量，共同解决问题，这样有利于增进夫妻间的感情。

第二，直面矛盾，接受差异。老年夫妻和睦相处的基本心态是“直面矛盾、接受差异”。所谓“直面矛盾”就是承认夫妻双方在一些事情上的不同看法，而不必采取刻意委屈自己、迎合对方的态度。“直面矛盾”也指遇到问题不消极逃避，不粗暴拒绝，因为逃避和拒绝会让夫妻双方失去沟通的机会，以至于矛盾越积越深，使原本缺少感情连接的婚姻关系一再降温，由“热战”变成“冷战”，影响夫妻感情。所谓“接受差异”就是避免将自己的意志强行加诸给对方，放弃试图改变对方的努力，转向设身处地地理解对方的想法。夫妻的性格、爱好和生活习惯不完全一样，只有在互相尊重的前提下才能进一步“契合”，相互适应。

第三，放弃执着，相互尊重、相互宽容、相互信任。心理学认为，在人性本能层面，有两个基本愿望，一是最大限度满足个体的需要，二是成为对方生活内容的全部或主导。老年夫妻相处，要做到包容、接纳、理解和尊重，基本的前提就是放弃主导对方生活的原始欲念。

相互尊重：老年夫妻不论社会身份、出生贵贱、学识高低、贡献大小、健康状况好坏，在家庭生活中都是平等的角色，应互相尊重。家中的日常事务要分工有序，但在一些大事情上则要共同商量，避免一意孤行，遇到意见分歧，要耐心说明解释，切忌置对方意见于不顾而自行其是。特别重要的是，无论夫妻之间有多少矛盾，要避免在子女和外人面前恶意贬损对方。

相互宽容：老年夫妻的“宽容”或“包容”，既指容人之长，也指容人之短，其中，容人之短更为重要。家庭生活的方方面面，具体而又琐碎，老年夫妻朝夕相处，难免有时意见相左，遇到这种情况，一定要以夫妻情谊为重，多承担责任，谅解对方的过失。千万不要埋怨指责，更不应算老账、揭伤疤。

相互信任：多疑猜忌是破坏夫妻感情的无形杀手。老年夫妻的爱情虽经历了长期考验与磨砺，但仍需通过相互信任来加以巩固和发展，夫妻双方有了疑虑要及时交换意见，认真消除误会与隔阂。

第四，学会赞美，学会陪伴。心理学研究表明，夫妻之间有互酬心理，即希望对方对自己的关心、帮助、馈赠等付出有所表示。一句简单的赞美就可以给对方极大的幸福感。当一方因生理变化或发生某些意外而产生烦恼和苦闷时，另一方的心理“搀扶”和生活护理，都会使对方从精神上得到慰藉。例如老年人碰到烦心事，总想找人诉说一番，一吐为快，自己的老伴是最为理想的宣泄对象。因此，任何一方不应责备对方心胸狭窄或嫌其唠叨烦人，应主动接受对方的宣泄，并进行劝慰、疏导，排解其内心的痛苦。

同步训练

教师指导学生整理老年人夫妻相处的典型案例或报道，制作科普材料。

任务二

如何调节丧偶创伤

任务情境

王大妈退休前是某单位一个部门的负责人，工作能力强，也争强好胜，曾是系统内有名的能人。退休后却“屋漏偏逢连阴雨”，先是为儿子婚事母子失和，儿子一气之下摔门而去，再也没有回来。第二年开春，相亲相爱了几十年的丈夫突然病故。两年后在亲朋好友的撮合与鼓励下王大妈重组了家庭。可是，万万没料到的是，俩人仅过了一年半好日子，先生就离她而去。两次婚姻的重大打击，击垮了王大妈的身心，成日里只有一个问题盘旋在她脑海里：为什么幸福总是与我无缘呢？王大妈让人心碎的叩问，是丧偶老年人特有的一种消极心态。

任务描述

1. 确定王大妈面临的问题；
2. 制定心理慰藉方案。

相关知识

一、术语理解

（一）居丧

一个人丧失亲人时所处的状况。

（二）丧亲反应

丧亲反应指由亲人离丧而引起的所有反应，正常反应被称作悲恸，异常反应包括病理性的悲恸和精神障碍。

（三）居丧综合征

居丧综合征是由于伴侣离世而表现出的一种社会功能降低的现象。最常见的表现是出现多种心理障碍，诸如沉默寡言、神情淡漠、注意力不集中、对周围事物不感兴趣等。多数人在一段时间后心理障碍逐渐消失、好转，但也有少数人在较长的一段时间内仍饮食无味、夜不能眠、面黄肌瘦、呆木迟钝，迅速变得苍老，甚至产生厌世心理而自杀。另一危害表现在躯体方面，可导致高血压、冠心病、糖尿病、溃疡病等多种“心身疾病”或加重病情，并因免疫功能低下而发生感染性疾病，甚至发生癌症。

二、要点提示

（一）丧偶老年人的心理表现

1. 悲伤心理

情感麻木、迟钝，无法集中注意力，对离世老伴具有强烈的渴望和怀念，严重时会有崩溃和绝望感，甚至产生幻想或错觉。

2. 孤独心理

丧偶老人在丧偶后的一段时间内，难以适应丧偶后的生活，产生孤独、沮丧、无所适从、无助无望、抑郁的心理。如果此类情绪持续过久，有些丧偶老人甚至出现包括丧偶后抑郁症在内的各种精神疾患，或使原有的躯体疾病加重，进而影响身体健康，甚至导致死亡。

3. 自责心理

常有对不起已故老伴的自责心理。例如责备自己无能为力治愈罹患绝症的老伴。

4. 愤怒情绪

对子女或已故老伴产生一种愤怒感。例如对子女未能在老伴生前多加照顾的行为给以指责，对老伴去世后的生活有压力而对老伴产生抱怨。

5. 躯体不适

躯体不适加重，使用更多的卫生保健服务。

6. 严重抑郁

丧偶第一年，近一半的老年人可能会发生严重抑郁。

（二）丧偶老年人的心理变化阶段

心理学家分析，丧偶老年人的精神世界一般要经历五个阶段：

第一阶段，震惊阶段。所有的心理活动集中指向死者，产生自责的心理。许多人往往痛不欲生，整天哭泣，甚至拒绝将死者火化或下葬。

第二阶段，情绪波动阶段。对死者和其他人发怒或带有敌意。有些丧偶的老年人会对着照片中的他（她）生闷气，甚至产生自责，又迁怒于其他人，无缘无故地与别人争吵。

第三阶段，孤独感产生阶段。开始寻求亲友的支持和帮助，把心中的感受诉说出来。

第四阶段，绝望阶段。清楚地意识到配偶已永远地离去，整个身心都被绝望情绪所占据。

第五阶段，宽慰自我，重建生活新模式阶段。从绝望情绪中解脱出来，开始新的生活。丧偶的老年人常常把情感转移到其他人或事上去，主动地压抑悲痛的情绪。

这五个阶段的长短因人而异，心理障碍主要发生在前四个阶段。每个阶段的时间是可以通过心理调节来缩短的，作为丧偶老人的家人，应尽快帮助老人进入第五阶段。

此外，心理学对大脑的研究显示，人在情绪波动的时候，交感神经会随之兴奋，紧接着会引起瞳孔放大、心跳加速以致血压升高；若情绪过于悲痛压抑则会使机体的植物神经功能紊乱，长此以往会造成内分泌的紊乱，还会诱发心血管疾病，以及消化代谢的失调和免疫功能低下等疾病。老年人在丧偶之后所产生的一系列感情失控问题都会诱发或导致这些疾病的恶化，心情抑郁严重的还可能会引发老年痴呆或是帕金森。

所以不管是子女、家人还是社会，都应当竭尽所能帮助老年人缩短从痛苦初期到结束所用的时间，帮助他们度过丧偶的难关。

（三）老年人群丧偶的特点

1967 年美国有学者通过对 5 000 多人进行社会调查和实验所获得的资料编制了《社会再适应评定量表》，将 43 项不同类型的生活事件的影响力给以量化，其中，丧偶被列为最严重的压力事件。

老年人群丧偶的特点表现为：

1. 女性老年人的丧偶率高于男性老年人

1998 年中国高龄老人健康长寿调查数据显示，高龄老人中有 92.3%女性和 58.4%男性的婚姻状况为丧偶，女性高龄老人不仅丧偶比例在各个年龄组都高于男性，而且曾经再婚的比例也大大低于同龄的男性老人。初婚丧偶发生在 60 岁以后的老年人中，男性的再婚比例为 2.3%，女性为 0.5%。同时，各年龄组高龄老人的丧偶年数显示，女性老人要比男性老人长。美国的一份调查显示，女性丧偶老人数几近于男性丧偶老年人数的 2 倍。

原因可能是女性的平均寿命高于男性。据第五次全国人口普查数据显示，男性人口平均预期寿命为 69.63 岁，女性则为 73.33 岁；据第六次全国人口普查数据显示，男性人口平均预期寿命为 72.38 岁，女性则为 77.37 岁。同样，在西方国家，如 2009 年瑞士女性平均寿命 88.4 岁，男性 79.7 岁，二者相差 8.7 岁。因此，女性的丧偶比例通常高于男性。

2. 老年人丧偶后的再婚率在不同群体间不平衡

丧偶后选择再婚的男性老年人多于女性老年人。

3. 城市老年人丧偶再婚问题相对于农村更突出

相对于农村丧偶老年人口来说，城市丧偶老年人口大多享有社会福利和保险，温饱问题不需要过多考虑，因而在感情上需求会更多、更丰富，表现出的丧偶再婚问题也更为突出。

4. 高龄老人（85 岁以上）的丧偶状况是 65 岁及以上老年人的几倍

根据 1998 年中国高龄老人健康长寿影响因素调查数据显示，高龄丧偶老年人占 67.25%，其中男性占 41.71%，女性则占到了 58.39%，比例很高。

三、方法技巧

第一，评估老年人的悲伤程度，并尽可能持续关注。

第二，鼓励老人倾诉和宣泄悲伤情绪，给予劝慰和开导，帮助老年人摆脱悲伤。

向朋友诉说。对大多数人而言，与可信赖的朋友谈话是发泄情绪和治疗创伤的有效办法，即使不愿意向他人倾诉自己的痛苦，也能在与朋友的相处中得到慰藉。

鼓励表达负性情绪，但不强迫表达。

避免自责。老年丧偶者比较多的是谴责自己没有实现老伴临死前的某些愿望。这些自责既伤身体，又害心理。

第三，陪伴老人。

鼓励子女后辈主动给予老人更多的陪伴和关怀，多使用“爸爸”“妈妈”“爷爷”“奶奶”等称呼，强化老人意识到尽管配偶已离己而去，然而支持、关照自己的其他家人仍在，从而巩固和维持新的依恋关系。

建议子女充分应用隔代辈分的影响力，祖孙间的交流更能冲淡悲伤的哀情。

建议子女关注老人的躯体情况，防范既往有严重躯体疾病的老人由于过度悲伤而出现意外。

建议子女听取老人的意见，妥善处理死者的物品、遗物。这些东西可替代、充当老人失去的“另一半”，必要时用以抒发情感。

第四，鼓励老年人自我安慰，换个角度想问题。生老病死是不以人的意志为转移的。

第五，帮助老年人寻找新的生活快乐点。一味地告诉老年人“不要难过”“生活是美好的”“你要坚强”“人要往前看”等这类空洞的语言，只会让老年人觉得缺少理解，产生厌烦或排斥心理。需要做的是根据老年人的具体情况，帮助她找到属于自己的生活内容。例如，老人喜欢绘画，可鼓励其上老年大学；老人精力和体力尚好，可鼓励其参加社区活动；老人有专业技术，可鼓励其投身于志愿者队伍，帮助那些需要帮助的人，从中获得自我生存的价值感和意义等。

第六，转移注意力。老伴去世后，可以暂时到子女家住段时间，还可以把房间重新布置一下，及时将老伴生前的物品收藏起来。如果不能离家，可以把注意力转移到未来的生活上去，例如隔代教育。

第七，在丧亲的急性期，若老年人丧偶的反应过于强烈，可能考虑适当用药。一些老人抑郁情绪过于强烈、丧偶体验过重或总沉浸于丧失的痛苦中，甚至有明显的无助、无望、厌世感等，若这种状况持续两个月以上，也许是较重的居丧反应或是丧偶后的抑郁障碍，这种情况需到专科医院就诊。

第八，对于丧偶时间较长的老人，如果家人支持、老人不反对，可以鼓励老人再婚。配偶在老年人的生活中发挥着不可替代的作用，是老年人精神慰藉的主要来源。老年人的居住安排、生活质量、健康状况等都受配偶的影响，丧偶时间的长短以及丧偶后是否再婚直接关系到老年人的状况和需求。再婚有利于精神养老和精神赡养，有利于提高老年人生活质量。

同步训练

案例中王大妈面临的是丧偶后的心理创伤问题，教师指导学生完成心理慰藉方案。

任务三

如何适应离异后的单身生活

任务情境

81 岁的陈大爷与 80 岁的雷奶奶相识于 51 年前，婚后育有一对儿女。风雨同舟 51 载后，谁也想不到，陈大爷却向法院提起了离婚诉讼。理由是老伴性格暴躁，掌控自己的工资，还经常恶语相向辱骂自己，双方争吵了几十年，现在实在忍无可忍，强烈要求离婚。都活到这把年纪还闹什么离婚，这不让人笑话嘛！雷奶奶也按捺不住怒火，据理力争为自己辩护。多年来她一直含辛茹苦操持家务，抚育儿女无怨无悔。为了孩子成长和家庭和睦，对婚后一直与其他女子保持暧昧关系的老伴一再忍让，现在老伴竟然提出离婚，她坚决不支持。

面对两位年事已高的老人，一个要离一个不离，法官对陈大爷进行心理疏导，并建议双方缓和一段时间。但年迈的陈大爷态度坚决，表示这已是第二次起诉离婚，如果法院不判决离婚就要起诉到死。无奈，经过多方劝说无效，最终两位古稀老人解除了 51 载的婚姻关系。

任务描述

1. 确定老人面临的问题；
2. 分析老人高龄离异的原因；
3. 制定心理慰藉方案。

相关知识

一、术语理解

黄昏离：对应白头偕老，指老年夫妻伴侣的离婚。

二、要点提示

（一）老年人离异后的心理变化特点

从心理学角度看，离婚老人的心理变化要经过纠纷、戒备、裂痕、破裂四个阶段。

纠纷：夫妻携手入洞房后，经过炽热期，便进入矛盾期，若矛盾未能及时解决，便演变成纠纷，甚至引起争执。一般说，纠纷在低文化层次和胆汁质、多血质的当事者中多表现于外显行为，如口角、殴斗、毁物等；经过斡旋可暂时解决，但过后又重演，内战不息。在高文化层次和黏液质、抑郁质的当事者中多表现于情感内郁，外表不争不吵，但内心彼此冷淡，心存嫌隙，斡旋不易见效。

戒备：纠纷的积累，夫妻从隔阂走向戒备，俗称"同床异梦"。戒备的形式，拜物型者多从财产、收支上互相隐瞒，外在型者则常瞒着对方与异性来往。为了防备对方抓住把柄和了解到事实真相，双方在经济、社交关系等方面戒备，甚至连个人的事业问题、前途问题等也守口如瓶，层层设防，像防盗一样地防备对方。

裂痕：隐秘总有披露的一天。隐秘的披露造成更严重的纠纷，便加重戒备；其结果自然是形成恶性循环，出现裂痕。裂痕表现在情绪上是强烈的不满，表现在行为上是相互的背离。这时，有居住条件的大多分居；无居住条件的，即使同居，也是背靠背，井水不犯河水。

破裂：裂痕越来越大，无法弥缝，感情彻底破裂。感情破裂的夫妻，其抉择的模式大致有三：一是分道扬镳通过法律手续离婚；二是考虑种种原因，不便离异，只好凑合着生活，忍挫负重，夫妻关系名存实亡；三是感情破裂，无法逆转，只是为了折磨对方，拒不离婚，"拖住他（她），不让他（她）快活"。这种拖累，既愚蠢又不道德，害人亦害己。

（二）老年人离异的身心危害

对所有当事人来说，离婚都是一次不小的人生打击，必然会在一定范围内产生心灵震动。特别是老年人，和自己一起生活了几十年的老伴离婚之后，会有很强的失落感，以及生活上的不适。对于比较看重传统观念的老人来说，离婚还会导致自卑感，如果长久在自卑的重压下生活，人的心灵会感到万念俱灰，一蹶不振，常常有意无意地将心里的痛苦埋得更深。他们不愿意，也难以做到与正常人进行心灵沟通，因思维定式、生活行为的惯性而一时难以摆脱。这种精神上和感情上的自我封闭，极有害于心理健康，会使人丧失生活乐趣，产生逃避现实和厌世情绪。

（三）老年人离异的原因

美国和英国的婚姻研究者认为，老年人之所以出现黄昏离异现象，主要有四方面的原因。首先，老年人退休后，可能一时无法适应生活的改变，容易发脾气，夫妻之间不免产生摩擦，难以解决。其次，有些夫妻原本感情就不好，年轻时为了孩子，即使有矛盾也不轻易分手，孩子长大后觉得离婚没有了压力。再次，现代老年人的身体更加健康，有一定的经济基础，更想尝试新的生活。最后，老年夫妻容易出现性生活方面的障碍，如果一方的需求无法满足，也容易出现矛盾。

三、方法技巧

婚姻学家给出建议，老年夫妻要坚持性生活，利于促进双方感情亲密。夫妻间加强沟通和理解，少争执，多妥协；培养新的兴趣爱好，找到新的精神寄托。如果真的已经感情破裂，也不要过于勉强。毕竟，每个人都有追求幸福的权利。

对于那些不幸离异的老年人，首先，要鼓励其积极调整心态。不适应离婚后的生活是正常的。离婚后马上就能进入一个好的状态，有些不现实，而且一旦达不到就会有更多的失望。在适应期，自我调整心态很重要。其次，积极规划离婚后的新生活，在调整心态的同时调节生活。积极心理学强调快乐是可以创造的。离婚后，一下子会丧失了目的性，很多老年人通常会觉得无所事事。度过情绪波动期后，可以考虑增加社会交往，比如参加户外活动，放松心情的同时或许还能找到一些志同道合的朋友，一起分享活动带来的乐趣。还可以给自己找一些愉快事情，年轻时想做但是由于家庭限制而一直未能完成的事，设立新的生活目标。

同步训练

案例中老人面临的是老年离异问题，教师指导学生完成心理慰藉方案。

任务四

如何争取再婚幸福

任务情境

今年 69 岁的刘先生，8 年前，妻子因患尿毒症离开了他。共同生活了 30 多年的老伴离开自己，他感觉特别孤独，天天把自己关在家里喝酒。看到爸爸这么颓废，子女们建议爸爸再找一个老伴。在亲友的帮助下，刘先生认识了一位同样丧偶的老太太。对方特别能干，会打理家务，唯一不好的就是家庭条件不是很好，儿子待业家中。认识 3 个多月后，征得子女们同意，他们办理了结婚登记。

结婚后半年，对方儿子经常说没有钱用了，要借钱，每星期都差不多借两三百元。老伴每个月只有 700 多元的养老金，刘先生只好拿出自己的退休金。“他说拿去做生活费，但我后来了解到，他在打麻将。”刘先生说。因为这事，他和老伴吵过几次。每次争执，老伴都站在儿子那边。烦恼了很久后，他决定还是一个人过。但对方要他分财产。这让刘先生和他的儿女都不能接受。最后，刘先生妥协了，他给了对方 8 000 元的补偿。这段婚姻不到 1 年的时间就结束了。

任务描述

1. 确定刘先生面临的问题；
2. 分析刘先生再婚困扰的原因；
3. 制定心理慰藉方案。

相关知识

一、术语理解

老年人再婚指老年人再次结婚。

二、要点提示

（一）老年人再婚心理困扰的表现

1. 再婚心理盲目性

再婚者是找个老伴搭伴过日子，缺乏对婚姻审慎的思考，往往在凑合心理下，缺乏足够的心理准备、缺乏彼此的深入了解就再次进入婚姻大门。

2. 婚后补偿心理对再婚期望过高

再婚者深层次上往往并不满足于凑合，反而对再婚怀有较高的期望值，希望能够通过再婚弥补心理失落。这种期望值一旦高于实际值，就会感到失望。

3. 怀旧心理延长了与新伴侣的感情磨合期

再婚后会不由自主地对照现任老伴和前任，对前任的优点会无意识地放大，过去生活里已经磨合好的习惯也倾向于肯定和留恋，这些都会降低对再婚生活的满意度。

4. 心理自我防卫失当影响彼此心理相容

由于老年人再婚受到子女、风俗习惯等多因素影响，潜意识中会不自觉地运用自我防卫机制，存有戒备心理，难以全身心投入新生活。

（二）老年人再婚的动机

老年人群选择再婚的心理动机主要是追求感情慰藉，满足精神需求。

丧偶老年人中，很多男性老年人在丧偶之后若遇到合适人选会迅速选择再婚，而女性老年人则需要很长的时间过度，短则一两年长则十几年。原因之一是男女老年人在心态上的区别，即男性思想开放，易于接受新鲜事物，而女性则受传统观念的束缚思想保守等。

从老年人的健康状况来说，身体健康的丧偶老年人再婚率要高于身体较差的老年人。从择偶条件来说，身体健康的老年人更有优势一些，因为丧偶老年人再婚虽然主要是为了互相照顾，搭伴养老，但是多数人可能不愿意再找一个体弱多病的伴侣，这样不仅不能很好地照顾自己，还会给自己增加更多的负担。身体情况较差的丧偶老年人可能也不愿意让人认为自己是累赘和负担，因此在丧偶再婚的道路上就会望而却步。此外，经济状况好的老年人丧偶再婚相对较容易。

（三）老年人再婚后离婚的原因

老年人再婚后又离婚的原因很多。如果是因为离婚而使家庭解体的，原先的夫妻关系已经破裂，或许不存在对前老伴过多的思念之情，再婚生活磨合期较短。但大多数老年人再婚是由于丧偶，再婚后由于怀旧心理，往往会自觉或不自觉地将现在的婚姻与前次婚姻进行比较。如果过于恋旧，尤其是在与对方产生矛盾冲突时，不能抑制这种情感的流露，往往就会使矛盾升级；稍不留意，就会使第二次婚姻走到尽头。

三、方法技巧

首先，孤身老人再婚是为了找个志同道合、性情相投的老伴，安度幸福晚年。老年再婚必须坚持正确的婚恋观，出于真正的感情结合才能够善始善终。为自己找个“高级保姆”或者“找个人伺候我”，眼睛只盯着对方的地位、财产和优势的物质条件，都是不正确的动机。男女结合在人格上是平等的，夫妻间也不存在依附关系。

其次，再婚老人应多看现在老伴的长处，不要在双方一旦产生矛盾或感情受到伤害时，就把现在老伴的缺点同前老伴的优点相比，或者把现在家庭中的不足与过去家庭中的美满相比。在新的家庭中创造幸福和谐的气氛，只有双方一起努力才能不断缩短心理距离。此外，也不要拿自己的婚姻与别人的婚姻相比，鞋子合不合脚只有自己知道。

同步训练

案例中刘大爷面临的是再婚问题，教师指导学生完成心理慰藉方案。

任务五

如何对待老年婚外恋

任务情境

70岁的李女士和同龄的丈夫陈先生，当年是中学同学，两人两小无猜，青梅竹马。大学毕业后，他们就办了结婚手续。李女士在教书育人的工作岗位上兢兢业业、勤勤恳恳，取得了不少荣誉；陈先生是一家公司的高级工程师，早已退休在家。李女士说，在外人看来，他们俩恩恩爱爱，既有事业又家庭美满和谐，是众人心目中的模范家庭。两人唯一的遗憾是丈夫陈先生由于生理上的某些问题，结婚多年两人一直未生育孩子。陈先生从工作岗位上退下来后，对妻子的感情开始冷漠，家庭观念越发淡薄。一次偶然的机会，陈先生认识了一位50岁的江西籍打工女子王某，两人的感情迅速“升级”，还经常私下约会。就这样过了一段时间后，有一天，陈先生对李女士提出了离婚协议书。协议书中陈先生这样写道：“两人近些年都是在没有感情的日子里度过。经再三考虑，不如友善地分手。用有限的生命时光还对方一个重新寻求新的爱情生活的自由空间，找回属于自己的爱情。”

任务描述

1. 确定李女士面临的问题；
2. 分析李女士婚姻现状的原因；
3. 制定心理慰藉方案。

相关知识

一、术语理解

（一）婚外恋

已婚者与配偶之外的人发生恋情。

（二）黄昏恋

黄昏恋又称中老年恋爱。黄昏恋一般有两种情况：一种是在青春时代未解决好个人问题，到中年遇到合适的才谈恋爱；另一种是中老年丧偶或离婚后再成家进行的恋爱。

二、要点提示

老年人出轨的心理分析

老年人出轨并不是新鲜事。英国心理学家曾调查发现，55岁以上的人群中，28%有过对配偶不忠行为，18岁到34岁这个年龄段是24%；前者仅有30%感到羞耻，后者则是50%；前者有30%认为“完全不道德”，后者则为42%。虽然是国外的数字，但是不无借鉴意义。

从发展心理学角度来看，老人就如同小孩子。老人在生活中未必需要多少物质，他比年轻人更需要心理上的安定感和安全感，而这种情感的依靠和寄托可能在现有家庭中无法满足。其次，社会变革中的新鲜事物给老年人的晚年生活带来一些不安全的因素。一些人会追求新鲜刺激的生活，这是人老“心未老”所致。社会陋习、不良生活方式的影响，使老人警戒性容易放松。

作为老龄工作者，要客观看待老年人“婚外恋”。极端的运用“夫妻忠诚”来限制“死亡婚姻”也未必完全合适，因此勿将个人价值观强赋予老年人身上。

三、方法技巧

如果老年人发现自己的伴侣有感情出轨现象，应注意以下几点：

(1) 区分“异性朋友”与“黄昏恋人”。

人不仅需要夫妻之间的感情，也需要异性朋友之间的感情，老年人也如此。但是友谊与爱情是两码事。朋友之间在兴趣爱好、个性特征、文化素养、价值观等方面，存在一定的相似性；而这可能是在夫妻之间存在的差别。因此，老年人与老伴沟通不到位的地方，可能就会去找朋友沟通。这方面老年夫妻双方要相互理解。

（2）积极创造自己的爱情，维护婚姻稳定性。

爱情无论在哪个年龄阶段，都需要追求和认真地维护。宽容对待老伴友情的同时，防止出轨当然是上策。老年夫妻培养共同爱好，多交流，勤沟通，互相满足物质和精神两个世界的需求，是老来伴的基本内涵。

（3）如果发现老伴出轨，首先要保护自己的心灵。

如有能力改善最好，若无能为力，则不妨跳出一步，站远一点看问题，转移一下感情的寄托。可寻求合理的外援（比如子女或者共同的朋友）帮助沟通，了解事情的来龙去脉，尽量控制事情发展的程度以减少因为气愤而伤身，更忌讳大吵大闹。

同步训练

案例中老人面临的是婚外恋的问题，教师指导学生完成心理慰藉方案。

任务六

如何解读老年未婚同居

任务情境

60多岁的王先生3年前妻子去世了，孩子也不在身边。两年前旁人为他介绍了一位老伴，俩人很快就结婚了。但过了1年多，因为对方孩子的问题，他离婚了。最近他又认识了一位单身女士，彼此感觉挺投缘，饮食起居已经在一起，可他却不想再去领结婚证。

无独有偶，66岁的老林妻子去世后，变得萎靡不振。两个女儿给他找了一个50多岁的住家保姆，照顾老父亲的饮食起居。看着父亲一天天精神起来，两个女儿暗暗高兴。谁知，还不到半年，父亲宣布要和保姆结婚。两个女儿懵了，觉得这个保姆“太有心计，想算计我爸的财产”。女儿们坚决反对，父亲绝食抗议。几个回合下来，双方找到一个折中的办法——老林和保姆可以同居，但是不能正式结婚。因为同居不受法律保护，自然不会牵涉到财产的问题。如今，老林的女儿每月依然给保姆付“薪水”，双方保持着不冷不热的微妙平衡。

任务描述

1. 确定王先生和林先生面临的问题；
2. 分析王先生和林先生的心理异同点；
3. 针对两人制定对应的心理慰藉方案。

相关知识

一、术语理解

搭伴养老指男女老人在不办理结婚登记手续的情况下生活在一起，实现晚年生活的相互照料的一种同居生活方式。

二、要点提示

老年人未婚同居原因解读

据一份调查统计显示，越来越多的老年人的再婚，选择同居而不是结婚的方式。银发老人们也开始追逐潮流了吗？与其说是时髦，不如说是无奈。儿女们的极力阻挠，加上对各自利益的保护，让越来越多的再婚老人选择了付“薪”同居的方式。

单身老人再婚，本来是老年人的合法权益。“黄昏恋”未婚同居，实质是消极性的维权方式。细分有两种：一种是子女阻止结婚而引起的，老人合法结婚的路子走不通，只好未婚同居；一种是迫于世俗观念压力而引起的，老人儿孙满堂，产生“黄昏恋”后，若公开婚姻登记，怕人笑话“老不正经”，因此悄悄地未婚同居。老年人未婚同居也被称为“搭伴养老”，可以说，这是老年人因为不愿或无力面对再婚的诸多问题而采取的一种无奈之举。也有老年人是对再婚后的生活质量略有担忧。有资料表明，在北京 9 个区县的老年人离婚案中，再婚后离婚的占 75%，这使得一些老年人不得不对正式再婚持谨慎态度。

在现代化过程中，观念转变和经济变迁使得老年人的社会重要性降低，社会角色的丧失使他们离社会活动中心越来越远。在家庭生活中，老年人也不再像传统社会中那样处于家庭生活的中心，慢慢丧失了在家庭经济和决策两方面的话语权。青年夫妻比较重视子女的教育和成长问题，却不太关注老年父母的生活，与此同时，随着人们总体生活水平的提高和医疗卫生条件的改善，老年人的身体健康状况有了一定保障。在这种情况下，老年人的一些合理需求变得更为明显，包括情感和心理需求，以及性生活和生活照顾的需求。

“搭伴养老”正是这些因素的产物。

三、方法技巧

面对世俗压力，如何为同居老人提供心理服务？

第一，向老人宣讲“同居”的两面性。在我国社会发展的现阶段，特别是在以家庭养老为主要养老方式的情况下，搭伴养老有利于老年人彼此照护，降低了孤独感。但是，“搭伴养老”虽然合情、合理，但不合法，在婚姻、经济和感情多方面的关系都不受法律保护，是有风险的。

第二，老年人找老伴切忌“短平快”，要稳中求胜。老年人“再婚”应比年轻人更讲究门当户对：两个人财产相当、子女相当、文化水平相当，走到一起是出于感情需要，而没有功利色彩，这样的婚姻不仅稳妥，也能得到儿女们的尊重。所以老年人不仅再婚要慎重，搭伴养老也要慎重。

第三，老人要多了解自己的权利和法律的相关规定，子女则要转变观念。建议老人寻求社会帮助，从合法途径减少再婚阻力。例如，可以通过婚前财产公证减少子女的担忧。

总之，作为一种新的社会现象，老年人的同居不能简单地判断其“是”或“非”，“应该”或“不应该”，而应当站在老年人的立场上，从他们的生活处境和实际状况去理解。

同步训练

案例中老人面临的是未婚同居问题，教师指导学生完成心理慰藉方案。

项目小结

尊重、接纳、宽容、信任是老年夫妻维持婚姻和睦的持久之道。丧偶老人可能罹患“沮丧综合征”，要鼓励丧偶老人表达悲伤，为老人寻求较多的家人支持和社会支持，丧偶急性期若老人反应过于强烈可以考虑适当用药。面临离异，老年人最有效的调节方式是积极规划新生活。再婚老人在追求感情慰藉的同时，要避免盲目结婚，补偿、怀旧心理作怪，以及再婚后离异。未婚同居老人寻找老伴要稳中求胜，明白这种养老方式虽然合情合理，却不合法，具有较大的风险性。

教学做一体化训练

重点概念

居丧综合征、搭伴养老、黄昏恋

简答题

1. 丧偶老人的心理变化有哪些阶段？
2. 如何为丧偶老人提供心理慰藉？
3. 离异老人要经历哪些心理变化阶段？
4. 如何为离异老人提供心理慰藉？
5. 老年人再婚有哪些心理困扰？
6. 如何看待老年人“未婚同居”的养老方式？

案例分析题

在位于海口市海府一横路的椰岛之家老年公寓里，住着一对有七十多年婚龄的老夫妻。这对年老的夫妇男的叫陈川源，女的叫云淑英，他们的老家都在文昌市文城镇。

七十一年前的那个秋天，在双方父母的“指定下”，他们走进了婚姻的殿堂。虽然是父母“指定的婚姻”，可是那时候他们对对方都“很满意”，因为同在一个地方，之前都有过或多或少的了解。其实，此前虽然他们都听说过对方，但是都没有真真正正的“看过”。阿婆说，当时的年轻人不像现在，还没有结婚就可以见面拉手，那时候一定到结婚后才能说话拉手。即便如此，阿婆对那时的阿公还是"很崇拜",因为阿公是方圆十里为数不多的识字人。或许就是这种最初的"崇拜",直到今天,阿婆还是很听阿公的话。几十年来,虽然阿婆嘴巴"有点话多",虽然阿公平常的话不多,可是对于阿公的话,她"不敢不从"。或许就是这种互补的个性,这些年来,哪怕两地分居、哪怕困难重重,他们都相敬如宾,爱如当初。

七十年过去了,这对夫妻虽然容颜已改,可是他们之间的默契却如此顺爽。

很多年前,当他们结婚生下大儿子后不久,阿公就被派到离"老家很远的地方去工作"。阿婆说的很远的地方就是乐东县民族中学。每一次分别夫妻俩都"泪水涟涟"。那时候交通很不方便,见一次不容易。每一次见面,他们都有着"久别胜新婚"的感觉,以致后来长久住在一起了,他们都感觉"相聚很不容易,所以要好好恩爱"。

阿公到乐东后,阿婆既要照顾孩子,还要照顾老人和家务。后来,他们的其他三个孩子相继出生,家里有了三男一女四个孩子,阿婆的担子更重了。可是她不敢对阿公说辛苦,"因为怕他担心"。后来孩子们长大读书工作后,阿婆才有机会来到乐东,跟阿公相聚。

一直到阿公退休,阿婆都在他身边。二十多年前,阿公退休,此时他们的儿女都已经长大工作。孩子们为了让老人安度晚年,就把他们接到海口。因为这对夫妻的三个孩子都已经在海口成家立业。

刚开始,他们俩住在老二的家里,而二儿媳为了照顾两位老人,只能辞职在家。虽然儿媳照顾很精心,可是因为住的"楼层太高",上下楼一次都很不方便,两位老人就闹着回老家居住。可是,老家没有儿女在啊,三兄妹在海口,还有一个在深圳,在老家谁照顾老人,"万一老人有什么事,能来得及料理吗?"刚开始儿女想在海口给他俩租个低楼层住,可是一想到没人照顾,兄妹几个经过一番考虑,并经老人同意后,把他们接到这家公寓里来。

刚开始,老人觉得"不习惯",好像这里不是家,而且"花钱",心里很不踏实。可是经过一段时间的磨合及儿女们的劝说之后,他们就习惯了这里的生活方式。

于是,从两年前开始,这对老夫妻就在这家公寓里生活。他们和这里的其他老人一样,在这里住,在这里吃。他们说,在这里"生活过得很踏实"。

虽然两个人年龄大了,常常因为一件小事争论,可最后还是阿婆输给了阿公,因为阿公"有文化"。而最美好的是,他们常常忆起最初的恋情,忆起日月的奔波,忆起好多年牛郎织女般两地分居的生活,忆起那时候每次离别的泪水与牵挂……

(资料来源:南海网,http://www.hinews.cn/news/system/2011/10/05/013443082.shtml。)

【思考题】

请阅读案例,分析两位老人是如何维持婚姻和睦的。

延伸阅读

婚姻中男女双方由于性别导致的心理差异

女性的感觉通常比较细腻,更注重人际互动的和谐,所以对是否被尊重,比男性更加在意。丈夫在家庭生活中,应尽量避免"大男子主义",需要做决策的时候多听取妻子的意见。

男女面对压力的处理方式不同。通常,男人面对压力,会选择迎战或逃避;女人面对压力则往往会顺从和妥协,或转向对子女的保护,以及转向对社会的求助。

可以通过了解男女两性缓解压力的细节来减少爱情中的矛盾和争吵。男人会独自面对问题,沉默到他自己的空间里思考问题以寻求解决方法,逐渐变得疏忽、没反应、心不在焉。压力越大,他越受问题的控制。这时,他无法给予女人平时他所能给的注意力和关切。当然,如果他找到了解决问题的办法，会立即关注你，逗你开心，分享你的感觉。如果短时间内不能找到解决办法，他会做些事来忘记他的问题，比如看新闻或玩游戏，他会因心灵得到解脱而逐渐轻松。如果压力实在很大，他会做更富有挑战性的事，如开车兜风、参加竞赛、踢球等。由此，友情提示女性们，当男人玩游戏时，我们最好不要轻易打扰。

女人难过或承受压力时，缓解的方式是找她信任的人，然后谈论她面对压力和问题的细节。当女人与他人分享郁闷、低沉等消极感觉后，她会马上感到舒服。这是女人解决压力的方式。

女人通常不了解男人如何缓解压力，以为像她们一样坦白地谈论问题。男人孤立时，女人感觉他不够坦然，怎么不和我说说呢，不信任我。如果男人转而去看新闻、踢足球或者打篮球时，女人感觉忽略了自己而受到伤害，不断抱怨，或以命令的口吻要求他的关怀和支持，产生争吵。同样，男人不了解女人如何缓解压力。女人以谈论问题的细节来放松自己，感觉别人在认真听她的话，她的压力自然得到缓解。当女人一谈论问题时，男人通常的反应是烦，因为他认为他对她有责任，所以女人谈的问题越多，他就越感觉女人在责怪他。男人渐渐失去耐性，也会误以为女人多谈细节有助于他发现和解决问题，他努力寻找这些细节的关系，却变得不耐烦。他不知道女人只是想借由谈话让心情好转，女人要的不是答案，只是他的关心和理解，他不知道只要倾听就可令女人十分满意和感激。

男性比女性有着更为强烈的竞争欲望。他们希望通过“被需要”来实现自己的人生目标，使自己成为一个更有用的人。他们会通过各方面的努力，让别人认可自己、接纳自己、相信自己，在朋友需要自己的时候会立刻出现。而女性则没有这么大的竞争意识。她们通常认为，自己的价值达到最大的表现之一，就是自己的爱人能够时常陪在自己身边。爱可以让女性觉得自己是被信任的，觉得自己是独一无二的，这种感觉对于女性来说十分重要。可以看出，男性的情感表达，是进取型的，为了自己的爱人，会使自己更加努力，成为对方的依靠。而女性的情感表达，是付出型的，为了爱人可以付出一切，这就形成了一种冲突。

男性面对冲突往往选择“正面进攻”，而女性则由于不会直接表达自己的感受，而采取“迂回路线”。在婚姻关系中，冲突是不可避免的。而有问题就解决问题，是化解冲突的最好途径。但是在面对冲突时，男性往往倾向于用争辩和吵架，使自己摆脱弱势的地位，而女性则习惯回避问题的实质，以此来维护爱的关系。这两种方式，往往会使冲突更加激化，或者将问题隐藏起来。男性不喜欢说对不起，因为在他们看来就等同于“我错了”，而女性恰恰很渴望听到“对不起，我错了”这种充满感情的话。对她们而言，对错其实无所谓，对方是否在乎自己才是最重要的。当对方认了错，就说明他们愿意为了爱人低头，女性会停止争吵，回到正常的情绪中来。

（资料来源：徐坤，林雪，邓鸣菲：《老年心理解码》，北京，中国轻工业出版社，2013。）

项目八

老年人社会适应

学习目标

知识目标

1. 掌握离退休综合征心理表现；
2. 掌握常见晚年生活规划方法；
3. 掌握高楼综合征的表现。

能力目标

1. 具有对离退休老年人提供心理关爱的能力；
2. 具有帮助老年人进行晚年生活规划的能力；
3. 具有鼓励老年人积极进行社会交往的能力。

项目情境

街道成立了老年志愿者协会，决定招募一批老年志愿者。公告贴出以后，瓦工、锅炉工、教授、医生、律师等各个行业退休的近百名老年人都来报名。小王和其他工作人员感慨道：没想到参与人数这么多，更没想到具备各种技术和才能的老年人这么多。招募第一天，平均一个报名点就招募了10名老年志愿者。小王意识到：参与者如此之多的现象，从侧面折射出当下城市老年人养老生活的枯燥，反映出老年人普遍期望参与社会生活、实现自身价值的心理需求。结合“积极老龄化”理念，小王计划从社区离退休老年人的心理现状入手，制作一些宣传材料，鼓励老年居民积极扩大社会交往，避免老而无用的传统观念，合理规划老年生活，提高生活质量。

任务一

离退休老人照护

任务情境

张大伯从单位退休了，多年的工作辛劳瞬间离他而去，张大伯心里涌出一股前所未有的轻松。当晚，他拉着老伴灯下夜话，畅谈退休后的生活计划。接下来的日子，刚开始还不错，早起去公园里打太极拳，回来后看看报纸，然后接小孙子回来吃午饭，午休后去老年活动室下棋，下午四点钟回到家中给老伴打下手准备晚餐。周末，还和儿子一家把之前因工作抽不开身“只能耳闻、未曾谋面”的省内旅游景点玩了个遍，这给了张大伯从未有过的快乐。这样热热闹闹地过了两个多月以后，张大伯的生活兴致日渐衰减，他感到日子过得索然无味，做什么事情都提不起精神，心烦意乱，坐立不安，与儿子一言不对就拍桌子打板凳，怒气冲天。张大伯觉得自己病了，失眠多梦，心慌气短，四肢无力，嗜睡寡言，在老伴的陪同下去医院就诊。医生告诉他患的是“退休综合征”。

任务描述

1. 分析张大伯的心理状况；
2. 制定适合张大伯的心理关爱方法。

相关知识

一、术语理解

（一）离退休综合征

所谓离退休综合征，是指离退休之后由于工作环境和生活习惯的突变，所产生的各种心理不适应症状，这种心理变化和自身躯体环境变化两方面的不适应交织在一起，直接损害离退休老人的身心健康，加速衰老过程。离退休综合征主要表现在心理方面的抑郁和焦虑，以及躯体方面的不适等。

（二）离退休综合征的主要表现

（1）情绪多变、焦虑、焦躁易怒，容易冲动，经常感到心烦意乱、坐立不安，动不动就因一点小事火气冲天、暴跳如雷而难以自抑。

（2）行为退缩，厌恶社交，自卑孤独，不愿意主动与他人交往。

（3）偏激、情绪悲观，评价人或事物多有偏见。过多地注意到社会生活及家庭生活的消极方面，并将其放大，对生活缺乏信心。

（4）感到躯体不适。出现头痛、胸闷、腹胀、心悸、浑身无力、失眠多梦及阵发性全身燥热等，并常因小病而否定生命。

二、要点提示

（一）退休心理阶段

美国社会学家 Atchley（1988）将退休视为一个过程，认为从准备退休到退休适应需经过以下五个阶段：

第一阶段：退休前期。个体意识到马上要接受退休的角色，开始注意到别人对他的看法，并幻想退休生活。

第二阶段：蜜月期。解脱刻板的生活方式，感到重获自由的喜悦，尝试过去想做而没有做的事。

第三阶段：醒悟期。部分个体发现不容易调适离退休后的生活转折，有些人在蜜月期结束后步调开始缓慢下来，或退休生活不如预期理想，将会产生失望、沮丧等情绪不稳的现象。

第四阶段：重新定位期。由醒悟期中醒悟的个体，开始脱离幻想走向实际，重新寻找人生的目标和方向。

第五阶段：稳定期。知道自己的期望、能力及限制在哪里，给予适当的期望，能自我满足、自我管理，并依自己能力去做事。

因此，退休前过度美化、憧憬或悲观的想法和感受，往往容易导致将近退休或退休后的适应困难。如果老年人能认识到退休的这五个阶段，对他们适应退休生活会有很大的帮助。

（二）退休综合征的形成原因

退休，顾名思义，是退，而不是进，是休，而不是做。这里的退和休，不是简单退却，也不是无所作为，而是指针对自己退休前的工作来讲，不再做自己原来做的工作，特别是不正式地做，不明显地做。但对人生来讲，却不能退，不能休，还需要继续进，继续有所作为。只有这样才会有快乐的退休生活，才会有幸福的晚年时光。

心理学中的脱离理论认为，离退休后，老年人将会逐渐地从社会交流和社会活动中脱离出来，这是一个不可避免的趋势。老年人主动地脱离社会，能使社会权力井然有序地实现交接，社会也不会因老年人的离去而功能受损。无论这一过程是因老年人自愿还是由社会规范，对社会和个人都会产生积极的影响。然而，很多老年人在退休后的最初阶段就遇到种种难以适应的问题：一方面，退休后，老年人要离开工作了几十年的单位，从情感上有点舍不得；另一方面，老年人的工作角色随之丧失，与工作有关的人际网络逐渐缩小，心理容易产生巨大的失落感。加之一些老年人的心理相当敏感，很容易因为别人的一言一行而受到影响。所谓“言者无心，听者有意”，“人走茶凉”的情绪反应也就油然而生。

总之，退休是人生的一个新阶段，一种新的生活形态和生活方式。退休前的老年人都没有经历过这种新的生活方式，因而需要通过学习，努力适应这种新的生活方式，享受退休生活的乐趣。

三、方法技巧

如何对离退休老人实施心理关爱？

第一，判断老人的情绪状态，分析诱发情绪的原因，制定照护计划。

第二，实施心理健康教育。

启发老年人换一个角度看待退休，欣然接受退休。退休既然是人生的一个必然阶段，所有人都无法回避，也不应回避。当退休来临时，老年人应自觉主动积极地接受它，高高兴兴地与单位的同事话别，真诚、热情、勇敢地接受退休生活。要抛开世俗的偏见杂念，少考虑物质上的得失，多想想精神上的自由。把退休当作对自己人生的又一次解放，是自己个性充分、自由、全面、和谐发展的新开始。只有保持这样一种愉快的心态，老年人才能轻松愉快地投入到新的退休生活中去。

帮助老年人尽早规划退休后的生活。老年人最好未雨绸缪，提前准备。这种准备，包括物质上的准备，也包括精神上的准备。从物质上来讲，在退休前，就要进行储蓄，以保证自己退休以后衣食住行等各项物质生活的需要。从精神来讲，在退休前，就要学习一些退休生活的知识，建立积极的退休态度，认识到退休生活的意义和作用，以使自己在退休来临时，能够自觉、主动地接受新的退休生活。

鼓励老年人发现自己，找到快乐。例如，寻找夫妻之乐，发现儿孙之乐，培养兴趣之乐，发现社会参与之乐。退休作为一个新的生活阶段，必然会有新的生活内容和形式，但是不能机械地、被动地、消极地生活，而要自觉地、主动地、积极地生活，进行积极的生活设计和实践。老年人应尽快摆脱患得患失的不良心态，积极拓展自己的业余爱好，使生活变得丰富多彩；也可以去老年大学或通过其他途径学习新知识，使思想保持与时俱进；还可以通过热情参加社区活动或返聘而继续为社会做贡献。

鼓励老人积极向社会寻求支持。以前的同事朋友要给予老年人适当的支持和关怀，可以经常组织一些类似“送温暖”之类的活动，使老人们意识到他们并没有被遗弃，单位仍然记挂他们。家人更要协助好老年人尽快度过退休后的最初阶段，毕竟在任何时候，来自家人的帮助对老人们来说都是最重要的。

同步训练

教师指导学生对张大伯制定心理关怀措施。

任务二

鼓励老年人积极社会交往

任务情境

小王在老年志愿者招募现场碰到一位姓陈的先生。陈先生介绍说自己的爷爷、奶奶都快 80 岁了，一直独自居住。陈先生的父母想着老两口上年纪了，就动员他们把房子卖了，搬过来一起住。新家在高楼上，一开始爷爷、奶奶对新小区有点好奇，比较开心，经常相伴下楼遛弯。可时间一长，二老就开始闷闷不乐了。两位老人抱怨一家人上班后，连聊天的人也找不到。楼下的广场太大，晚上人还比较多，白天却冷冷清清。住在高楼上，邻里之间从不交往，远远不如老家的院落热闹。慢慢地，两人在家话也越来越少，都有老年痴呆的症状了。小王对陈先生说，两位老人，可能罹患了“高楼住宅综合征”。

任务描述

1. 分析陈先生的爷爷奶奶形成高楼住宅综合征的原因；
2. 协助陈先生，为其制定对爷爷奶奶的心理关怀措施。

相关知识

一、术语理解

高楼住宅综合征是指一种因长期居住于城市的高层闭合式住宅内，与外界很少接触，也很少到户外活动，从而引起一系列生理和心理上异常反应的一组症候群。其主要表现为体质虚弱、四肢无力、不易适应气候变化，性情孤僻、急躁，不爱活动，难以与人相处等。这种病症在不少离退休后久住高楼而深居简出的老年人身上有明显表现。

二、要点提示

（一）高楼综合征的主要表现

第一类是呼吸道并发症。一般来说，城市的汽车和工厂排放的废气、废液、废尘以及工业和生活垃圾废物，经蒸化、光解作用和氧化、分解等化学反应，会产生出有害物和有毒空气。它们质量轻、粒径小，随空气漂浮高，对住在高层住宅的人群伤害最大。空气中飘浮着的一氧化碳、二硫化碳、铅尘、氨、氡等多种有害气体，都可对人的呼吸系统造成伤害。

第二类是抑郁并发症。引发抑郁并发症原因较多，而噪声污染是主要原因之一。尤其在大城市，汽车声、金属撞击声、喧哗吆喝声、高分贝音乐声等，都成为噪声的主要来源。此外，纵横交错于城市上空的架空电路持续存在的噪声场，也是一个不可忽视的污染源。人如果长时间遭受噪声污染声场的侵扰，便会刺激脑神经，引起抑郁并发症。

第三类是心脑血管并发症。高层建筑配备的电梯处于快速垂直运行时，搭乘者会顿感心室收缩加快，有一部分人就会出现心悸、头昏、耳鸣、脑涨、胸闷的现象，甚至心胸会有窒息感，严重者将会引起心脏传导阻滞。人的血压如果长期处于不稳定状况，还将会伤害心肌，引起继发性心肌病变。

（二）积极社会交往对老年人的益处

心理学上一些关于幸福感的理论，如护航模型、社会情感选择理论等显示，社会参与和社会支持对老年人至关重要。这些理论认为，当个体步入老年阶段，老年人从工作岗位退下来，伴随着生理机能和认知功能的减退，他们的社会角色和社会网络相应也发生了变化，他们需要更多的社会支持和积极地参与社会来适应这种变化。

积极参加社区活动对老年人是有利的。具体来说有以下几点：首先，可以多交朋友，一般来讲老人由于活动范围变小，很难像年轻人那样交到知心的朋友，而参加社区活动则给他们提供了一个交友的平台；其次，对老人的身体有好处，积极参加社区活动，可以让老人们有更多室外活动的机会，有助于增进健康；最后，有助于改善邻里关系，积极参加社区活动，有助于消除人们之间的陌生感，拉近彼此的距离，加深对对方的了解，形成融洽的邻里关系。

三、方法技巧

第一，建议子女增加对老年人的精神关爱。

第二，建议居住高楼的老年人，积极寻求社会交往的途径。有研究指出，与家庭相比，有更多老年人的情感性支持来自朋友。一般老年人都是因为爱好相近或趣味相投才走到一起，成为朋友后则可以经常探讨彼此都喜欢的话题，甚至还能开展相关的活动。多交朋友可以在很大程度上改善老人和家人缺乏交流的处境。

第三，居住高楼者，可从改善居室环境做起。例如可在阳台、室内栽种绿叶植物和花卉，美化空间。

同步训练

教师指导学生完成工作任务。

任务三

老人晚年生活规划

任务情境

家住哈尔滨市道里区的刘丕承今年81岁，是哈尔滨市著名的“奥运会志愿者”“大冬会志愿者”“中俄友好关系的传播者”。他年轻时当过翻译，能说一口流利的俄语。退休之后，刘老闲在家里，心情一直不好，觉得人老了、没用了，成了“社会的负担”。有人建议他去做老年志愿者，在旅游旺季为俄罗斯人服务，刘老眼睛一亮，“俄语翻译是我的专长，我好好利用，说不定大有作为”。2008年和2009年是刘老最忙也最快乐的两年，他成了奥运会和大冬会的志愿者，一天工作好几个小时，用他自己的话说，虽然疲惫，但很充实。

任务描述

1. 分析刘丕承老人晚年生活规划的合理之处；
2. 查阅类似资料，整理一份“鼓励老人晚年生活规划”的心理科普材料。

相关知识

一、术语理解

老年志愿者服务是指任何人志愿贡献个人的时间及精力，在不获取任何物质报酬的情况下，为改善老年社会服务、促进社会进步、推动老年福利事业而提供的无偿性和奉献性的服务。

二、要点提示

老年人晚年生活规划在遵循利人利己、积极学习新事物、发展和保留原有爱好等原则的基础上，可表现为五种类型。

（1）健康型：包括健康饮食计划、健身运动计划、老年病治疗计划等。

（2）学习型：学习外语、艺术、理财等各种知识和技能，充实自己的精神生活。

（3）奉献型：根据个人的兴趣爱好与特长制订计划，参加各类公益社会组织或社区志愿者活动，发挥余热、回报社会，在集体活动中获取快乐，共享成果。

（4）休闲型：根据自己的健康条件，制定旅行计划，开阔眼界，陶冶性情。

（5）梦想型：实现年轻时未能实现的梦想，自己动手从事一些小发明和小创造。

三、方法技巧

老年人晚年生活规划途径主要有五个方面：

（一）积极参加志愿者服务

根据心理学上的社会参与理论，个体参与社会性活动能提高个体的幸福感。国际上对老年志愿者是十分欢迎的。随着老龄化进程的加快，各国都在思考如何发挥老年人的优势（在我国称为发挥余热），让更多老年人参与到志愿者事业中可以说是一个很有前途的方向。国内一些地方已经在积极吸收老年志愿者参加各种活动，如2008年的北京奥运会和2010年的上海世博会，就有大批热心的老人加入志愿者阵营。另外，上海闸北区的一个老年协会，有一百二十多位老年志愿者，面向社区为老年人服务；辽宁一些省市还建立了老年志愿者团队，让他们去照顾一些孤寡老人，开展送温暖活动；黑龙江牡丹江市曾组织千余名老年志愿者清理北山公园的垃圾，这些都是成功先例。可以说，虽然老年人由于年龄大，腿脚不便，在一些活动中比不上年轻人，但老年人丰富的经验以及耐心是年轻人无可比拟的。志愿活动大多是一种团体活动，老年人在活动中增加与他人交流合作的机会，进行情感的互动，可以使老年人的助人热情和善良本性充分表露；同时，志愿活动让老年人体会到自身的价值，感受到助人的快乐。

（二）退休后返聘

近年来，在全国很多地区，返聘已经成为一股新的潮流。有专家认为，离退休人员返聘是一个正常现象。很多老年人到了退休年龄其实正处于事业的巅峰期，这时候离开单位对个人和企业都是一个很大的损失。国外调查证明，对于一些专家学者而言，六十多岁是最多产的时期，他们包括历史学家、哲学家、植物学家和发明家等。在一些需要广博的阅历来促成其成就的领域，晚年更有可能达到事业的高峰。返聘工作就是鼓励每一位老年人发挥余热。

（三）银发打工

国外有研究表明，参与生产性的活动和支援活动都能提高老年参与者的主观幸福感。对于有些老年人来说，打工可以作为一种满足自我实现的需要，而对另一些老年人来说，打工可以使老年人维持工作状态，与社会和他人保持交流和互动。同时，打工还会有一定的经济来源，对经济不很充裕的老年人来说，确实有很大的吸引力。

（四）学习新事物

对于任何一位老年人来说，只要自己愿意，尝试新事物完全不是一件困难的事。以网络为例，据亚太互联网研究联盟（APIRA）部分成员组织的最新统计数据显示，近年来，中国的互联网普及率不断提升，同时有向中老年人群逐渐渗透的趋势。对比2006—2008年的数据，55岁以上人群的互联网普及率纷纷提升。其中，中国大陆地区55岁以上人群使用互联网的两年复合增长率达75.7%，中国香港、中国台湾和中国澳门地区也分别增长了6.1、5.3和6.6个百分点，这说明越来越多的老年人开始通过网络来了解社会。

（五）保留及发展原有爱好

一般来说琴棋书画泛指人们的业余爱好。一种爱好或者兴趣，能使人从中获得满足感。据科学调查，爱好对于长寿来说乃是一个必不可少的因素。很多伟人终生都保留了各种各样的业余爱好，比如毛主席爱写诗词、拿破仑喜欢国际象棋、克林顿喜欢吹萨克斯等。

同步训练

教师指导学生制作一份关于“老年人晚年生活规划”的科普宣传材料。

项目小结

离退休老人由于工作环境和生活习惯的改变，容易罹患离退休综合征。因此要学会换角度看待退休，尽早规划退休生活。维护正常的社会交往有利于老人身心健康，能避免“高楼住宅综合征”的发生。老年晚年生活规划要坚持利人利己、积极学习新事物、发展和保留原有爱好等原则。常见的老年人晚年规划途径有：积极参加老年志愿者服务、退休后返聘、银发打工、学习新事物保留及发展原有爱好等。

教学做一体化训练

● 重点概念

离退休综合征、高楼综合征

● 简答题

1. 离退休综合征有哪些表现？
2. 如何对离退休老年人实施心理慰藉？
3. 老年人晚年生活规划途径有哪些？

● 案例分析题

秦奶奶性格内向，年轻时就喜欢一个人独处，厌烦与人交往。恰巧从事的是档案管理工作，更使她习惯了独来独往。秦奶奶年轻时就少有朋友，和邻居也仅仅是见面时礼貌性地淡然一笑。虽然有不少亲戚，但因长期疏于往来连他们在哪里都说不清楚。退休后的前十年，老伴健在，两口子形影相伴，日子过得平平静静。可天有不测风云，五年前老伴因病去世，留下秦奶奶一人，出门一把锁，进门一盏灯，形单影只。起先，秦奶奶除了思念老伴外，一个人成天“蜗”在家里，没有觉得孤单和寂寞，可时间一长，秦奶奶的身体状况日趋衰退，各种老年病相继而来，吃药胜过吃饭，甚至代替了吃饭，这让她十分苦恼。

【思考题】

1. 秦奶奶的不良心理主要表现为什么？
2. 如何为秦奶奶提供心理关爱？

延伸 阅读

媒体调查“60后”退休生活　晚年生活规划引关注

每年的10月1日，是世界“国际老年人日”。

按照国际划分标准，60岁即算“年轻的老人”。从这时起，人们将开始走向生理意义上的晚年。

在中国，预计2050年老年人口将达到4亿，约占总人口的30%；而北京，目前全市60岁以上户籍老年人口247.9万，已接近户籍总人口的20%，距离30%，有人估计只有18年。

无论是对国家还是对一座城市，人口的老龄化都将带来深刻的影响，但它不该是一个总被消极讨论的话题。面对老龄化，我们需要做什么？

一、个案

一位87岁老人的“阳光”生活

“是《北京日报》的记者吗?”站在西单背阴胡同某小区的院子里，隔着20多米远，这位87岁的老人一眼便认出记者。

他叫成少伯，是离休干部，之前记者为采访的事仅和他电话联系过两次。

在老人女儿成音的眼里，老父亲精神矍铄，是越活越年轻了。老人自己也觉着，现在的状态比70多岁时还要好得多。

27年前，16岁参加新四军的成少伯从中组部离休。和很多老人一样，除了和老伴儿一起照顾儿孙，有时跟老伙计们走动走动，便没太多可做的事了。就是从这时起，“文革”中老人在干校劳动时落下的腰椎间盘突出的毛病加重了，走路要拄着双拐；后来又因急性肠梗阻住院。过了这么多年离休生活，最让老人伤感的是，他发现，过去熟识的老伙计已经越来越少了。

老人的身心状态让女儿成音担心，在一个安静的下午，她决定与老父亲做一次深谈。

多年在电台主持老年人节目的成音认为，老年人的晚年生活其实可以过得很精彩，关键是要有人来帮助他们规划和设计。

老父亲戎马一生，早年在江苏盐城、黑龙江同江等地有过革命经历，难道这些地方不值得故地重游吗？请孩子们当助手，将自己一生的经历和祖辈上的那些故事记录下来，不也能写本书吗？原单位还开办了老年大学，报名参加提高一下书法绘画的水平，有啥不好呢?

女儿一番话，让老人渐渐来了情绪。“成音同志，我现在就开始我的规划！”成音笑着告诉记者，当时父亲就是这么保证的。

根据成音的经验，子女在家庭中充当老人生活的“规划师”，是一个最简便易行的办法，“子女的参与往往能使老人的生活态度变得更积极。”

随后两年，成少伯老人整理编写了《履痕及其他》一书，和他在1999年出版的《往事与习作》

不同，这是一本在家庭内部、朋友之间传阅的“私人书”。除了抗战时的经历，离休后旅游、养生的见闻与感悟也被收录，还包括老人自己创作的上百幅绘画作品。他还拉着老伴儿，让她讲述抗战初期娘家人帮助八路军侦察员和新四军伤病员的往事，由他负责记录。不久，一篇《我家住过八路军侦察员和新四军伤病员》的回忆文章便合作完成了。

写书耗费精力和体力，为了能坚持，锻炼身体成了老人日常必做的一件事。前些年，他去游泳馆游泳，近几年主要是健步走。

“真的特别感谢女儿那天下午的谈话，让我能在80岁以后又有了新的精神追求。”成少伯老人说他最近还准备再写一本书。

二、调查

一组并不乐观的百位老人采访数据

连续6年主持电台“老年之友”节目的成音，一直持续关注着老年人“退休后有什么打算”这个问题。“退休后生活比较盲目，缺乏比较明确的长远考虑的老人约占80%”，这种消极的态度令成音印象深刻。记者调查得到的数据，与她的判断大体相近。

在北京东坝、天通苑、南新园3个社区及北海、天坛公园等地，记者随机采访了100位63岁至77岁的老人，其中75位表示，从来没有想过晚年生活如何规划。百位老人中，打算让自己的生活更丰富些的有12人；有明确的兴趣爱好并能够长期坚持的只有13人。后两部分一共25人。

对晚年生活缺乏长远计划的原因，在75位老人中，52人表示是因为“没有人指导”或者“不知道该如何规划”；有13人表示“懒得规划，退休了混混日子就过去了”，也有人认为“意义不大”；另外10人则强调，“退休后主要精力都用在照顾儿孙上，没有时间过多考虑自己的生活”。在有比较明确的长远考虑和打算的25位老人中，绝大多数表示“是在子女和朋友的鼓励下，才制订计划，并开始行动的”，他们觉得这样生活很充实。

成音在主持节目时，试图通过节目的影响力让更多老人加入晚年的“快乐生活中”来，她曾帮助10多位老人制定了一年的目标计划——“学会三首新歌曲”“让气管炎明年不再犯”“学会电脑”“出版一本养生的书”……每一个目标都非常具体。当来年回顾时，她发现这10多位老人居然都如约再次参加节目的互动，在一起分享乐趣。“我的生活确实发生了改变。”一位老人如约出版了一本养生书籍，他在节目中说：“既然当众宣布了出书计划，我就要为这个目标，怀着使命感去完成。”另一位老人计划“鼓起勇气飞一趟美国，亲自去看看女儿在那里的生活”。这一年，她学英语，了解美国的历史与地理，并且制定了详细的健身计划，最终实现了美国之行。

“可见，老年人的晚年生活其实可以很精彩，但除了需要老人们自己去发现、去安排外，也需要家庭和社会的引导，帮助他们规划和设计好自己的生活。”这是成音的体会。

三、分析

一个有待发掘的潜在服务领域

在对百位老人的随机调查中，对如何规划晚年生活，希望“有人指导”的占了较大比重。但据记者从市老龄办等部门了解，目前专门为老年人生活提供规划设计服务的组织与机构还没有出现。

曾参与编著我国首部《老年教育教程》的北京修实公益基金秘书长孙桂华认为，这是老龄服务领域一个很大的空白。

然而在国外，为老年人生活提供规划服务的机构早已存在，并发挥着积极作用。目前，大多数发达国家的法定退休年龄是65岁。“50岁创业才开始”，是英国人的口头禅，这种理念正在成为更多国家的共识。因此，“任何年龄都有未来”“让老年人融入发展进程中去”这样的口号，也是近年来世界国际老年人日弘扬的主题。

一项最新数据表明，日本现有65岁以上的老人2 660万，约占总人口的21%，达到了历史最高水平。生活目标的缺失，同样是日本老年人退休后面临的最大困惑。对于政府和社会来说，如何为他们提供更多帮助，满足他们的精神需求，是一个紧要的课题。不少机构都在积极地帮助老人们寻找一种更有价值的第二人生，银色人才中心就是这样的一种机构。这种全国连锁性质的老人职介中心，在许多城市都有，并得到政府部门资金和政策的支持。对前来登记求职的老人，银色人才中心根据他们各自的意愿，按照是想发挥以往的特长和工作经验，还是想将自己的爱好转为经济收入，或者只是为了自己的健康活动等不同情况，分别予以指导并提供相应的机会。

孙桂华说："从老年人的消费习惯看，也许较难让他们马上去'购买'一项看不见实物的服务，为自己制定一份具体的生活计划。"但这并不意味着这类专业服务没有开发价值，相反，可为老年人提供规划服务的领域范围很广，具有前景，关键是要去做。社会公益组织可以担当重要的角色，通过指导规划，完全可以让老人更好地再次投入社会服务，贡献自己的智慧和爱心。

四、访谈

不虚度人生第二个春天

记者：从社会发展现状看，该如何认识60岁这个年龄界限和之后开始的退休生活?

杨萍（中国老年学学会老年心理专业委员会秘书长）：随着社会的发展与进步，人类寿命在延长，60岁已经不是什么标志与符号，而仅仅是一个年龄数字。我们应该看到，其实60岁正是人生第二个春天的开始，是值得为生命喝彩的时间。

记者：现在有一些人退休后反而觉得生活变得枯燥，特别是随着年龄增长，这种感觉越来越明显，甚至影响到身心健康，他们需要做哪些调整呢?

杨萍：步入老年，生理上走下坡路，这是正常的，一定要接受，接受了才会更好地保护自己。但我们不主张消极地虚度晚年，加之人确实有一些弱点，比如惰性，尤其到了一定年龄，这些弱点甚至能成为影响我们积极对待人生的极大阻力。所以调整非常重要，办法也有。比如，年轻时自己没有实现的梦想有哪些？现在不能再等了，要开始行动。如今很多老年人学钢琴、学书画、学唱歌、学烹饪，生活得很充实很自在。如果对这些没有兴趣，那么可不可以养养花鸟鱼虫？或找一些其他自己感兴趣的事情去做？这些兴趣爱好都能赋予我们活力，给身心带来健康。

对那些仍想利用自己的经验和特长继续为社会服务的老人，也有途径帮助他们实现愿望，比如志愿者岗位。只是还有很多形式，包括能给他们同时带来经济收入的形式，还有待政府和社会共同发掘。

记者：目前有一种说法，叫毕生发展观，它很重要吗?

杨萍：毕生发展观已经提出了很多年，其核心意义就在于以积极的心态面对生理的老化，以积极的行为迎接衰老。

人一生有太多事情需要适应，比如孩子长大了，要适应；孩子结婚了，要适应；孙辈需要照顾，也要适应。而这一切都伴随着我们自身的逐渐衰老，要想不为"烦恼"所困，老年人更需要多为自己设计，要尽可能按自己的需要，做自己意愿中的事。有人形容老年人最理想的生活状态是健康的自己、开心的自己和幸福的自己，也只有做到这三个"自己"，家庭才能更和睦。

怎么做好这三个"自己"呢？这就需要树立毕生发展观，要有规划，而规划也是一个学习的过程，而学习的事情值得我们终生去做。

五、观点

值得关注的"60后"群体

每天下午，建国门街道西总布胡同社区80多岁的刘大妈，都会听到一声特殊问候："您需要什么帮助?”问话的是65岁的张大妈，诸如换煤气本、陪同去社区医院看病等一些事，这是身为社区志愿者的张大妈为更高龄的老人提供的服务内容。

在东城区，像张大妈这样的志愿者目前都持有区民政部门发给的证书，他们的服务将被记录在册，若干年后，当这些志愿者步入高龄时，社区会优先为他们提供各种服务。

退休后能够发挥余热，让张大妈很有成就感。

除了照顾街坊里的老哥哥老姐姐，她希望还能参与更多的公益活动，比如社区绿化、维持交通秩序、帮双职工带孩子……“我觉得我还有精力，多找点儿事情做，生活充实。”

60多岁还是人生精力相对充沛的阶段，一些从事老年社会工作研究的专家认为，该年龄段的老人是值得关注和开发的“可再生”的社会劳动力资源，发挥这部分人的特长和才能，在日本等国家都有相应机构在组织和运作，而且不仅限于公益性岗位，甚至还专门为老年人组建起实体，让他们在实现个人价值，并获得一定收入的同时，让社会也受益。可见，当老龄化逐渐成为一个严峻的社会问题时，对人才资源的二次开发无论对社会，还是个人都有意义。

六、新闻链接

首部老年“规划教材”的百门课程

我国首部《老年教育教程》是孙桂华和十几位同行在北京修实公益基金和朝阳区建设学习型城区研究会的支持下，共同编纂的。这部老年教育“大纲性”教材，共开列了120多门课程，涵盖政治、经济、文史、艺术、应用技术等10大类，实操性很强。孙桂华说：“在这么多门课程中，老年人能很方便地找到自己感兴趣的类别，选择自己喜欢的课程。”

根据这部“老年教程”，今年将正式出版的首本“操作手册”是关于退休前的准备。其中的《退休生涯设计》，将指导老年人如何制定详细、合理的退休生活规划。如，在设计老年规划的特征中，分为“精力旺盛”“精力渐衰”“依赖增强”“能力丧失”等不同阶段，便于老年人根据自己的精力调整内容；在具体操作上，指导老年人如何按照年龄时间、能力时间分类，确立规划目标，以及如何整合个人资源、家庭资源和社会资源，更有效地规划自己的退休生活。

作为该教程的编委会主任，孙桂华认为，只有积极应对老龄化，才能有健康的老龄化，最后实现幸福的老龄化。

（资料来源：媒体调查“60后”退休生活　晚年生活规划引关注，人民网：http：//society.people.com.cn/n/2012/0910/c136657-18964195-1.html，2012-9-10。）

项目九

老年期痴呆照护

学习目标

知识目标

1. 掌握失智老年人的评估方法；

2. 掌握老年痴呆病人危机状态（暴力、自杀、出走）的处理措施；

3. 掌握老年痴呆智力评估量表、日常生活能力评估量表的使用方法。

能力目标

1. 具备鉴别痴呆老人记忆力衰退和健忘的能力；

2. 具备对痴呆老人日常生活的照护能力；

3. 具备与痴呆老人言语沟通和非言语沟通的能力；

4. 具备对痴呆老人异常行为制定照护和防范措施的能力；

5. 具备对痴呆老人家属进行健康教育和指导的能力。

项目情境

小王对所属辖区内的老年人情况已经非常熟悉，其中一位王爷爷已经与妻子共度50年，两位老人恩爱有加，让很多人羡慕。可是最近，王爷爷觉得老伴发生了巨大的变化，出门买东西把自己弄丢了近10次，被警察送回来后还不知道发生了什么事情。不仅如此，老伴连衣服也无法给自己穿了。子女们认为老母亲罹患了精神障碍，王爷爷急匆匆地来找小王，希望小王能够帮助老伴。

任务一

痴呆早期识别

任务情境

王老先生，80岁，和他78岁的妻子生活在一起，俩人均为文盲。他们育有一子，居住在另一个城市。近几个月来，王老太太出现做事前讲后忘，炒菜时乱放调味料，不停声称自己儿子死掉了要去医院探望。她常告诫丈夫要小心周围的邻居，他们要害自己和丈夫。甚至有一次，她还打110报警，说“有人要杀我全家”，又说“马路对面有人一直看着我”。王老太太生活日夜颠倒，脾气也日渐暴躁。不到两个月，王老太太在自己小区走丢10余次，并且喜欢乱买东西。这一切都让王老先生十分困扰，觉得她像变了一个人。他说目前他照顾妻子最大的困难是：（1）尿失禁，尤其是晚上；（2）步态越来越不稳，有时行走也有困难，还会摔跤；（2）在家她总是不停地跟着他从一个房间到另一个房间，有时她都不知道我是她的丈夫。

任务描述

1. 分析王老太太的心理（包括记忆力、思维、情绪等）有何异常；
2. 分析王老太太的行为有何异常；
3. 鉴别王老太太是精神异常还是普通健忘。

相关知识

一、术语理解

（一）痴呆

痴呆实质上是一种大脑疾病，是由不同病因引起的、以记忆和认知功能损害为特征的一系列综合症状群，其损害的程度足以影响患者的工作和生活能力。

引起痴呆的病因有很多，常见的有两种，即阿尔茨海默病和血管性痴呆。

（二）老年性痴呆

阿尔茨海默病，又名老年性痴呆，是一种大脑原发性、退行性、变性疾病，起病徐缓，病程呈进行性。患者表现为全面性痴呆，即记忆、智力（包括理解、推理判断、抽象概括和计算等）、语言、操作以及性格等均会发生衰退，有的还表现出精神症状。

（三）血管性痴呆

血管性痴呆是脑血管病变（包括出血性和缺血性）引起脑组织血液供应障碍而导致脑机能衰退的结果。患者多有明显的脑血管意外疾病史（如脑出血、脑血栓形成等）。虽然出现记忆力下降、智力下降的状况，但日常生活能力、理解力、判断力以及接人接物的礼仪习惯等均能在较长时期内保持良好状态，人格也保持完整，所以也称为局限性痴呆。

（四）近记忆和远记忆

近记忆，也称为短期记忆，是把记忆内容储存在脑中。在这个过程中，人脑把需要记住的信息加以整理、筛选和登记，该忘记的东西被迅速扔掉，该储存的信息被分门别类地加以整理、登记、储存，在以后需要时提取出来，表现为“想起来”。远记忆，又称为长期记忆，具体表现为把记住的信息回忆出来或认出来。

（五）遗忘

临床上把记忆障碍分为两类，即顺行性遗忘和退行性遗忘。凡是不能保留新近获得的信息的称为顺行性遗忘，患者对于一个新的感觉性信息虽能做出合适的反应，但只限于在该刺激继续出现时，一旦刺激物消失，病人在数秒钟内就会失去正确反映的能力，所以患者易忘近事，而远的记忆仍存在。而正常脑机能发生障碍之前的一段时期内的记忆均已丧失的，称为逆行性遗忘症；患者不能回忆起紧接着本症状发生前的一段时间的经历。一些非特异性脑疾患（脑震荡、电击等），均可引起本症。例如，车祸造成脑震荡的患者在恢复后，不能记住发生车祸前的一段时间内的事件，但自己的名字仍能够记得。

（六）痴呆患者和痴呆老人

痴呆患者泛指所有罹患痴呆综合征的人群，其中包括 60 岁以前发病、占总数 3%～5%的患者人群。

痴呆老人特指罹患痴呆综合征、年龄超过60岁（含60岁）的老年人群，大约占患者总数的95%以上，是需要照顾的主体人群。

二、要点提示

（一）痴呆分类

根据病因，可将痴呆分类如下：

（1）原发性脑变性：阿尔茨海默病（又称老年性痴呆）、路易体痴呆、匹克病、帕金森病、亨廷顿病、肝豆状核变性；

（2）脑血管病：多发性梗死性痴呆、皮质下白质脑病、脑淀粉样血管病；

（3）其他病因：1）脑外伤：拳击家痴呆；2）中毒性：一氧化碳中毒、重金属中毒、酒中毒；3）代谢性：叶酸缺乏、维生素B_{12}缺乏等；4）感染性：脑膜炎或脑炎后遗症、克雅病、神经梅毒、艾滋病等；5）占位性：脑瘤、慢性硬膜下血肿等；6）其他：如癫痫，正常压力脑积水、系统性红斑狼疮等病因引起的疾病。

总之，引起痴呆的病因有很多种，在这些痴呆之中，80%以上是原发性脑变性引起的阿尔茨海默病和脑血管病中多发的梗死性痴呆（目前也称为血管性痴呆，VD）。在这两种痴呆中，老年性痴呆的患病率高于血管性痴呆。临床上，两者共同、混合存在的也不少见，被叫作混合性痴呆。

（二）痴呆的发展与症状表现

常用的方法是将痴呆分为早期、中期和晚期。这三个阶段只是一种大致的划分方法——某些老人可能迅速衰退，某些则可能衰退得较慢。需要注意的是，并非所有痴呆老人都会表现出全部的症状。由于每位老人大脑受损的区域和程度不同，尽管患者会表现出很多共性症状，但每位老人却是独一无二的，需要个性化的对待和照顾。

1. 早期阶段

这是疾病的轻度阶段，可能会延续1～3年，或者更长的时间。症状易被忽视，认为是正常老化的表现。常见的症状表现有：

（1）很难想起近期的事情和谈话；

（2）很难记住月份和星期；

（3）容易忘记子女、孙辈和配偶的生日，但经提醒还能记起来；

（4）容易忘记和亲友约好的事情；

（5）做饭和购物变得越来越困难；

（6）容易遗失物品；

（7）把物品放错位置，而且想不起来到底把这些东西放到哪儿了；

（8）在原本熟悉的环境中也可能迷失方向；

（9）判断力差，难以做出明智决定；

（10）做决定时犹豫不决；

（11）失去财务管理能力；

（12）有时穿错衣服；

(13) 出现忽视个人形象和个人卫生的现象；

(14) 对社交活动表现冷漠，或者干脆置身于社交环境之外；

(15) 伴随出现情绪变化和焦虑等一些精神症状。

2. 中期阶段

这一阶段常伴有行为和精神症状，可能会延续2～5年。常见的症状表现有：

(1) 出现比较严重的记忆混乱和记忆丧失；

(2) 忘记家庭住址；

(3) 忘记亲友的姓名；

(4) 记不住年月日；

(5) 不能分辨地点，容易迷路走失；

(6) 语言表达和理解更为困难；

(7) 有时会无法辨认家庭和朋友；

(8) 有时不认识镜子里自己的影像；

(9) 不能独立完成很简单的家务劳动；

(10) 出现明显的生活障碍，比如无法独立洗漱、穿衣、吃饭、如厕等；

(11) 丧失阅读、写作和计算能力；

(12) 身体平衡和协调能力下降；

(13) 行为症状突出，情绪容易波动；

(14) 某些老人表现出本能活动亢进，比如当众暴露性器官或者不当接触异性。

3. 晚期阶段

这一阶段的老人将丧失记忆和绝大部分的认知能力，也完全失去个人日常生活的能力，可能延续1～3年的时间。常见的症状表现有：

(1) 忘记自己的姓名和年龄；

(2) 不能辨认人、地方和物体；

(3) 逐渐丧失行走的能力；

(4) 肌肉可能萎缩；

(5) 吞咽可能困难；

(6) 可能发生痉挛；

(7) 体重下降；

(8) 大小便失禁；

(9) 呻吟或者哼叫；

(10) 大部分时间卧床；

(11) 常会因慢性躯体疾病、营养不良或并发的肺部感染和压疮等而导致死亡。

三、方法技巧

(一) 痴呆的早期识别

世界卫生组织和国际老年痴呆协会总结出老年性痴呆的十大警示征兆。通过观察老人是否出现其中的一些症状，家属针对指标进行判断，然后带老人找专业医生进一步检查。

（1）近记忆丧失，影响工作和生活能力：经常忘记最近发生的事情，而且事后不能再回忆起来。常见的表现包括：

1）记不住新认识的人的名字；

2）忘记参加和其他人约好的活动；

3）放下电话就忘记电话的内容；

4）重复问问题，或者重复说一件事，忘了自己其实已经问过或说过很多遍；

5）常需要他人提醒本来能够独立完成的事情；

6）否认自己存在记忆障碍或因记忆差而影响工作生活。

（2）熟悉的事情有困难：以前能够很轻松、很熟练完成的事情，现在需要更多的时间去做，甚至干脆忘记如何去做。常见的表现有：

1）以前喜欢的休闲活动（比如打麻将、打牌）现在做起来经常出错；

2）以前擅长做家务，现在做的远不如过去好；

3）以前喜欢写作，现在经常提笔忘字；

4）以前熟悉的工作现在也做不好了。

（3）语言表达有困难：任何人都有可能难以找到合适的词语来表达自己的意思，但痴呆患者可能会严重到忘记单个的词语或找不到合适的词语来替代，他人无法理解他所表达的意思，严重的甚至叫不出常用物品的名称。他们可能在谈话中间发生停顿，不知道该如何继续，或者不断重复已经讲过的话，或者干脆说错。

（4）失去对时间和空间的认知力：痴呆患者会在自己熟悉的路上迷路，不知道自己身处何处，也不知道自己是怎么到那儿的。或根本不知道现在是什么季节，也不知道年份、月份、日期等。

（5）判断力和警觉性变差或下降：痴呆患者逐渐丧失对环境的判断。对季节的判断下降时，痴呆老人的日常穿着可能会不恰当，如把内衣穿在毛衣的外面，同时穿着好几件衬衫或短袖。当痴呆老人对事件和风险的判断力下降时，容易做出错误的决定。例如有的痴呆老人会将自己的财物以非常不合理的低价格卖给他人、借钱给陌生人、吃不新鲜的食物、无视危险横冲直撞过马路等。

（6）抽象思维出现问题：痴呆患者可能无法处理好较为复杂的问题，如自己迷路的时候不知如何找警察帮忙；对数字的计算能力下降；对于生活中常用的电器设备不知如何操作；独自在家遇到危险时（如煤气泄漏），不知如何处理，可能做出错误的方式，反而使情况更加危险。

（7）丢三落四，找不回东西：痴呆患者可能将东西放在特别不合适的地方，如把手机放在水盆里，把吹风机放在冰箱里。他们丢了东西，没办法按正常的推理步骤找回来，所以有时候他们会说这是被别人窃取了。这些情况会随着时间的推移频繁发生。

（8）情绪和行为改变：痴呆患者的情绪波动非常迅速，安静的时候会毫无原因突然哭泣，甚至极为愤怒。有时出现和平时不一样的行为问题，比如，拿了超市货架上的东西，却不知道这是要付钱的；拿了别人的东西，却不知道这在别人眼里是盗窃行为。

（9）人格改变：痴呆患者的人格改变非常显著，会变得极为敏感、多疑或非常恐惧，性格会变得越来越暴躁、固执。

（10）退出社交活动：痴呆患者无法和过去一样顺利完成自己曾经很喜欢的活动，也会失去对这些活动的兴趣，需要不断提示或督促才能参与活动，经常终日无所事事，在家无目的地晃来晃去。

发现以上任何一种问题时，应建议老年人及时到医院就诊。

（二）鉴别痴呆与良性健忘

许多老年人都会发生记忆力下降，并且会为自己的记忆力不好而苦恼，有时会找医生求助，询问自己是不是得了痴呆症。老年人记忆力下降是常见的，并一定是痴呆。但是，痴呆的早期症状是记忆下降。因此，发生明显记忆下降的症状时，也不应掉以轻心，应该进行检查，做到早发现、早干预、早治疗等。良性健忘与痴呆健忘的区别见表 9—1。

表 9—1　　良性健忘与痴呆健忘的区别

项目	良性健忘	痴呆健忘
记忆力	有时会想不起过去的同学、朋友的名字，想不起亲戚朋友的名字，想不起要说的地名、日期等，但是过后可以想起来，或者经过别人的提醒可以想起来；上街买东西会把买的东西忘记拿回来，但过后可以想起来，还可以大致想起可能放在什么地方，回去找回来；也许会不记得今天吃的什么饭，但是会记得已经吃过了。	对刚刚发生过的事情会完全忘记，如刚刚接完的电话，会说没有人来过电话，刚刚吃过饭也会说没吃，总之，把刚才发生的事情全部忘记，而且自己还不知道自己忘记了，认为根本没发生过。
日常生活能力	日常生活自理能力保持良好，可以正常地料理家务，如打扫卫生、洗衣、做饭等。	轻度痴呆在料理家务上就表现出能力下降，如炒菜、做饭时常忘东忘西；中度痴呆者无法料理生活，不仅无法干家务，连生活自理都有困难，如不能根据冷热季节更换衣服、不会管理自己的财物，以及自己服药等，严重时生活完全不能自理，找不到厕所……
定向力	会不记得今天是哪年、哪月、哪日和星期几，但是现在是什么季节，是冬天还是夏天一定会很清楚。对不经常见到的人记不起对方的名字，但可以记得是以前认识的人，而且能分得清男女长幼，虽然有时会因搬新家而迷路，但经过一段熟悉的过程会认识回家的路，并且会通过询问等找回家，而不会走失。	不仅不知年、月、日，也不知季节，有时会把夏天说成冬天，把穿着棉衣的冬天说成是夏天；不认识家，在自己的房间里，还抱着东西要回家，常常会发生走失；严重的痴呆不认识周围的人，甚至连亲人也不认识，把女儿叫大嫂……不认识镜子中的自己等。
自己对记忆下降的认识	知道自己的记忆下降了，为了防止因忘事而误事，常常准备一个备忘录，有的在日历上写，有的用个小本子等，以便提醒自己。有的老人因为记忆力差而苦恼、焦虑、郁闷不乐，有的老人还会到医院进行检查及治疗。	脑血管性痴呆早期还具有对疾病的认知力，会主动要求治疗，中度痴呆后就不承认自己记性不好了；AD 的病人，从开头就对自己的记忆下降没感觉，别人说他记忆不好时他会否认。当询问当时的年月日，或者询问家庭地址等问题时，会随口回答出一个错误的答案，但并不知道是错的。因此，不会为记忆下降而苦恼。
性格变化	保持着原来的性格，接人接物都没什么变化。随着年龄的增加，更加理解别人，知情达理，没有异常行为。虽然记忆力差，但料理家务、料理自己的生活都还井井有条、关心亲人、关心周围发生的事情，并能较好地进行养生、体育活动等，能正常安排晚年的生活。	随着痴呆的进展，发生性格改变及行为异常，对人冷淡、漠不关心，变得自私，不会料理家务，有时乱翻东西，有时大吵大闹，说别人偷了他的东西，刚吃完饭就说没吃，骂子女不给饭吃……生活自理差，不讲卫生，不知更换衣服等。

（资料来源于：赵友文、盛树立、肖顺贞：《老年性痴呆的咨询与治疗》，94－97 页，北京，北京大学医学出版社，2004。）

同步训练

教师指导学生完成工作任务。

1. 分析王老太太的心理（包括记忆力、思维、情绪等）有何异常。

参考答案：记忆力障碍，思维障碍，出现幻想，易怒、情绪不稳定等。

2. 分析王老太太的行为有何异常。

参考答案：走失、乱买东西等。

3. 鉴别王老太太是精神异常还是普通健忘。

参考答案：王老太太不是正常老化导致的健忘，可能罹患老年痴呆。

任务二

痴呆早期筛查评估

任务情境

后来，王老先生请保姆照顾起居，王老太太因保姆不让出门而追打保姆，被送入院就诊。医生经过系列评估，提示王老太太的脑部发生改变，被诊断为老年痴呆，给予药物治疗。

任务描述

1. 对王老太太的智力状况进行评估；
2. 对王老太太的认知功能进行评估；
3. 对王老太太的社会功能进行评估。

相关知识

一、要点提示

（一）早期筛查评估的实施要求

1. 评估时机

在日常生活中觉察到老人出现了某些痴呆早期迹象，需及时对老人进行评估。养老机构、社区养老服务机构，可联合医疗机构，定期为老年居民或住户提供早期筛查服务。最好每半年能够实施一次认知能力的评估。

2. 评估地点与环境要求

对老人的评估可以在养老机构、社区日间照料中心、社区卫生服务中心等地点进行，也可以经老人和家庭成员的同意，去老人家里进行评估。

评估的环境要相对独立而安静，一方面便于老人或被访者听清楚评估人员的问题，另一方面是为了保护老人的隐私。

评估环境要光线明亮，环境中不可放置可能提示答案的物品。

3. 评估人员要求

评估人员应由经过培训的医生、治疗师或护理人员担当。

针对每位老人进行评估的时候，人员无须太多，1～2 个是比较合适的，以避免对老人产生压力。

评估人员需牢记的是，评估并不等于诊断。如果发现问题，要建议老人和家庭成员及时去医院进行全面检查，以确定导致记忆及认知能力下降的原因。评估人员不可直接给出医疗结论。

（二）常见筛查工具

1. 总体衰退量表（Global Deteriorate Scale，GDS）

根据患者的认知功能、临床表现来进行分级。可以评估痴呆患者认知功能所处的阶段，给照料者一个总体印象，对痴呆病人的治疗、护理有参考意义。它分为 7 个不同的阶段：1～3 是痴呆前阶段，4～7 是痴呆阶段，从 5 阶段开始，患者就需要人照顾。

2. 临床痴呆量表（Clinical Dementia Rating，CDR）

用标准化和可信的方式对痴呆病人认知功能损害的严重程度进行临床分级。适用于阿尔茨海默病或其他痴呆。采用临床半定式访谈病人和知情者来获得信息，评估被试者 6 个认知领域的表现：记忆、定向、判断和解决问题、社区事务、家庭生活和爱好，个人料理情况。

3. 蒙特利尔认知评估（Montreal Cognitive Assessment，MoCA）

作为一种对轻度认知损害进行快速筛查的评定工具，该量表包括对注意与集中、执行功能、记忆、语言、视结构技能、抽象思维、计算和定向力等认知领域的评估。量表总分为 30 分，英文原版的测试结果显示正常值为≥26 分。整个测试大约需要 10 分钟。

4. 认知能力筛查测验（Cognitive Ability Screening Instrument，CASI）

可用于评估总体认知功能，涵盖长时记忆、短时记忆、注意力、集中注意能力（心算力）、定向力、语言能力、构造能力、抽象与判断能力、言语流畅性等 9 个重要认知领域，评分范围为 0～100 分，耗时 12～15 分钟。适用于教育程度偏低的老年人，也适用于跨文化研究。

5. 韦克斯勒成人智力测验（WAIS-RC）

韦克斯勒成人智力量表（简称韦氏量表）是目前世界上最为通用的成人智力量表，适用于16 岁以上的成人，包括言语测验和操作测验两部分，可以分别评价老人的言语智商和行为智商。其优点是内容全面，能够为临床诊断提供依据，但是老人必须首先理解各项调查内容才能完成检查，因此本量表只适用于轻度智力障碍者。测验通常是一次做完，对于容易疲劳或动作缓慢的老年被试者也可以分次完成。

6. 世界卫生组织成套认知功能评估工具（WHO/BCAI）

该量表由 9 部分构成：（1）听觉词汇学习测验：测查近记忆、听觉和学习能力；（2）分类测验：测查视觉及推理能力；（3）注销测验：测查注意力、手眼协调能力；（4）语言测验：发言、命名、词汇流畅、命名会议、小标记，测查语言功能，确定有无失语；（5）运动测验：测查运动功能；（6）视觉辨认功能测验：功能联系、语义联系、视觉再认、视觉推理，测查概括、推理和分析能力；（7）听觉词汇学习及延迟回忆测验：测查记忆力；（8）结构测验：测查空间结构能力；（9）数字连线测验：测查空间知觉、眼手协调、思维灵活性等。该工具的特点是专门针对老年人编制，难度适中。国内学者薛海波等已完成中国常模的制定工作。

7. 阿尔茨海默病评定量表认知分量表（ADAS-Cog）

该量表用于评估痴呆患者的认知功能，既可办助诊断，又可评价疾病的进展。ADAS-Cog（1994年修订版）含12个项目：单词回忆测验、物品和手指命名、执行命令、画图、习惯性动作的完成、定向、单词再认测验、对试验指令的记忆、语言、语言理解、找词和注意力。它最早在治疗痴呆的药物临床试验中作为评价病情进展与药物疗效的工具，目前主要用于痴呆药物疗效的评估。目前国内已有王华丽等引进并进行修订，形成了我国中老年人的常模。但是一些学者认为该量表的区分特异度较低，不推荐用于痴呆的筛查。

8. 严重损害评定工具（Severe Impairment Battery，SIB）

该量表用于测评认知（注意力、定向力、语言、记忆力、视空间觉和视构造觉）和行为特征，适用于中重度痴呆患者（MMSE＜15）。

二、方法技巧

早期筛查与识别是痴呆预防的重要策略。老龄心理工作者要掌握痴呆的早期症状和早期筛查的评估技能，对所管辖区的老年人群进行精神状态及智能状况的筛检，有利于痴呆的早期发现。在医疗条件较为完善的社区，建议尽可能系统地建立社区老年人脑健康档案，将认知筛查工作纳入社区老年心理卫生保健的常规工作。需要明确的是，各种筛查工作都不能作为确诊的依据，老年人是否罹患痴呆，需到医疗机构请专业医生进行确诊。

下面介绍一些适合于老年人的认知能力筛查工具，它们能够有效地发现早期痴呆患者。

（一）AD8早期筛查问卷

美国华盛顿大学莫瑞斯教授和纽约大学盖尔文教授编制了一套痴呆早期筛查问卷，由北京大学精神卫生研究所（第六医院）记忆中心将该量表翻译成中文，并根据国内老年人的生活特点对其中的一些生活实例做了调整（见表9—2）。整个问卷询问时间不超过3分钟。如果老人出现其中两种或两种以上的表现就要高度警惕老人是否有痴呆的早期表现，应及时带老人到专业机构就诊。

操作说明：

（1）被访对象最好是了解老人情况的人，如家庭成员、护理人员或保姆。

（2）评估人员可以将问卷交给被访问者自己填写，或者大声地当面或通过电话读给被访者听，由被访问者做出选择。

（3）如果是读给了解老年人情况的人听时，评估人员一定要强调是由于老人大脑记忆或思考问题所引起的变化，而不是由于躯体疾病（如感冒、骨折等）所引起的变化。

（4）每个问题之间需要有两秒钟的延迟，以免被访问者将前后问题搞混淆，必要时可重复问题。

（5）老人出现能力的变化不要求有固定的时间界限，可以是几个月，也可以是一两年，甚至可以是几年。

（6）任何一个问题回答“有改变”均计1分，所有问题计分总和为AD8总分。

表 9—2　　**AD8 痴呆早期筛查问卷**

序号	项目	有改变	没有改变	不知道
1	判断力有困难：如容易上当受骗、落入圈套或骗局，财务上易做出不好的决定，买不合适的礼物等			
2	对业余爱好、活动的兴趣下降			
3	重复相同的事情（例如提同样的问题，说或做同一件事，说相同的话）			
4	在学习如何使用工具、电器或小器具（例如电视、洗衣机、空调、煤气灶、热水器、微波炉、遥控器等）方面存在困难			
5	忘记正确的月份和年份			
6	处理复杂的财务问题存在困难（例如平衡收支、存取钱、缴纳水电费等）			
7	记住约定的时间有困难			
8	每天都有思考和记忆方面的问题			

注："有改变"表示在过去几年中有认知问题导致的改变。

评估说明：只要老人有上述表现中的两种，就要高度怀疑痴呆早期。

（二）画钟测验（Clock Drawing Test，CDT）

画钟测验常用于筛查视空间觉和视构造觉的功能障碍，还可以反映语言理解、短时记忆、数字理解、执行能力。CDT 在门诊非常实用，受文化背景、教育程度影响小，但是单独应用本测验进行痴呆筛查时效度偏低。CDT 评分降低，评定者怀疑有痴呆时，必须做进一步的检查（如 MMSE）。

操作方法：要求老人在白纸上独立画出一个时钟，并标出固定的时间，例如 8 点 20 分。

指导语：可以向老人说："请您在纸上画一个钟，您先划上表盘，再在表盘上标上数字，然后把指针指在 8 点 20 的位置。"

计分方法：

（1）画出闭锁的圆，1 分；

（2）将数字安置在表盘的正确位置，1 分；

（3）表盘上包含全部 12 个正确的数字，1 分；

（4）将指针安置在正确的位置，1 分；

（5）3～4 分表明认知水平正常，1～2 分则表明认知水平下降。

（三）简易精神状态量表（MMSE）

MMSE（表 9—3）由美国 Folstein MF 等人在 1975 年制定，是最具影响的认知功能筛查工具，在国内外被广泛使用。内容涉及时间和空间定向、识记、注意力、计算力、回忆及语言等。

操作说明：

（1）检查没有时间限制；

（2）选择安静的环境，不要让其他人干扰检查；

（3）在直接询问老人之前，可以先和老人聊聊家常，建立友好关系，使老人感到舒适放松；

（4）对老人感到困难的题目，避免给予过多压力，老人容易灰心或放弃，应注意鼓励，但不要给以任何提示；

（5）即使在检查开始前就发现老人的脑力严重损害，也应坚持完成全部检查。

计分方法：MMSE 由 20 个问题、30 项组成。每项回答正确评 1 分，错误或不知道评 0 分，不适用评 9，拒绝回答或不理解评 8. 在计算总分时 8、9 均按 0 分计算。最高分为 30 分，

评分标准：我国采用 MMSE 区分正常与认知障碍，尚无统一的分界标准（低于分界值考虑认知障碍）。北京医科大学精神卫生研究所（1989）将认知障碍定为：文盲组≤14 分，非文盲组≤19 分；上海精神卫生中心（1990）定为：文盲组≤17 分，小学组≤20 分，初中及以上组≤24 分；北京协和医院（1999）定为：文盲组≤19 分，小学组≤22 分，初中组≤26 分；北京市协作研究组（2005）定为：文盲组≤24 分，文化组（初小及以上）≤26 分（年龄小于 50 岁≤27 分；大于 80 岁≤25 分）。可见，随着社会文化进步及受教育机会的增多，MMSE 分值亦有提高的趋势。有研究（2001）对前三种分解标准在痴呆筛查中的应用价值进行了评估，认为北京协和医院（1999）的标准更敏感，痴呆检出率为 93.6%，对痴呆早期识别具有较大的意义。

注意事项：MMSE 也存在一定缺点：（1）受教育程度影响较大，高教育程度的老年人可能会出现假阴性，低教育水平的老年人可能会出现假阳性，对轻度认知功能障碍的检出不敏感；（2）记忆力检查（如命名测验）过于简单；（3）受语言影响大，持方言者可能会出现假阴性；（4）语言项目占绝大部分，非语言部分项目少；（5）对认知功能的变化不敏感。

指导语：我现在要问您一些问题，来检查您的注意力和记忆力等，大多数问题都很容易。

表 9—3　　简易精神状态量表（MMSE）

1. 今年的年份？____年 2. 现在是什么季节？____季节 3. 现在是几月？____月 4. 今天是几号？____日 5. 今天是星期几？____ 6. 现在我们在哪个省、市？____ 7. 您住在什么区（县）？____ 8. 您住在什么街道？____ 9. 我们现在是第几层楼？____ 10. 这儿是什么地方？地址（名称）____　（共 10 分） （评分标准：评估定向力。直接询问老人，答对 1 题得 1 分，日期完全正确得分。对于季节，如果处于两季交替，则回答两个都算对。）
11. 现在我要说三样东西的名称，在我讲完之后，请您重复说一遍，请您记住这三样东西，因为等一下要再问您的，这三样东西的名称是：皮球、国旗、树木。（以第一次答案记分） 皮球____国旗____树木____　（共 3 分） （评分标准：评估即刻记忆。三样东西的名称只能说一遍，不得重复。以每样东西 1 秒钟的时间说出，然后要求老人重复，不要求按次序回答。按第一遍重复的结果计分，每正确一个计 1 分。如果第一遍有错误，则在计分后再重新说指导语，指导老人能正确重复，但最多只能让老人学习 5 次。）
12. 现在请您从 100 减去 7，然后将所得的数目再减去 7，如此一直计算下去，把每一个答案都告诉我，直到我说“停”为止。（若错了，但下一个答案是对的，那么只记一次错误） 93____86____79____72____65____　（共 5 分） （评分标准：评估计算力和注意力。每次的差数是 7 计 1 分。如果前一次计算错误，但后面以错数继续计算的结果正确，则后面的计算得分。因为同时检查老人的注意力，所以不要重复老人的答案。不能用笔算。）

13. 现在请您告诉我，刚才我要您记住的三样东西是什么？
皮球____国旗____树木____ （共3分）
（评分标准：评估延迟回忆。每回答正确一个计1分，顺序无关紧要，鼓励但不要给以任何暗示。）

14. （测试人员拿出手表）请问这是什么？手表____
（拿出铅笔）请问这是什么？笔____ （共2分）
（评分标准：评估命名。答对一题计1分，如果老人只是说这个东西是做什么用的，但说不出东西的名称不得分。）

15. 现在我要说一句话，请您清楚地重复一遍，这句话是："四十四只石狮子"（共1分）
（评分标准：只说一遍，要求咬字清楚，要求老人认真听，复述清楚准确得分。）

16. （出示写有"闭上您的眼睛"的卡片，并说下面一段话。）
请您念一念这句话，并且按照上面的意思去做。
（评分标准：评估阅读。老人闭上眼睛得1分。如果老人只是读，却不闭眼，不要提示他们照此执行。如果老人为文盲，不能完成指令，计0分。）

17. （测试人员说下面一段话，并给他一张空白纸，不要重复说明，也不要示范）
现在我要给您一张纸，请您按我说的去做：请您用右手拿纸，再用双手把它对折，然后将纸放在您的左腿上。
用右手拿这张纸____再用双手把纸对折____将纸放在大腿上____ （共3分）
（评分标准：评估三步命令。每个正确的动作计1分，对折不要求完美，但反复对折视为错误。不要重复说明或示范。）

18. 请您写（说）一句完整的、有意义的句子。
记下句子____________________ （共1分）
（评分标准：评估语言表达能力。句子必须有主语、动词、有意义。）

19. 先出示卡片，然后说："这是一张图，请您在空白处把它准确地画出来。"

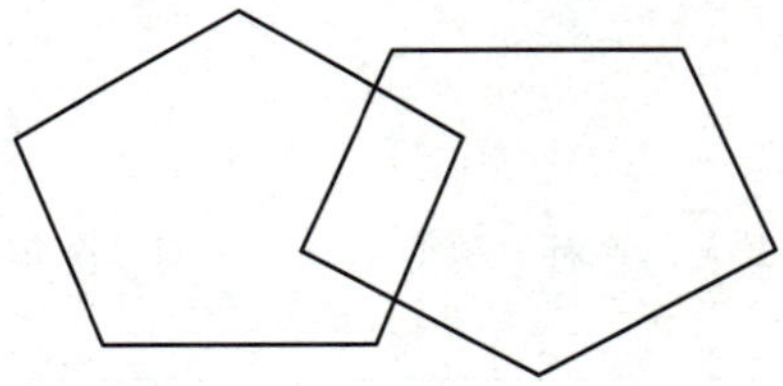

（共1分）
（评分标准：评估复制图形的能力。不要说"这是五边形"。如果老人画的五边形有5个边和5个清楚的角，两个五边形交叉处呈4边形就得分。）

同步训练

教师指导学生使用相关的智力、认知功能、社会功能等评估工具，对王老太太实施痴呆评估，以便制作照护计划。

任务三

痴呆老人照护

任务情境

入院后，王老太太情绪激动，不停吵嚷着要回家。由于她言语啰唆，满口方言，照护者较难理解其表达。白天她常常找不到自己的床位，夜间吵闹明显，无法入睡，不停叫嚷要回家看儿子、媳妇，声称“儿子、媳妇死掉了，是被人打死的”。照护者劝说无效。王老先生非常苦恼，希望获得帮助。

任务描述

1. 对王老太太声称“儿子、媳妇死掉”的语言，作为照护者，将怎样应答？
2. 针对王老太太睡眠紊乱、有暴力行为和出走行为的危险诊断，如何实施照护？
3. 针对王老太太有潜在受伤危险与继发性漫游的诊断，如何实施照护？
4. 针对王老太太生活自理能力缺陷的诊断，制定护理计划。
5. 如何对王老先生进行相关的健康教育？

相关知识

一、术语理解

以人为本的照护模式

1995 年，英国的 Tom Kitwood 教授提出一种“以人为本”的痴呆照护模式。在传统的照护模式中，护理人员关注的是痴呆老人表现出的生活能力的持续衰退，护理工作内容主要是满足老年人基本生活需要的替代式护理，例如直接帮助老人进食、洗澡和穿衣等。此外，护理人员认为痴呆老人对其他人的行动没有反应，对外界没有意识。

以人为本的照护，从关注痴呆的行为表现，转移到关注痴呆患者本身。它强调满足痴呆老人的整体需要，并为他们带来幸福感。痴呆老人常见的需求有：依恋、融入、舒适、成就、身份等。

Tom Kitwood 教授曾经提出“以人为本的照护”的十大重要原则：

（1）无评判地接受每位老人的独特性；

（2）尊重每位老人过去的经历与学识；

（3）认识到每位老人都有情感、社交、身体和精神方面的整体需要；

(4) 和老人保持沟通，既需要灵活性和横向思维，也需要接受其他的观点；

(5) 要确保老人感觉自己是受欢迎和被接纳的；

(6) 创建社区的感觉，让老人有归属感，感觉到他们适合生活在这个地方，而且别人对他们有良好的期待；

(7) 通过恰当地照护和消除不必要的约束，极大化地赋予老人以自由；

(8) 允许并尊重老人在力所能及的范围内对照护环境做出贡献；

(9) 创造和保持一个互相信任的环境，保护痴呆老人，不要让他们受到欺凌、剥削和其他形式的虐待；

(10) 关注老人积极的一面，比如他们尚存的能力，以及他们还能做什么。

二、要点提示

(一) 痴呆的临床评估和诊断

痴呆的临床评估和诊断应该在医院的记忆门诊进行。通常，记忆门诊会设立在医院的神经内科、精神科或老年病科。疾病的诊断需要进行全面综合的检查，明确病因才能够对症治疗。

完整的临床评估和诊断过程通常包含下述步骤：

1. 详细的病史及症状的获取

(1) 对病史的询问：起病时间、早期症状、家属如何发现的、既往病史（如有无高血压史、脑卒中史、脑缺血发作史、心血管病史、糖尿病史、脑炎、脑外伤史、儿童及青少年期的精神发育迟滞史及其他病史）、用药史（如长期服用镇静安眠药、酒依赖、抗精神病药、抗癌药等）、家族史（阳性家族史的询问十分重要，包括精神病、痴呆及遗传疾病等）。

(2) 对各种症状的询问：记忆下降、思维及语言情况、性格及行为改变、是否知道有病、是否愿意进行治疗等。

(3) 对过去已进行过的诊断、检查（方法及结果）、治疗及疗效的询问。

2. 精神状态检查

(1) 意识水平：确定老人神智的清晰程度十分重要。只要有意识障碍，无论轻重，都不能确定痴呆的诊断。若痴呆合并存在意识障碍，此时要做出两个诊断。

(2) 在精神症状的检查中，重点进行如下检查：

定向力：对时间、地点及人物等方面进行检查。

计算力：让老人进行数学加减计算。

对言语进行检查：有无失语、词不达意、重复、啰唆、赘述等。

对思维内容进行检查：有无错觉、幻觉以及妄想，如被偷窃妄想、嫉妒妄想等。

对情感表现进行检查：有无情绪焦虑、低落、情绪不稳、易激惹或欣快等症状。

对异常行为进行检查：有无兴奋、徘徊、攻击行为，对人的礼貌等行为表现有无异常的姿势。

(3) 对病人的记忆进行检查，询问老人重要的生活史，如毕业院校、结婚年龄、子女数或一般常识记忆，如哪年建国等。

3. 临床评估

医生会对老人的神经心理、生活能力和躯体功能进行全面评估。另外，医生还要评估老人的精神状况及幸福感知，来确定老人的记忆问题、丧失生活兴趣的表现，以及是不是由于抑郁或者其他情绪障碍问题而引起。

4. 身体检查

就诊时，医生会为老人进行一系列的身体检查，以鉴别引起记忆下降、思维混乱、无法集中精力等类似痴呆症状的其他因素。常规检查项目有：测量血压、体温和脉搏，听心音和呼吸音，取血样和尿样，询问老人的饮食、营养和酒精状况，了解老人的既往病史和用药史。

5. 影像学检查

磁共振成像（MRI）能够清楚地显示痴呆患者脑部发生的结构性的改变，而且还可以排查其他可能引起痴呆的原因，比如脑肿瘤、脑梗死和脑积水等。

（二）痴呆老人照护原则

1. 帮助老人维持尊严

痴呆老人虽然到了晚期性格会发生一些变化，但并不代表其不具备内心的情感。照护人员的一些不得当的言语或行动，都会让他受到伤害。因此避免当着老人的面议论他的病况。

2. 尽量保持老人独立生活的能力

老人一旦被诊断为老年性痴呆并不意味着老人自理生活的能力已经完全丧失，事事都需要别人的照顾。其生活能力的衰退不是突然出现的，而是有一个逐渐发展和加重的过程。关键的问题是老人的家属将会面临着一个巨大的挑战：随时了解、把握和评估老人基本生活技能的水平。如果对老人的期望过高，就会产生挫折感和焦虑感；相反，如果期望值太低，低估了老人的自理能力，而事事包办，不让老人自己动手，在心理上会使老人失去许多成功的喜悦和自尊感，在能力上会使其过早、过多地丧失其本来较好的生活技能，导致过分依赖、附加残疾或过度照顾残疾的发生，增加了照护者的工作负担。

因此，维持老人生活能力的独立是非常必要的，而且尽量让独立生活的时间愈长愈好，同时在整个过程中，尽量维持老人的自尊，并减少对他人的依赖。不要给予过度的照顾，这反而会使老人过早地依赖他人，过早地丧失其本来尚保持的功能。

（1）建立一个保持老人原有生活方式的生活常规。

建立生活常规可以使照护者较少地面对两难选择的境地，使老人和照护者的生活井然有序，减少日常生活产生混乱状况，并让老人有较多的安全保障。虽然生活常规很重要，但是同时必须注意要让所有的常规都更符合老人病前所习惯的生活方式，因为病后太多的改变会造成老人生活状况产生混乱。因此如果有可能，最好在老人尚有判断能力时，同他们一起讨论，共同设计适合他们的生活方式（此时早期明确诊断就显得非常重要）。

（2）做好日常活动的安排。

在安排每天的活动时要注意以下几点：

1）尽量关注老人的长处而不是短处，要真诚地给予表扬和鼓励。

2）每天的活动安排要有规律，让老人知道每天的此时应该做什么，这样可以减少老人焦虑的发生，并使老人不必去适应总在变化的、陌生的环境。因为老人由记忆力下降导致适应能力也下降，在陌生的环境下容易焦虑、激惹。

3）安排老人每天规律地（固定的时间和地方）从事那些自己能做的自理性工作，这样会形成自主的习惯，并且这样能力和习惯会维持很长时间。

4）把复杂的工作拆解成简单的步骤，一步一步地给老人指导和提示，用词和句子都要简单，易于理解。

5）随着病情的加重，老人从事某项活动所花费的时间会越来越长，要接受这一事实。

6）对容易完成的工作要鼓励老人去完成，要信任他，给他机会，不要包办代替。

7）减少干扰，如环境噪声使老人不能集中注意力。

8）对于痴呆老人来说，即使是最简单的工作也会给其带来成就感，从而使其乐于从事这些日常活动，并易于交往与沟通。

9）要给老人自我选择的权利，维护其尊严，否则一旦激惹、焦躁、意识发生混乱，再要做出决定将是很困难的。

10）痴呆老人对周围人的反应很敏感，照护者一定要保持平静的心情，有耐心，不要责怪，不要批评。

11）痴呆老人的注意广度常常比较狭窄，也容易疲劳，尽可能地把活动时间安排在老人的最佳状态内，并保证足够的休息时间。

12）不要催促老人，催促往往会招致其发生意识混乱、焦躁不安和激惹。

3. 避免不必要的争执

任何形式的争执和冲突都会给痴呆老人和照护者带来不必要的压力。避免老人有太多挫败的感觉，尽量维持其生活的平静。生活中经常性的挫折感只会让老人的状况越来越糟糕。请记住：老人不正常的表现及行为往往是疾病本身所造成的而并非是老人有意所为。

4. 保持工作简单化

尝试给痴呆老人一些简单的工作，但不要给他许多内容让他去选择，以免使他们产生困惑而无法决定从事哪项更好。

5. 维持幽默感

要与痴呆老人共同欢笑（而不是嘲笑），幽默可以让生活压力得到良好的舒缓。

6. 保证安全非常重要

当痴呆老人身体协调能力及记忆力日渐减退时，他们在日常生活中受伤的机会也就会随之增加，所以要尽可能的维持居所和生活环境的安全性。

7. 鼓励老人适当锻炼，保持健康

适当的锻炼和健康活动可以使许多老人在较长的时间内保持一定的身体健康状况和智力水平，因此要尽量维持老人现有的生理及心智能力。可视老人的健康状况和以往的兴趣爱好来安排适当的运动，必要时可以向医生咨询。

8. 协助老人发挥最佳的现存能力

一些经过设计的活动可以加强老人个人尊严及自我价值观，使老人的生活更有目的性，生命更有意义。尽量让老人发挥其现存的能力，适当地从事他们喜欢的工作，并从中获得满足。但是要记住因为老年性痴呆本身是一个渐进性的疾病，老人曾经喜爱的、厌恶的事情以及他的能力都会随着时间而发生改变，所以在设计活动时照护者必须要细心地观察这些变化，并在设计这些工作时保证具有灵活性。

三、方法技巧

（一）认知功能照护

1. 使用一些增进记忆的方法

在老年性痴呆早期，使用一些辅助记忆的方法可以帮助老人更容易记住周围的事物，同时可以避免神智混乱的状况。下面一些万法经实践证明是成功的：

（1）把老人亲属的相片放大，这可以经常提醒老人记住谁是谁；

（2）在不同房间的房门上做上不同的标记，同时漆上醒目的颜色。

注意：一些促进记忆的方法对于晚期痴呆老人效果不大。

2. 记忆训练

对记忆力损害已明显但还不是很严重的老年痴呆老人，如老人平时喜欢看报、读书、看电视、听音乐，只要老人还愿意看，就不要加以限制或阻止，而且还要鼓励他看。痴呆早期的病人由于远期记忆力可以保持完好，对特别感兴趣的事情往往印象深刻，所以可以根据患者的具体情况，给他听年轻时最喜欢听的音乐，讲述他最感兴趣的往事，逐渐强化他的记忆。如果老人喜欢打牌或搓麻将，当老人在还没有丧失这方面的兴趣和能力时，可找几个人有空陪他玩玩，但不要在乎老人打得好坏。当然，只要老人愿意，也可以与他一起进行简单的智力游戏，如下棋、拼图等。

对于记忆力受损严重的老人，在他们的房间内摆一些日常生活中用得着的、简单醒目的物品，如日历、钟表、各种玩具等，每天教他们了解今天是什么日子，建立有规律的生活时间。告诉他们什么时候起床、就寝、吃饭、洗澡等，这样长期进行针对性的训练，能强化记忆。对于一些物品名称，每天重复3～5遍，回答正确的，给予一些手绢等小物品作为奖励，巩固兴趣记忆；回答错误的，增加学习次数，不让其外出活动。做强化记忆训练时，照护者态度一定要和蔼耐心，切勿用粗暴的态度训斥或取笑老人。对于记忆训练不好的，可利用书写物品名称、时间的方法强化记忆，但要持之以恒。

多用脑可减缓脑功能衰退，可为痴呆老人安排一些维持大脑的活动。但要注意训练安排应从简单到复杂，每次训练时间不宜过长，以免其不能集中注意力或不能配合训练。同时，需要多检查和提醒，但不要因老人常忘事而埋怨，要多安慰和关心，避免增加老人心理压力而加重病情，应及时给予鼓励和表扬，让患者有信心和耐心进行记忆训练。

3. 护理心态

对于患者记忆力下降的情况，护理人员或家人首先应该理解病人的症状是由疾病引起的，要体贴病人，避免大声训斥。对病人因易忘事而反复提问和提要求的现象应该耐心倾听，还可以利用病人近记忆力下降的特点，运用别的事情适当转移病人的注意力。痴呆老人虽早期近记忆力就有丧失，但远期记忆仍保持良好，因此常会沉浸在往事的情景中。在这种回忆的情绪下，老人多处于较安详的精神状态，照顾者此时应尽量顺从老人的思维，以保持良好的气氛。

（二）定向力障碍照护

应该注意保持病人生活环境的稳定，室内摆设不要过多，应尽量简单、整洁，物品的摆放要放在固定的地方。为方便病人辨别卧室、卫生间等，可在房间门口设置一些简单醒目的标志，帮助老人识别周围环境。另外对于定向力障碍严重的病人，应有专人照顾，外出时更要有人陪同。还应给病人带上写有姓名、地址、电话的卡片，随身携带，以防止病人走失。

（三）语言功能障碍照护

随着老人病情的发展，老人的交流能力逐渐丧失，体现在传达信息和接收信息的能力均有下降。这种能力的下降包括语言的和非语言的沟通技巧以及阅读能力，结果造成照护者与老人之间的沟通愈来愈困难。保持良好的沟通与交流是与痴呆老人保持良好关系并实施有效照护的关键环节。

1. 失智老人不同阶段所表现出的交流困难

正如行为异常一样，痴呆老人交流能力的损伤，也有各种不同的表现。如有的老人可以很好地进行面对面的交流，但却不能理解电话交谈的内容；有的老人能够进行阅读，却不能理解其中的意思。

早期：痴呆老人的交流障碍最初常常表现为轻度的寻词困难，或者是跟不上谈话的节奏，理解速度和表达速度减慢。早期痴呆老人往往会认识到这些问题，在与别人交流时常会感到无奈和挫折，在这阶段，使用记事本等协助记忆的方法可以改善老人的交流能力。要认识到，只要老人能够进行交谈，就要持续不断地给他语言交流上的刺激。此时，应该鼓励老人表达自己的不适和主诉，因为随着病情的进展，老人正确表述自己感受的能力会随之减退。如果老人不能正确表达自己的情感与不适，照护者就要加强自己的倾听和理解能力，并对老人提供感情上的支持。

中期：此时老人的交流能力衰退得更为明显，而任何外界应激和压力都会使症状加重。由于老人与别人交谈和理解能力的不断衰退，老人会逐渐退出自己所拥有的社会活动与交流。虽然如此，在这一阶段也应该鼓励老人多参加一些社会交往活动，以保持老人尚存的交流与沟通能力。可以让其参加一些时间不太长、人数又不太多的社会活动。与老人一起追忆往事也是鼓励老人交流的一种方法。

晚期：此时老人往往不能表达自己的需求，也不能理解别人话语。此时，非言语性的交流凸显其重要性。照护者必须从老人的只言片语或身体语言中去领会老人的意图和不适表现。

2. 与痴呆老人的沟通技巧

保持良好的沟通环境，具体如下：

（1）先要确定老人听觉及视觉是否正常，例如老人的眼镜度数是否仍然合适，助听器的功能是否正常，必要时可进行一次全面的检查。

（2）减少环境中造成老人分心的因素，比如噪声、混乱的环境或陈设、周围的人太多等，以使老人注意力集中。

（3）把痴呆老人当作正常成人看待。

与病人谈话时要注视病人，表示对他的关注，增加他的信心，也使病人注意听你讲话。具体如下：

（1）直接称呼老人的名字；

（2）与老人交流时尽可能面对面的交谈，并保持目光接触，表示对他的关注，增加其信心，也能够使病人注意听你讲话；

（3）当老人坐着时我们不要站着，不妨坐下或蹲下，不要居高临下；

（4）讲话要慢、吐字要清楚，但不要大声讲话，除非老人听力有问题。

谈话内容要正面、直接，尽量使用简单易懂的词语，避免使用复杂的长句子。一次只说一件事情，并耐心地给病人足够的时间去回答。具体如下：

（1）一次只询问一个问题；

（2）一次只给老人一个建议或想法；

（3）讨论一些具体的事情而不是抽象的想法；

（4）询问痴呆老人问题时，应该是以“是”或“否”作为答案的问题而不是思考性问题，如“你想出去走走吗”而不是“你想做些什么”，以降低病人的挫折感。

（5）老人通常会使用不完整的字句，为了有效地与老人沟通，尝试将老人说的重要的字句加以组合，以帮助彼此沟通。

（6）给老人一些反应的时间。

（7）不要打断老人的讲话。

（8）病人想不起某件事情时，给病人一些提示。

（9）当老人表露出挫折或焦虑时，他可能找不出合适的词语表达，此时要注意体会老人的词语或肢体语言。

（10）如果需要，原封不动地重复原来的话。

（11）谈论问题的其他方面，如：老人询问妈妈到哪去了，可以与老人谈论对其母亲的一些记忆，而不是简单地谈论说她已经去世了。

病人说的是错的，并坚持己见时，不要与他们争论或试图纠正，可针对他们的问题给予适当安慰或解释。如病人诉说东西被人偷了并坚信此事时，可以对他说“我知道您不高兴了”等，使病人感觉到被理解。

病人听不懂你说的话，可再重复一两遍，也可配合图片、照片或非语言的沟通方式来表达。

（1）老人出现“不合作”行为时，可能是他们没有理解你的意思。

（2）如果老人感到疲劳或挫折感，可以暂停一下，过一会儿再试试。

（3）要表现出对老人的话语很感兴趣，并鼓励其继续说下去。

病人说话听不明白时，不要假装听懂了，这样如果不能按病人的要求做，反而会使病人失望。如果对老人的表现越来越感到焦虑，要调整好自己的心绪，不要过早地下结论。

注意进行语言功能训练，要从简单到复杂，如先请照护者说数字“1，2，3……”，然后说常用物品的名字“桌子、椅子、床、筷子……”，再说短句“我想吃饭，我想喝水……”，最后说长句，多练多说很有必要。

3. 非有声语言交流的重要性

当语言交流能力逐渐下降时，非语言的沟通凸显其重要性。适当的手势、平和的声音、温柔的触摸和微笑等，都有助于传递你要表达的信息。同样，痴呆老人的肢体语言也会帮助你了解他想表述的感觉和他的要求：有时尽管没有语言的表达，我们也会明显地体验到老人的感受。因此照护者要注意老人的潜在感受，如焦虑情绪做出的反应。

（1）假如老人不介意，在他觉得舒适的情形下，通过一个拥抱来表达爱及温暖的关怀。

（2）注意老人的身体语言，当老人丧失语言沟通的能力时，通常他们会借用一些非语言的方式来表达想法。

（3）注意自己的身体语言。

（4）像观察婴儿的需求那样，从老人的身体语言、含糊不清的语言甚至是叫喊声中体会老人的意图与需求。

（四）行为异常照护

1. 无目的地走来走去

有些老人表现为不停地、毫无目的地走来走去，有时会不知疲倦地持续几个小时，或更长时间。这是痴呆老人特有的一种行为，称为“徘徊”。有的家属为了防止病人自己溜出门后不认识家门而走失，只好把病人锁在家里。

但是，走动可以为老人提供运动。因此，在保证安全的情况下，不要总是阻止病人活动或外出，要尽可能时刻陪伴他一起外出。

建议：

（1）让老人随身携带有身份文件（例如姓名、地址和病情）和联系方式的卡片，可将信息卡片缝制在衣领、袖口或口袋里；

（2）确定老人在家中是安全的，保证老人在没有经过同意下，不能离开住处；

（3）当老人走失被寻获时，不要表露出生气的情绪，语气要平和，透露出接受与关爱；

（4）随时准备着老人近期的相片，以便老人走失后可以顺利寻回；

（5）在门口放一面长镜子，或挂一幅画，或用帘子把门掩盖住，或将门的把手装饰起来，这样可以减少病人自己走出去的次数。

2. 骂人

有些痴呆病人常用粗话骂人，恐吓、威胁别人，或用苛刻的语言诅咒人，此时照护人员应表示理解。

建议：

（1）不要与老人逆着来或争吵，可以暂时回避一会儿，或试着换一个愉快的话题；

（2）找一些病人感兴趣的事情做，转移老人的注意力；

（3）分析老人骂人的原因或目的，制定干预措施；

（4）外出时病人可能会被路人的言行激怒，应马上把病人带离到一个安静的环境，避免进一步激惹；

（5）如果老人接纳，可以抱抱其肩膀，或握着他的手轻轻和他讲话，向他表示关心和安慰，帮助老人平静下来。

3. 暴力和攻击行为

随着病情的加重，老人可能会越来越易怒，攻击性或有暴力行为增加。如粗暴地扔东西、故意毁坏物品或踢、打、推、抓、咬、掐、拧人等，尤其是在帮助痴呆病人洗澡、换衣服、喂饭时最容易发生。这些行为的发生可能有种种原因，例如对于社会行为和是非判断能力丧失，对于不愉快的感觉不能正常地表达，容易误解别人的意见或举动等，这些行为也是照护者最头疼的问题。

建议：

（1）理解病人的行为是由于其判断力和理解力都在下降，不能理解照顾者是在帮助他，甚至会把某些身体接触误解为有人要侵犯或攻击自己，从而采用攻击行为进行防御。

（2）在有身体接触的照护时，不要突然进行，也不要采用强制手段，尽可能在做每个动作时，先用简单的话告诉病人要做什么，并让他参与一些小事，如洗澡时让他搓肥皂，多说一些表扬的话增加病人的自信心；

（3）遇到攻击性行为时，保持冷静，不要表露出害怕及惊慌；

（4）尝试运用一些平和的活动，例如播放音乐、聊他感兴趣的人或事，来分散老人的注意力，减轻因为身体接触造成的威胁感；

（5）尽量找出造成上述不适当行为的原因，并尽量避免再次发生；

（6）为安全起见，应把病人周围的危险物品藏好；

（7）如果这些暴力行为经常发生，应当找医生就诊。

4. 藏东西

痴呆老人经常会忘记自己把物品放在哪里，事后找不到，到处乱翻，有些老人甚至会认为照护人员拿走或偷走了他们的东西。

建议：

（1）理解这是由病人的记忆力丧失导致的；

（2）平日里观察病人藏东西的地方，到老人最喜欢藏东西的地方找找看；

（3）将重要的东西多制作几份留着备用，例如钥匙；

（4）在倒垃圾以前，先检查垃圾桶，看看是否有重要物品被丢弃在里面；

（5）面对老人的无端指责，态度要温和，不要争执；

（6）当老人认为“丢失”东西时，可以认同他的想法并与他一起寻找，不要直接否定他，也不要总是怪他。

5. 收破烂

有些痴呆老人会把塑料袋、牛奶袋、瓜子皮、水果皮、树叶、糖纸、钉子等垃圾收集起来，塞到房间的各个角落，甚至有些人还从外面把垃圾捡回家，不允许家人扔掉，经常把家里搞得杂乱不堪。

建议：

（1）不与老人争论，明白试图说服老人“这些都是垃圾或者废品，应该扔掉”的言辞不会发挥多大作用；

（2）不要当着老人的面把“破烂”扔掉，以免激惹病人；

（3）在病人不注意的时候清理垃圾。

6. 乱拿别人的东西

有些老人在家里不停地翻抽屉、柜子，把家具搬来搬去，乱拿不属于自己的东西，时常把儿女的房间翻得乱七八糟，家人只好处处上锁，不敢离开半步。

建议：

（1）不斥责老人；

（2）将贵重物品收放到老年人无法接触的地方；

（3）尽量给老人留出足够的自主空间，可以留一些不重要的东西，允许老年人去翻。

7. 坐立不安

有些痴呆老人总是烦躁不安，不时地站起、坐下，在椅子上动来动去，这是老人焦虑的表现。这常与其对周围环境不熟悉、感到不安或某些生理需要未能得到满足有关。

建议：

（1）主动关心病人，耐心询问和观察是不是哪里不舒服；

（2）陪老人聊天，或找一些病人能做好的事陪其一起做；

（3）肢体拥抱，减少病人的不安和不确定感。

8. 重复奇怪的动作

还有些老人，经常重复做一些奇怪的动作，如揉搓衣角、翻口袋、吮手指、咀嚼、磨牙、摇晃双腿、穿脱鞋子、用拐杖敲地面、在空中抓东西、不停地翻抽屉等。

建议：

（1）可以把老人的精力转移到一些重复的事上，如叠衣服、擦桌子，以代替无意义的重复动作；

（2）有时可给老人一个温暖的拥抱以消除老人的疑虑并表达你的关怀，前提是考虑老人是否适合这些肢体接触；

（3）在没有危险的情况下，可以忽略不管，不要阻止病人，以免激怒他。

9. 反复问同一个问题

一些痴呆老人经常会忘记刚刚说过的话以及刚刚发生的事情，因此他们会经常重复地问相同的问题或者是重复做同样的事情。

建议：

（1）照护者听到重复的问题时，理解这与病人的记忆力下降有关，也可能是因为病人感到不安和害怕，减少不耐烦的心态；

（2）将老人经常发问的问题答案写下来，到时给老人看，反复多次以后老人会逐渐记住问过的问题；

（3）可以暂时把话题转移到病人感兴趣的其他事情上。

10. 抱怨和不断地要求帮助

有些痴呆老人爱发牢骚，抱怨家人对他照顾不周，自己事事不如意；有的老人非要照护者帮他做一些自己能完成的事，如果帮助不及时，就抱怨没人管他；有的痴呆老人会对陌生人抱怨家人不照顾他等。

建议：

（1）理解这是由疾病所致，可能是痴呆老人试图引起别人注意的一种表现，不要与他计较或争论；

（2）平时多关注老人有何需求，有何不满，让老人感觉被关注。

11. 依赖行为

痴呆老人会出现过分依赖的情形，经常会紧跟着照护者不放，无论照护者到哪里都跟着，这种情形可能时好时坏，让照护者很难处理，有时甚至会侵犯到照护者的隐私。其实老人出现这些举动通常都是因为当照护者离开时，他们会感到害怕，缺乏安全感，担心照护者走后不再回来。

建议：

（1）照护者必须离开时，让他做一些他喜欢的事情吸引他的注意力，而不去注意照护者是否在他身边；

（2）照护者需要有些时间去处理一些个人事物时，可以请一位临时看护者帮忙。

（五）日常生活问题护理

1. 洗澡及个人卫生

痴呆老人也许会忘了洗澡，或是忘了为什么要洗澡以及如何去洗，甚至担心衣服脱下会被人偷走，认为照护者是在侵犯自己。在这种情况下，照护者应当协助并鼓励他洗澡，并尊重老人的自尊及隐私。

建议：

（1）尽可能保持老人以往的清洁习惯，允许老人尽可能地自己完成个人卫生工作；

(2) 尝试制造轻松且愉快的洗澡情景，尽量简化所需的清洁步骤；

(3) 如果病人不愿意脱内衣内裤，可以让老人先进浴盆，然后再慢慢脱；

(4) 淋浴通常比盆浴简单，但如果老人不习惯使用淋浴则不要硬性改变，否则可能会造成危险；让老人坐着，用手拿式的淋浴莲蓬头冲洗，可以减少洗澡时的麻烦；

(5) 如果老人拒绝洗澡，当时不要强迫他，可以稍后再尝试一次，也许那时他的心情已经好转；如果可能，最好请病人比较亲近或信赖的人来劝说；

(6) 当洗澡过程中老人出现局促不安的状况时，需要暂停或停止洗澡，并且给予适当的覆盖以防着凉；

(7) 水温不要太热，浴盆的水不要放得太满，避免病人害怕，可在老人进入浴盆后再慢慢加水；

(8) 浴室要有稳固的安全设备，例如安全扶手、止滑垫或安全座椅等。

2. 穿衣服

痴呆老人也许会忘了如何穿衣服以及何时需要更换衣服（例如冷热需要穿脱衣服、衣服脏了需更换等），有些老人甚至会在公共场合出现衣衫不整或不得体的情形。

建议：

(1) 将衣服按顺序准备好或先替他搭配好整套衣服，避免增加病人的混乱；

(2) 避免穿那些有太多纽扣或纽扣较复杂的衣服，可以换成自粘贴带或能直接穿脱的衣服，尽量简化步骤；

(3) 鼓励老人尽量维持自己独立穿脱衣服的习惯；

(4) 需要的时候可以重复教导老人如何穿衣；

(5) 穿防滑塑胶鞋底的鞋子；

(6) 发现病人衣着不正确但是不影响其保暖作用时，不一定要刻意纠正，以免导致病人激动和焦虑等情绪产生，增加病人的异常行为。

3. 上厕所和尿便失禁

痴呆老人也许会不知道何时需要上厕所，为何要上厕所，厕所在哪里，以及到厕所后做什么，因此可能在墙角、床边随地大小便，或经常弄脏裤子，甚至因此而急躁、发脾气。

建议：

(1) 可以根据病人的习惯，制定一个上厕所的时间表，以提醒老人上厕所的时间；

(2) 可以在去厕所的路上做一些简单明显的指引标记，如在厕所的门上用较大的字体加以标示并用醒目的颜色来显示；如果老人不喜欢，也可改用一盏小灯或其他老人适应的标志，并经常强化病人记忆，帮助他们认识标记；

(3) 始终开着厕所的门，这样老人容易找到厕所在哪里；

(4) 确定上厕所时老人的衣服是容易穿脱的；若病人弄脏衣服，应及时帮他更换；

(5) 晚上睡觉前限制老人的饮水量；

(6) 在床旁准备便盆及尿盆等，以备不时之需；

(7) 照护者最好能陪同老人如厕，以避免病人忘记便后用水冲洗，甚至自己收拾排泄物的行为；

(8) 尽量少给病人使用尿布，以避免使病人产生不适感；

(9) 向医护人员或其他专家咨询以获得专业指导。

4. 做饭

痴呆老人通常在疾病中晚期才会逐渐丧失做饭的能力。如果他是独居的老人，那将会产生相当大的问题，同时受伤的危险性会增加，加之身体协调能力不佳，更容易产生烧伤、烫伤或是割伤。

建议：

(1) 评估老人是否能够安全地自己做饭；

(2) 让老人觉得和别人一起准备饭菜是很有趣的事情；

(3) 安置安全设施，注意烹饪过程中的安全，例如煤气的开关及危险物品的摆放；

(4) 移走尖锐的器具和易碎的器皿；

(5) 帮忙他准备食物，或是联系送餐服务，同时必须注意其平日的饮食营养是否均衡。

5. 饮食

痴呆老人经常会忘了刚刚才吃过东西，或是忘了应如何使用餐具。晚期老人也许需要他人喂食。部分老人可能会因躯体疾病而出现无法咀嚼及吞咽的问题。

(1) 安排痴呆老人规律饮食，每天定时定量。

(2) 每次不宜吃得太饱，三餐之间可以适当加一些水果、酸奶、小点心等。多选老人喜欢吃的东西，但是注意安全食品，例如吃鱼时最好把鱼刺剔除干净再给病人吃。

(3) 要想方设法辅导老人进食；有时候可以给老人喂部分食物，但要尽量维持他独立进食的能力。

(4) 准备些容易拿在手上让老人吃起来方便并且不会弄脏自己的食物。

(5) 将食物切割成小块，预防老人噎食。晚期痴呆老人的食物可能需要磨碎或直接提供流质饮食。

(6) 要注意老人可能逐渐丧失对冷热的感觉，因此吃饭时要注意食物或汤汁不要太热，以防老人口腔烫伤。

(7) 当老人出现吞咽困难时，必须寻求医师或职业治疗师的协助，指导如何训练吞咽或其他解决办法，以防窒息。

(8) 对于吃得很慢的痴呆病人，不要太催促，也不要嫌弃或责怪，尽可能给其留出足够的时间，必要时用简单的话或动作提醒他，尽量让其自己把饭吃完。

(9) 对不会选择食物（例如不会夹菜）的痴呆老人，每次准备的食物尽量简单些，根据病人的爱好，用语言或手势督促和示范其去夹菜，必要时帮病人把食物放在碗里。

(10) 对忘记如何使用餐具的老人，照护人员尽量与病人一起吃饭，示范其如何使用。有的病人喜欢用手抓，如果这样能安心地把饭吃完，不要强迫其一定要使用餐具。

(11) 对于坚持说“自己还没吃过饭”的病人，最好每天在固定的时间进餐，每次吃完做上记号，提醒病人已经吃过。如果病人不停地坚持要吃东西，不要一味地试图说服他已经吃过，可先给些饼干、水果等，或对他说“我们一块去准备吃的”，带他一起出门采购，转移病人的注意力。

(12) 有的病人暴饮暴食，不知道饱，不停地吃，食量明显增多，对这样的老人，可以把食物分成几份，一份一份地拿给他吃，控制进食量。

(13) 如果病人拒绝进食，不要勉强，也不要大声呵斥，更不要采取强制手段把食物喂进去，这样容易呛着，而且容易激怒病人。可以先让病人做些别的活动，转移注意力后再试着让他吃，或者换一个家属劝他吃。同时还应注意检查病人有无不适，如发烧、腹痛等，要及时对症处理。

（14）给无法自己独立进食的痴呆老人喂饭时，要注意在病人清醒时喂饭，最好让病人坐直，喂完饭不要立即躺下，以免食物逆流在喉头呛着。喂得速度不要过快，给病人足够的咀嚼时间。食物要尽量切碎、煮软，不要给太黏的食物，也不要干、稀同时喂，要一口一口分开喂，以免老人呛着。如果老人不知道张嘴，照护人员可做出张嘴的动作示范。老人不会吞咽时，可用勺子轻压其舌头或嘴唇，提醒他吞咽。

6. 开车

对于痴呆老人而言，开车是非常危险的事情，因为他的判断能力受损而且反应变得迟缓。

建议：

（1）温和地与老人一起讨论不能开车的原因；

（2）建议他多利用大众交通工具；

（3）如果无法劝阻老人开车，可以与医师讨论，必要时可以要求吊销他的驾驶执照。

7. 抽烟及饮酒

如果没有用药上的特殊限制，少量的饮酒对痴呆老人并无太大的影响。抽烟则会有较大的危险，因为可能会引发火灾以及有损健康。

建议：

（1）当老人抽烟时，必须加以监督或劝阻，并寻求医师的帮助；

（2）请教医师老人喝酒是否对用药有影响。

8. 睡眠困难

痴呆老人容易出现各种睡眠紊乱的问题，如白天打瞌睡，夜间不肯入睡、半夜吵闹、早醒，常把家人搞得筋疲力尽。

建议：

（1）对于晚上不肯入睡的老人，每天安排好固定的睡眠和活动时间，尝试让老人在白天做一些事情或体力活动，尽量避免让老人在白天睡觉，晚上睡觉前避免看情节激烈的电视或谈论让病人感兴趣的话题；

（2）根据老人的习惯，尝试维持一个舒适的睡眠环境，使老人容易入睡，例如温水泡脚、按摩脚和背部，放轻音乐、调整光线的强度等；

（3）如痴呆老人半夜吵闹，不要突然把灯打开，也不要大声斥责他，因为这样反而刺激病人，让他更加清醒。可以开一些小灯，对病人轻声地解释现在的时间，让病人感到安心，陪他聊会儿天或散步，或放一些轻音乐，引导病人再去入睡。

9. 安全

痴呆病人容易摔倒、走丢、伤害自己或别人等，所以要注意保护痴呆病人的安全。

建议：

（1）痴呆老人居住的房间及整体环境要简单整齐，避免堆放过多的杂物，防止绊倒；

（2）地面用防滑地板，有水及时擦干，给痴呆病人穿防滑的拖鞋；

（3）适当调整床的高度，对有条件的家庭，可以安上床栏，厕所安上扶手；

（4）光线要充足，尤其是晚上，在从房间到厕所的路上开一些小灯；

（5）刀剪等锐利的东西及药品、清洁剂等要收藏好，不让病人拿到伤己伤人或误服；

（6）厨房门要锁好，或安上病人不容易打开的锁，防止病人乱开煤气；

（7）电源开关要覆盖好，或改成病人不容易打开的形式。

10. 服药

痴呆病人往往记不住服药的时间和剂量，有些病人甚至误服或乱服，所以照护者要督促和帮助病人正确服药，尽量不让老人自己服用。

建议：

(1) 可以把每天要服用的药物写在纸上，并把每次吃的药分开放到小盒里，每次要看着病人准时把药吃进去；

(2) 不要完全相信病人说已经吃过药了或还没吃药；

(3) 对认知严重障碍的病人，要把药物放在病人无法拿到的地方，防止误服或乱服造成危险。

11. 幻觉及妄想

当老人出现幻觉时，他们可能会看到或听到一些实际并不存在的事物，例如看到地上有老鼠在跑，别人坐在自己的床上，或是听到房子里有人在说话等。对于痴呆老人而言，他认为自己所经历的妄想信念是非常真实的，并很容易让他觉得害怕，从而引发一些潜在的行为，如自我保护行为等。

建议：

(1) 当老人说他们看到或听到些实际并不存在的事物时，不要与他们争执事情的真假；

(2) 当老人因此而受到惊吓时，尝试给他安慰。照护者温柔的话语和轻握老人的手会让老人觉得舒适些；

(3) 把老人的注意力转移到房间内部真实的东西上，以分散其对幻觉的注意；

(4) 与医生一起分析老人所服用的药物，部分药物可能存在引起幻觉或妄想的副作用。

同步训练

教师指导学生根据王老太太的实际情况制定完善的照护计划。

项目小结

老年人记忆力下降不一定就是痴呆，但是痴呆的早期症状是记忆力下降。识别痴呆的方法主要有观察法、评估法和社区筛查法三种。前两种方法可以由老年人的家属实施，第三种方法是组织专业人员到社区进行筛查，但各种筛查工作都不能作为确诊的依据。痴呆确诊需要专业医生进行。对痴呆老人的照护要遵循维持尊严、保持独立生活能力、保持任务简单化等原则。

教学做一体化训练

重点概念

阿尔茨海默病、近记忆、远记忆、定向力、健忘

简答题

1. 对痴呆老人进行早期识别的方法有哪些？
2. 如何鉴别痴呆中的记忆功能衰退和良性健忘？
3. 痴呆老人的记忆力障碍有哪些表现？
4. 痴呆老人的照护原则有哪些？
5. 痴呆老人的认知功能障碍有哪些？如何实施照护？
6. 痴呆老人的语言功能障碍有哪些？如何实施照护？
7. 痴呆老人行为异常的表现有哪些？如何实施照护？
8. MMSE的评分标准是如何制定的？

案例分析题

【案例1】杜奶奶70岁，退休在家。她的家庭条件优越，吃穿不愁，儿女都在大学执教，孙子们听话懂事，一家子的生活幸福美满。可近一年来，她成了“老糊涂”。因为大家发现她的记忆越来越差，常常刚做过的事情马上就忘掉。比如，炒菜时，不是忘了加盐，就是多放了盐；出门常忘记带钥匙；在大街上遇到熟人却怎么也想不起他们的名字；有时候还会迷路找不到自己住的小区。杜奶奶家里养了一只小狗贝贝，平日贝贝喜欢在杜奶奶脚边活蹦乱跳。有一天，杜奶奶突然轻声赶它：“这是谁家的野狗，干吗老跟我走。”她老伴乐呵呵道：“瞧你奶奶，狗认识她，她却不认识狗了。”事后，杜奶奶也觉得是自己搞错了，烦恼不已。

杜奶奶时常会忘记一些事，并且会反复的询问同一个问题，偶尔还会虚构一些事。幸好，家人每次都会耐心地为她讲解、及时提醒，并告诉她真实的情况。杜奶奶平时生活能够自理，每天能够睡五六个小时，除了高血压外，没有其他的重病。平日里，杜奶奶喜欢一个人静静地坐在沙发上看电视或听收音机，她也喜欢参加各种活动。杜奶奶知道自己的记忆有问题，她也尝试过许多改善记忆的办法，但是效果均不佳。所以有些焦虑，不知道该怎么办才好。

【思考题】

1. 本案例中，杜奶奶面临的是________问题。
2. 如何区分老年健忘和老年痴呆？
3. 如何对健忘老人提供心理关怀？

【案例2】孙叔叔的老伴儿被诊断出早期老年性痴呆。孙叔叔对其不离不弃，不管是老朋友还是老同学聚会，孙叔叔都会带着阿姨一起参加。孙叔叔喜欢摄影，每次聚会回来都会把拍摄的照片做成相册给阿姨看。孙叔叔对阿姨非常疼爱，虽然自己的年纪逐年增加，但是却一直不愿意请保姆来照顾阿姨，一个人承担了所有的照护工作。阿姨看着孙叔叔心疼，有时候想自己做一些力所能及的家务活，却都被孙叔叔“严令禁止”了。阿姨过着“衣来伸手饭来张口”的生活，令邻居朋友们羡慕不止。虽然孙叔叔精心照料，但是阿姨的病情仍加重了。最近一周，孙叔叔发现老伴儿整个下午都不停地在屋里屋外走来走去，并不时转动门把手，长达两三个小时。无论他如何劝说老伴安静，阿姨都没有停止。

【思考题】

1. 如何理解“阿姨整个下午都不停地在屋里走来走去，并不时转动门把手长达两三个小时”的行为？
2. 孙叔叔对老伴儿的日常照护，有何利弊？
3. 你建议孙叔叔如何改善照护方法？

延伸 阅读

蜜蜂也会老年痴呆

世界上迷路的不仅仅是人类。科学家发现，“老年”蜜蜂由于行动趋于迟滞，在寻找新家时也会出现困难。

蜜蜂一向以方向感优秀著称，它们在离蜂窝很远的花朵上采蜜后，还能够“跋山涉水”地回到家。但是亚利桑那州立大学和挪威生命科学大学的研究人员发现，年龄的增加使得重新安家的蜜蜂们忘却“老家”地址的能力受到损害。为了测试出蜜蜂能在何时适应新家地址，研究者们关闭蜜蜂“老家”，并训练它们识别“新家”。成年和老年蜜蜂的小组分别得到了几天识别“新家”、忘却“老家”的训练。随后科学家拆除“新家”，让不同年龄的蜜蜂们在三个“家庭住址”里选择，这里面就有它们的“老家”地址。“老年”蜜蜂开始飞往“老家”地址，尽管它们之前接受了识别“新家”的训练。不过该研究带头人、挪威生命科学高级研究员丹尼尔说道：“尽管许多年纪大的蜜蜂学习失败，我们还是发现其中一些表现极佳。”

科学家们认为这些研究结果提供了为个体间大脑机制易变性建模及相关理解的新方法，而大脑机制易变性是指，一些个体记忆力保存完好，而另外一些个体的学习行为会随年龄的增加变得迟滞。

项目十

老年死亡心理慰藉

学习目标

知识目标

1. 掌握老年人自杀意向评估问卷的使用方法；
2. 掌握向老年人开展死亡教育的内容。

能力目标

1. 具备用工具评估老年人自杀意向的能力；
2. 具备为老年人开展死亡教育的能力；
3. 具备与临终老人及家属沟通的能力。

项目情境

小王最近一段时间在为本社区的一位78岁的老爷爷提供心理服务。这位老爷爷承受着癌症晚期的折磨，每天都很痛苦。虽然有重病在身，但意识一直都很清醒。一天晚上，他告诉小王，他弄来一些药物准备结束自己的生命，向小王道别，并对小王这段时间来的关心和帮助表示感谢。最后他请求小王不要干涉他的决定，不要向他人透露这个计划。面对饱受病痛折磨的老年人，小王感到有些迷茫了。她很快反应过来，和老爷爷的家人取得联系，表明老爷爷目前的心理状况已经超出了自己的服务能力，请家人尽快向专业机构寻求帮助。

任务一

老年人自杀干预

任务情境

老爷爷具体资料如下：

何伯，78岁，前列腺癌晚期，卧病在床。他说，病魔无时无刻不在折磨着他。他曾苦苦哀求医生不要再用药和抢救，反正用多少药都是治不好的，多活一天只是多痛苦一天。当然，医生和护士不可能答应何伯的要求。何伯说，他的三个儿女都下岗了，经济条件很不好，为了给他治病，家里已经借了7万多元的债。何伯实在不想再给家里增加负担和经济压力。他说自杀念头已经在他脑海里盘旋许久了。

任务描述

1. 评估何伯的自杀意向；
2. 了解何伯的基本情况；
3. 对何伯进行自杀心理疏导；
4. 鼓励何伯积极参与治疗与康复团体活动。

相关知识

一、术语理解

（一）自杀的概念

自杀是指有意识、自愿直接结束自己生命的行为，不包括吸毒、酗酒等带有自我毁灭性质的“慢性自杀”行为；不包括无自杀意念，而由误服药物等原因误伤致死的行为；不包括有意识地采用割腕、吞服过量药物等手段伤害自己，但自知不会造成致死后果的行为；也不包括为抢救他人或集体而自觉献身的行为。

（二）自杀分类

自杀意念：有寻死的愿望，但没有采取任何实际行动。

自杀未遂：采取了有意毁灭自我的行动，但并未寻致死亡。

自杀死亡：采取了有意毁灭自我的行动，并导致死亡。

类自杀、蓄意自杀或自杀姿态：死亡愿望不很强烈，只是想伤害自己。

二、要点提示

（一）老年人自杀相关理论

1. 丧失理论

老化进程是人生资源不断丧失的过程，一系列丧失事件都可能会出现。例如，原有健康的丧失、原有社会角色的丧失、原有社会关系的丧失及原有亲属关系的丧失。这些丧失都可能引发老年人的生活危机和心理障碍，最终发生自杀。

2. 逃避理论

该理论认为，当某个事件或状况达不到个体期望和标准时，个体容易进行不恰当的往内归因，认为自己有某种不好的特点，并产生消极情绪，只注意眼前的活动、感觉和近期目标，无法看到未来，最终为了逃避恶劣情绪和痛苦寻求死亡。

（二）老年人常见的自杀手段

城市老年人自杀方式主要以服毒服药、自缢、跳楼为主，而农村地区以服毒、自缢、自溺为主。在各年龄组，男性采用的自杀方式较之女性更为剧烈，生还的可能性较低。

（三）老年人自杀的危险因素

1. 精神疾病

75%以上的自杀老年人在生前都被确诊有精神疾病，其中主要是抑郁症，其次是焦虑症、精神病或痴呆。

2. 躯体疾病

65%的老年人自杀时患有严重的慢性躯体疾病，27%患有持续的严重疾病。

3. 生活状况和生活事件

丧偶、退休、丧亲、婚姻不幸，以及薄弱的社会支持系统，酗酒或依赖障碍等，都是老年人自杀的影响因素。

4. 自杀家族史

由于自杀与某些精神障碍有密切关系，同时这些精神障碍又有明显的遗传倾向，因而自杀行为很有可能是疾病遗传的结果。或许可以认为，家庭中通过角色示范的作用，使自杀企图和自杀出现的风险性增大。

5. 应激事件

自杀行为发生的前几个月里，老年人经历的应激事件会增加。老年自杀者所经历的生活事件的类型不同于其他年龄阶段的自杀者。对老人而言，主要是各种各样的丧失和躯体疾病。有学者将老年的丧失分为：身体的丧失、感知觉的丧失、认知的丧失、社会的丧失、经济的丧失以及情感的丧失。

（四）老年人自杀意图表现

老人若直接说“我要了结自己”或者“有时我真想结束一切”，并非仅仅试图引人关注，表明他正在考虑终止自己的生命。比较间接地表明打算自杀的说法可能有：“我会很久都不在这儿”，或者“我已经厌倦了这一切”，或者“没了我你会过得好些”，或者“这些日子我太麻烦人了”。

此外，还有一些线索也表明老人可能有自杀倾向：

（1）过去曾经自杀过；

（2）买了危险性工具；

（3）储藏药物；

（4）出人意料地留遗嘱或修改遗嘱；

（5）突然开始筹划葬礼；

（6）突然把贵重物品送人；

（7）突然对宗教或宗教敬拜仪式不感兴趣；

（8）完全不在意自己，开始不做家务；

（9）长期情绪焦灼动荡或抑郁却突然变得安稳、平和；

（10）身边有熟悉的人自杀。

有其中任何一个行为，不一定就表明有自杀倾向。然而，当这些线索一起出现时，老人采取自杀行动的风险就可能很高。

（五）老年人自杀的三级预防①

与青少年自杀者相比，老年人少有自杀未遂的历史。老年人的自杀行动缺少冲动性，所采用的方法更具有致命性，自杀意念更隐蔽，不肯轻易暴露，从而获救机会较少。因此，预防老年人的自杀企图，所涉及的人群范围应当较年轻人群体小，但需要高度负责地监测和跟踪，预防和干预措施应侧重于识别和管理有自杀意念的个体。

---

① 参见于欣：《老年精神病学》，北京，北京大学医学出版社，2008。

1. 一级预防

自杀的一级预防包括预防自杀倾向的产生，因此一级预防的对象是尚未表现出自杀倾向的老年人，目的是减少将来可能产生的自杀倾向。真正做到这一点，必须对自杀的原因有清晰的了解。

（1）教育和培训。

教育和培训首先应面向那些经常与老年人接触的人员，例如各类医务人员、老人院的工作人员、街道及居民委员会的工作人员，保持信息提供和培训活动的连续性和不断更新。培训的深度和广度依对象不同而异，但自杀教育和老年学的基本知识是不可缺少的内容。有学者提出培训要素包括：分析、澄清对自杀与自杀行为相关的误解，纠正偏见；自杀者的识别，包括自杀者自身的各种特点及相关的情境因素；识别自杀的征兆和线索；对自杀方式危险性的认识和评价；掌握社区中危机干预中心、自杀预防中心、精神病院等相关服务设施的基本信息；认识老年人自杀行为表现的多样性，包括各种直接和间接的自杀行为；自杀事件不幸发生后的对策；老年学的基本知识和正常衰老过程伴随的变化，以此作为与自杀老人比较时的参照。

（2）识别危险因素。

一级预防的实施以对老年自杀的动机及危险因素的认识为基础，假如潜在的动机能加以消除，或使自杀动机产生的条件能在抑郁和自杀行为出现之前加以改变，也就可达到一级预防的目标。老年人经济方面的困难、躯体疾病、养老机构不能满足老年人的隐私权、自主权、选择权等，都是在一级预防中与老人自杀相关的危险因素，此外还有个体的人格特征或人格倾向问题。老年人普遍较为孤独和缺少社会支持，这导致他们较少有机会表达自己或交流自杀问题。预防策略之一，就是鼓励和促进他们交流自己的情感和想法。

广泛性的一级预防需要社会改变或人群的行为模式转变，这涉及的干预规模较大、耗时较长。因此，人们在改变一些间接因素，如实施针对老年人的社会经济保障计划，系统监测老年人躯体健康（尤其是高龄人群），以及强化社会支持网络等。早期识别对问题敏感的老年人，教会其应对技能，可有效减少自杀风险。

2. 二级预防

二级预防是对处于自杀边缘的人早期发现、及时干预。

（1）早期发现。

对年轻人非常有用的电话咨询等交流形式，对老年人不一定适合。在一般的自杀预防和危机干预热线的求助中，60 岁以上的人只占 1%～2%，主要原因是这些服务对老年人特点的针对性不强，花费较大。国外有一些专门为老年人服务的自杀预防中心，其活动包括 24 小时的危机干预热线服务，对孤身老人和不能外出的老人进行家访及主动的电话联系。

许多研究表明老年人主动求助的比例很低。老年人可能不会与他人交流自己的自杀计划，或者刻意加以掩饰，或者只通过暗喻等方式表露出来。处于自杀危险中的老年人判断力受损，无法寻求适当的帮助。这就要求广泛发动社区资源，对与老年人有接触的各类人员提供有关自杀的症状及表现的培训。一旦发现有关症状，立即向相关部门报告。

提高老人对危机干预中心或自杀预防中心的利用率是预防工作开展的一个重要环节。在服务机构聘用老年人也可以增强老年人的认同感，提高利用率。另外，可动员有类似经历的老人加入服务中来，危机中的老人若能找到他们认同的对象，会更容易倾诉心中的痛苦，发出求助信号。

（2）及时干预。

干预的主要对象是自杀未遂者和有高度自杀风险性的个体。对于自杀未遂者，应尽早开始自杀危险性的评定，因为其可能会再度自杀。

1）与患者建立良好的沟通关系。不加评论地倾听，保证信息来源。任何流露出反感、敌意、冷漠等都可能对患者产生不良影响，在患者最需要支持和温暖的时候感受到被拒绝。

2）综合各种信息，就自杀的危险性进行判断。专家们普遍认为，询问患者的自杀观念和自杀计划并不会诱发自杀。

3）送至医院请专业医生提供帮助，建议本人及家属接受密切监护和观察，遵守医嘱。

3. 三级预防

三级预防的重点一个是预防自杀的再度发生。要加强对处理老人自杀相关问题的专业人员进行培训。研究显示，大多数自杀者在自杀死亡前曾接触过基层全科医生。因此对全科医生进行相关教育培训，使其关注老年人自杀行为，帮助老年人改变一些错误认识，提供有关自杀风险因素的科学信息，提高识别自杀观念有关征象的能力，宣传并传授有关各种自毁行为的干预知识等。

三级预防的另外一个重点是在自杀事件发生时，将不良影响降低至最低程度，需要处理各方面人员的问题，包括亲友的悲哀反应、目睹自杀过程的人的负性情绪等。

三、方法技巧

第一，建立专业关系，明确核心问题。

（1）首次见面时，可通过对老年危机个体进行拥抱、拍肩、握手等肢体言语，来表示对他的关心、支持。

轻轻拍背和抚肩说话，表示愿意拉近和当事人的距离，把他们当作亲人、朋友。

向他伸出大拇指，表示他情况不错、身体很棒、很坚强，这有利于稳定其情绪，增强其战胜危机的信心。

（2）鼓励当事人坦诚地报告自己对目前生活的总体感受，并且找出可能存在的问题及情感反应，从而探寻当前引发当事人自杀行为的应激源和生活困境。例如：对目前生活的满意程度；是否感到孤独寂寞、缺少朋友或缺少家庭关爱等。

可运用的技术有空椅子技术。这种形式只需要一把椅子。将椅子放在老人面前，让他想象亲友坐在这个椅子上，对着这张椅子把自己想要说却没来得及说的话表达出来，从而使内心趋于平和。

（3）以下行为需要避免：

避免劝解、阻止老年人陈述危机或痛哭。心理辅导师要鼓励老年人将负性情绪宣泄出来。诉说或痛哭不仅有助于逐渐减小恐惧程度，而且可以让老年人觉察到自己的心理认知与外部世界不一致的信息，从而转向外部寻找帮助。

避免对老年人的行为直接做出评价，或凭着自己的感觉问过多的问题，或急于做出结论。例如："你的这种行为太傻了""你一点儿都不考虑家人的感受""你的这种行为真自私"，这些评论都容易使危机个体产生消极意识和不合作的态度。正确的做法是让老年人的情绪先稳定下来，当老人愿意和心理辅导师分享自己的经历或感受时，运用同理心，将自己对个体感受的理解反馈回去，帮助老年危机个体认识到痛苦感受并不像自己想象的那样可怕和危险。

避免替代老人做出决策。危机干预的一个主要目的就是减轻个体应付危机的难度，创设更加广泛的解决问题的机会。心理辅导师要一直明确：任何时候都要和个体一起解决问题，而不是替代老人做出任何决策。当遇到认知功能缺失的老年人时，需要在获得家人（监护人）允许的前提下，实施辅导。其他情况下心理辅导师都应以引导、启发的方式使个体认识到解决危机的途径。

第二，自杀意念及严重程度评估。

选择自杀危险性量表、自杀意念表、贝克抑郁问卷等工具进行心理测验以评估当事人的自杀意念及严重程度。运用应对方式量表等心理测验，评估当事人应对挫折和问题解决能力的缺陷。

如果无法评判，应让当事人转诊到专科医院，接受精神病学检查。由医务人员检查当事人近期的总体健康状况，排除是否有引发自杀的躯体性疾病。确定是否需要接受精神科药物治疗或电休克治疗，诊断和鉴别诊断任何可能存在自杀危险性的精神障碍，如抑郁症、急性应激障碍、创伤后应激障碍等。通过精神病学评估，确认当事人是否需要改善情绪状况的精神科药物。

第三，保证老年人安全。

如果评估结果提示当事人面临高度自杀危险，或者在治疗的任何期间，当事人表现出危险性增加和自杀行为的特殊警示信号，应该及时与当事人的监护人联系，将当事人安置于保护性的治疗环境中，以预防自杀的发生，并对治疗效果进行监控；必要时，应进行 24 小时的监护，并安置于更具保护性和约束性的环境中，直到危机解除。

第四，得到当事人的承诺。

同老人做安全约定，让他答应在你下次来探望前不要自杀，并在每次联络老人时重新确认老人的这一承诺，帮助老人度过危机阶段，直到长期问题也能着手解决；请当事人口头答应如果出现强烈自我伤害冲动，就和辅导师或紧急求助热线取得联系。

第五，提供情感支持。

（1）鼓励当事人表达与自杀观念有关的情感。例如：是否有抑郁情绪；是否有无助、无望和绝望的感受；有无精神分裂症症状；有无边缘性人格特征或者追求完美的个性特征。

（2）心理辅导师运用有效倾听技巧和肢体语言，向当事人传递理解、鼓励和支持的信息。

（3）生命线技术。请自杀未遂者的亲朋家属陈述希望老人把握生命的愿望，并整理成一张单子，与老人一起分享，共同回忆，引发老人的生存信心。在咨询师的监督下，请自杀未遂者与生命线上的人取得联系，通知其自己有自杀意念。如果他不能做到，你在得到他的允许之后，替他完成这项工作。在一段时间内，请单子上的人与老人保持联系，如果可能的话陪在其身边。如果老人求死的决心相当强，就要把老人带到医院，和老人签订“活下去的生命契约”，并以书面形式写下来。告诉老人“我将马上和你一起来处理那些困扰你的痛苦。”

第六，制定援助方案。

（1）制定目标：包括接受自杀未遂的事实；放弃自杀的行动计划；学习情绪管理的方法；学习人际沟通技能，建立良好的社会支持网络；学习应对策略，确定应付挫折的积极方式等。

（2）制订计划：取得当事人同意，协商制订一个书面的危机干预方案，确保在遇到诱发事件或情绪反应的时候，能及时联系辅导师、医生、家人、亲友，共同讨论如何应对。

帮助当事人拟定一个自杀预防计划，并在计划中列出出现自杀倾向的紧急情况时个人应该采取的应对行为。例如：回忆治疗日记、家庭作业和自述中关于正确解决问题的经验和方法；避免独处，尽量与社会支持者保持一定的社会联系；正确面对失败，对未来抱有希望，相信自我价值。

第七，实施心理援助。

（1）运用生命线技术，帮助当事人建立、巩固社会支持网络。

（2）帮助当事人列举他最重要的应激源，了解由这些应激源产生的情绪反应或症状。例如：由于子女不赡养导致的孤独感和被抛弃感；罹患绝症缺乏治疗保障的自我绝望感等。

（3）帮助当事人列出一个完整的症状清单，找出最具破坏性的症状以及目前对这些症状的不良应对方式，并明确这些症状是否还导致了其他的反应。例如：由于对疾病治疗效果的担忧，导致情绪低落或焦虑，甚至自我伤害；为了逃避失去独生子女的痛苦而酗酒，逃离原本的社会支持。

(4) 与当事人共同探讨面对问题时正确解决问题的技巧。例如：先确定一个问题，然后共同探讨可能的解决方式，并记录下来，同时列举每一种解决方法的利弊，从中选择并实施一个解决方案，之后再共同评价其成效，根据需要调整方案。

(5) 设定一个极短时间内能够实现的目标，能帮助当事人缓解压力。帮助老人制定解决问题的方案，为看似无法应对的问题提供解决途径、支持系统，可能会给老人带来希望。

(6) 运用缅怀往事治疗，积极与老人一起找出他的长处和潜在的能力；帮助当事人寻找目前生活中积极的、充满希望的东西和事情。

(7) 运用情绪调节方法，例如放松技术，指导当事人学习应对和控制由当前最主要症状带来的不安情绪。通过角色扮演、模仿等技术，认识并逐渐消除这些不良情绪。

(8) 运用认知行为治疗，帮助当事人认识是哪些认知信息强化了绝望感和无助感，识别在认知过程中的灾难化倾向，学习利用认知重组技术调整核心认知图式。

(9) 请当事人记录治疗日记。内容包括：第一，过去遇到的危机或无法处理的情况，详细列举当时处理问题的方法或行为。第二，心理辅导师指导其学习到的应对方式或策略，例如自我平静的技巧；通过认知重建，将对失败的关注转为正面、积极的认知。第三，跟踪记录日常生活中的应激源、这些应激源导致的症状、适应不良的应对方式和采取新的应对方式后的体验。

(10) 与当事人一起确认能用于解决当前危机的策略，并要求当事人将这些策略运用到现实生活中，增加解决问题的信息。

第八，注意事项。

(1) 老年人心理危机事件发生后，心理辅导人员必须第一时间向老人的监护人反映情况并做记录。如果老人居住在养老机构，应向机构负责人反映，内容包括事件发生的时间、地点、概况及采取措施的情况、进展和进一步处理建议等。

(2) 心理辅导人员应以最快的速度赶赴现场处理问题。

(3) 对老年人进行危机干预时，心理辅导师首先应积极稳定老年人的情绪，并把老年人带至安全环境，同时保持通信畅通。

(4) 危机处理过程中，应详细记录事件的处理过程，并形成报告和建议，将材料整理后存档。

同步训练

教师指导同学完成工作任务。

示例：

(1) 对何伯开展自杀意向评估。

(2) 评估何伯的心理健康状况，包括老年抑郁量表、社会支持量表、简明健康状况量表等。

(3) 对何伯进行心理疏导。

1) 关注诱发何伯自杀行为的直接原因，引导何伯正确看待疾病。

2) 与其子女联系，建议其多抽出时间关心何伯，陪其聊天，一起讨论疾病治疗的方法和目标，鼓励其与病友一起参加团体活动，尽可能多地为何伯提供直接的情感支持。

3) 对何伯进行心理疏导——生命线技术。

首先，耐心倾听。让老人尽情诉说，不评判争辩，不试图说服其改变，不对其想法或行为感到不可思议，而应对其行为表示理解。

其次，建立一条“生命线”。请何伯的亲朋家属陈述希望老人坚强治疗的愿望，并整理成一张单子，与老人一起分享，共同回忆，引发老人的生存信心。让何伯与生命线上的人取得联系，通知他们自己有自杀的意念。如果他不能做到，在得到他的允许之后，替他完成这项工作。在一段时间内，请单子上的人与老人保持联系，如果可能陪在其身边。

再次，积极引导。努力让老人放弃其所选的“自杀”方法，并移除环境中的危险物品。

最后，立刻解决问题。有条件的话，请求得到专业危机干预人员或机构、热线的帮助。

（4）鼓励何伯积极参加与康复相关的团体活动。

鼓励老年人多与邻居、亲戚、朋友、病友等交往，积极参与与康复相关的团体活动，使他获得积极的社会支持的同时，也能够汲取与疾病抗争的信心和生存信念。

任务二

开展死亡教育

任务情境

何伯的邻居鲁大叔，60岁。按照当地习俗，家里刚为他摆了60岁寿诞，亲戚朋友来了几十位。大家席间都称呼其为“老寿星”。听到这个称呼，大叔觉得有些别扭，自己才60岁，怎么就“老”了呢？在接下来的日子里，这个“老”字始终纠缠于心，“我老了，人老了能做什么呢？”鲁大叔反复问自己，忽然一个“死”字蹦上心头。恰巧这时，邻居何伯罹患癌症治疗饱受折磨的情形在他眼前浮现。鲁大叔害怕极了，从此之后，不肯吃好东西，因为觉得自己是快死的人了，吃什么都一样；不肯添置衣服，因为觉得自己是快死的人了，穿不上几次了。终日愁眉苦脸，唉声叹气，生活在恐惧之中。

任务描述

1. 分析鲁大叔的心理特征；
2. 缓解鲁大叔的焦虑心理。

相关知识

一、术语理解

（一）濒死体验

濒死体验是指从危重伤病中意外恢复，或者在毁灭性境遇中侥幸脱险者对濒死过程短暂的主观体验。毕竟，“死”后又活过来者是少数，所以，只有少数的人可以直接从死亡的体验中获得对人生的深刻启迪，得到人生的教诲。

（二）死亡教育

所谓死亡教育，就是通过谈论死亡，帮助他人认识死亡的意义、本质，建立正确的生死观念，学习如何充实地生活与有尊严的死亡，积极追求生命的价值观和意义。

二、要点提示

（一）死亡应对阶段

心理学家库伯勒·罗斯认为人接受死亡需要经历五个阶段。

第一阶段，否认。当知道自己将不久于人世的时候，所有人的第一反应都是震惊，难以置信，随即就会否认，感到恐惧。

第二阶段，愤怒。当知道自己求生的愿望不可能实现时，患者会觉得命运对自己非常不公平，从而失去了生活的信心，暴躁易怒，甚至拒绝配合医生进行治疗。

第三阶段，争取。患者会出现侥幸心理，试图采取各种方法推迟死亡的到来。

第四阶段，抑郁。当患者想到自己无法回避死亡时，便会产生极度悲伤和抑郁的情绪，要么许久沉默不语，要么就止不住的痛哭流涕。

第五阶段，接受。当意识到死亡早晚会来时，患者开始逐渐接受这一事实，不再有强烈的痛苦情绪，而是恢复平静，渴望能完满地度过人生中最后一段时光。

（二）濒死体验阶段

心理社会学家肯尼斯·赖因格将临床死亡后经过抢救而复生的幸存者的濒死体验归纳为以下五个阶段：

1. 安详和轻松

有这样体验的人大多数在生理和心理上具有较强的适应力。感觉自己随风慢慢地飘荡，当飘浮到一片黑暗中时，感到极度的平静、安详和轻松。

2. 意识溢出体外

大多数人会感到自己的意识游离到了天花板上和半空中。许多人还觉得自己的身体形象脱离了自己的躯体，在远处极其冷漠地观察着医师们在自己躯体周围忙碌。这种躯体外的身体形象，具有呼吸、脉搏等生命特征，且这种自身形象有时还会返回躯体。

3. 通过黑洞

他们觉得自己被一股旋风吸到了一个巨大的黑洞口，并在黑洞中飞速地向前冲去，而且觉得自己的身体被牵拉、挤压，洞里还不时出现嘈杂的音响。这时，他们的心情更加平静。

4. 与亲朋好友欢聚

黑洞尽头隐隐约约闪烁着一束光线，当他们接近这束光线时，觉得它给予自己一种纯洁的爱情。亲朋好友们都在洞口迎接自己，他们有的是活人，有的早已过世。唯一相同的是，他们全都形象高大、绚丽多彩、光环萦绕。这时，自己一生中的重大经历在眼前一幕幕地飞逝而过，其中大多数是令人愉快的事件。

5. 与宇宙合二为一

他们同那束光线融为一体，刹那间，觉得自己如同与宇宙融合在一起，同时，得到了一种最完美的爱情，并自以为掌握了整个宇宙的奥秘。

此外还有醒悟感、与世隔绝感、时间停止感、太阳熄灭感、被外力控制感等。

不少的临床报道表明，濒死体验对个体常常有积极的转化作用。常见一些经历险境后的幸存者，其个性与行为发生了较为明显的变化，更加热爱生活，更加富有活力和朝气。但是，并不是所有的科学家都确信“濒死体验”的探索结果。

（三）老年人常见死亡心理表现

1. 死亡焦虑

死亡焦虑是指老年人害怕死亡，甚至不愿意谈起死亡。死亡恐惧的原因来自心理和生理两个方面，二者相互交织在一起共同作用于个体。一般老人感到焦虑的因素有：疾病导致的躯体痛苦、情感上的孤独与寂寞、生命不再存在、有些心愿或目标未实现、自己死亡给子女带来不好的影响，以及他人死亡给自己带来的痛苦。

2. 暴死愿望

当一个人生活不能自理或卧床不起时，特别是老年人，常会产生“暴死”愿望，即希望快点结束生命，一下子死去的愿望。老年人希望暴死的原医主要包括：不希望自己拖累别人，给家人或社会添麻烦；受不了某种疾病的痛苦。暴死愿望隐藏了老人对护理者的体谅，以及自责、自罪感。

3. 回归愿望

回归愿望发生在健康老人身上比较多。这些老人保持着良好的生活习惯，坚持锻炼、注重营养膳食，感觉身体不舒服会立即到医院就医。这些行为的背后隐藏着老年人的一个动机：充实健康地活下去，甚至可能“返老还童”。

（四）老年人死亡心理类型

1. 理智型

老人当意识到死亡将要来临时，能从容地面对，并在临终前开始着手安排自己的工作、家庭事务及后事。他们能比较镇定自如地面对死亡，也清楚死亡是家庭中最大的生活事件，因而能尽量避免自己的死亡给亲友带来太多的痛苦。常常在精神还好时，就事先立下遗嘱，明确自己死后的财产分配及后事的处理。这类老年人一般文化程度比较高，心理成熟度也比较高。理智型是我们应该提倡的对待死亡的心理类型。

2. 积极型

这类老年人有强烈的生存欲望，他们能意识到死亡首先取决于生物学因素，但也能意识到心理因素对死亡的作用。他们用顽强的意志与病魔做斗争。一般来说，这类老年人还不属于高龄老年人，还有很强的意志，能忍受病魔及诊治带来的痛苦，寻找各种治疗方法，并积极配合医生进行治疗，以赢得生机。

3. 勉强接受型

这类老年人并不是愉快地接受死亡，而是无可奈何地接受事实。在有些地方，老年人一到60岁，就开始着手做寿衣、做棺木、修坟墓、做后事准备。其实，并非老年人自己非常情愿，只能说是一种无奈。

4. 恐惧型

这类老年人非常害怕死亡，又十分留恋人生。他们一般都有比较高的社会地位、较好的经济条件以及良好的家庭关系。他们希望健康长寿，甚至长命百岁，充分享受生活带给他们的无穷乐趣，因此，对死亡充满恐惧，对生活充满留恋。

5. 解脱型

这类老年人大多有着严重的生理、心理问题。要么经济上衣食不保，要么儿女不孝，要么丧偶，要么自己身患绝症或病魔缠身极度痛苦。因此对生活失去兴趣，并且深感活着是一种痛苦，反倒认为死亡是一种解脱。这也是一种逃避现实的做法，我们并不提倡这种态度。

6. 无所谓型

这类老年人不理会死亡，对死亡抱有无所谓的态度，并能坦然面对，认为生死由命，既不回避也不积极着手准备，一切听天由命。

三、方法技巧

老年人死亡教育

死亡是一种谁都要面对的、永远无法回避的自然法则。大多数老年人不愿意谈及死亡。要消除老年人对死亡的恐惧和担忧，应因地制宜地开展“死亡教育”。目的有两点，一是通过直面死亡问题来正确认识死亡，从而进一步尊重和爱护生命；二是同时把它作为情感教育的一部分。

老年人如果能接受死亡教育，就意味着他们已经不再排斥死亡，接纳了生命的终结和存在。一次良好的死亡教育，有助于老年人对人生的意义有产生更深入的思考，并明白今天的重要，从而不断提高自己的生命质量。

对老年人进行死亡教育，并不是让他们去掌握生死学的艰深理论，因此不必将有关死亡的所问题全部讲清，而重点在于了解他们的文化素养和宗教背景。其原先对死亡有何看法？面对死亡或即将丧亲的情况下，最恐惧、担心、忧虑的究竟是什么？根据其有关情况，结合生死学的知识，帮助老年人解决对死亡的焦虑、恐惧和各种思想负担，使其坦然面对可能的死亡，同时使老人家属有准备地接受丧亲之痛。

在引导老人面对现实、正视死亡时，也要及时了解老人的想法以确保其心理健康。面对拥有丰富人生阅历的长者，我们不只是一个传授者，更应该是一位好听众。

1. 了解老年人的性格、文化素养和宗教背景

每个老年人的生活经历不同，在生理、心理、社会各方面的发展也不同。工作者可根据不同情况进行教育，过轻达不到效果，过重则会留下阴影。因此，在对老人进行死亡教育时，要结合老人的性格、文化背景、宗教信仰等因素。

一般来说，文化程度比较高的老年人，心理成熟度也比较高，对事物的发展规律有科学客观的认识，因此能理智地对待死亡。而文化程度相对低的老年人，往往思想保守、观念陈腐、对待事物缺乏科学性。

有些死亡问题的讨论，可能会激起老人对正在经历或已经经历过的事情的强烈反应。工作者应提前了解老年人的相关信息，预估老人的情绪反应，讨论之前就想好的对应对策。若有遭遇亲人离世的老年人，要增加其安全感，帮助其宣泄情绪。对于老年人来说，亲人离世打击非常大，会感到孤单、无助；伤心痛苦的同时，也增加了其内心的恐惧感。此时，可建议其他家庭成员及时地给老

人更多的关爱和支持，让老人有足够的安全感，这样也能够有效地帮助其表达内心的感受。

性格外向的老年人，一般会将自己的感受表达出来。这时候，工作者应该科学地、实事求是地与老人分享这个事实。内向的老人一般不容易表露自己的情感，即使有问题也会憋在心里。工作者要适时观察他们的言谈举止，分析其行为背后的想法，利用机会与老人探讨死亡现象，消除其观念偏差。

此外，有研究发现老年人对死亡的恐惧程度与宗教成员活动状况相关，即宗教活动次数越少，恐惧死亡程度越高。也有研究发现有宗教信仰者比无宗教信仰者较能接受死亡。宗教取向的死亡教育，重视让人相信神的存在，感受神的恩泽，并能根据教义了解人的生、老、病、死，遵循神的旨意去做，从而使人获得神的接纳，并能最终回归神的国度，以求灵魂的安顿，起到净化人心、引人为善的作用。

2. 利用突发事件，适时开展死亡教育

在真正到来之前，死亡是无法体验的。面对死亡，教育、劝说和探讨也许是仅有的可以缓解内心恐惧和焦虑的途径。大多数老年人不愿意谈论死亡，更不愿意接触一切与“死亡”相关的事物。因此，对老年人选择死亡教育的时机，就非常重要。

目前一些机构开设了专门的死亡教育或生命教育的课程，如生死关怀、宗教与人生等主题课。但是死亡教育不是一个固定的课程，在设计时应重视与生活事件的关联性。将问题与人联系在一起，并且注意把握日常生活中人、事、物的每一个机缘，适当地融入日常活动中。不仅以内容的方式融入，也从方法方式上体验生命关怀。

如果老人愿意，可以开展“死亡体验”心理成长活动，例如写遗书、写墓志铭，提前感受生命句号。

3. 将死亡问题转换为人生问题，引导老年人进行积极思考

日本学者研究了老年生死观后，提出了一个结论——为今天而生，这就是老年人幸福生活的准则。死亡教育的最终目的是让人们面对死亡时不恐惧、不焦虑，心情坦然，这本身就是一种较佳的人生状态。在死亡教育过程中，一定要牢牢把握由“生”观“死”，又由“死”观“生”的原则，出发点与落脚点皆在“生”而非“死”，使死亡教育能被人们所理解和接受。我们都会死亡，生命或长或短，我们唯一能做的就是更加珍惜生命，挖掘自身潜能，尽力去完善过程。死亡教育的目的还在于让人们面对亲人之死，能适度地控制自己的感情。在死亡教育过程中，应教育老人不要轻易地走放弃生命的绝路。

同步训练

教师指导学生完成工作任务。

示例：

（1）任务情境中的鲁大叔面临的是死亡焦虑心理。所谓死亡焦虑，是老年人害怕死亡，甚至不愿意谈起死亡。

如果老人出现了以下症状中的四项及以上，就可以认为患有死亡焦虑。

1）非常害怕死。

2）一想到不得不做手术，我就很害怕。

3）看到时间过得这样快，我感到非常沮丧。

4）我真的非常害怕得心脏病。

5）我害怕痛苦地死去。
6）生命的问题令我非常的困扰。
7）我常常想：生命真的是太短暂了。
8）当我听到人们谈论第三次世界大战时，我会发抖。
9）看到一具尸体会令我恐怖。
（2）对鲁大叔，可从以下角度开展心理服务：
1）帮助老人建立正确的生死观。
2）帮助老年人构建积极的心理状态。
3）培养老年人的积极情绪。

任务三

实施临终关怀

任务情境

根据何伯的病情和身体状况，家人与医生多次协商后，在社区关心下，何伯来到了临终安慰护理院。事实上，为了减少何伯的心理压力，家人一直没有告诉何伯最真实的病情进展。虽然何伯一直有所猜疑，却并未得到最真实的病情。在临终护理院，何伯得到了无微不至的关心、照护和心理安慰。他也获得了自己病情的真实治疗情况。最后他走得非常安详。

任务描述

1. 如何告诉老人罹患绝症且医治无效的真相？
2. 如何协助临终患者家属度过恐惧？
3. 如何对临终老人开展心理关怀？

相关知识

一、术语理解

（一）临终

临终是濒临死亡边缘，即将要死（指状态）。不同的国度对临终阶段的界定期不同。

（二）临终关怀

临终关怀是指对生命最后阶段的人给予人性关照，提供医疗、护理、心理、社会等全面照护，使其生命受到尊重，减少痛苦、恐惧，帮助其在较为舒适的状态中走完人生的最后旅程。

二、要点提示

临终关怀心理辅导工作要领有哪些？

1. 了解服务对象，随机应变

开始工作之前，最好先通过家属或医生，对服务对象有初步的了解，掌握老人的基本资料。内容包括病情、家庭、治疗状况、个性、信仰、职业、兴趣、嗜好等。工作者与服务对象彼此之间是需要互信互动的，不是教条式的一问一答。身心脆弱的老人，尤其需要别人对他的尊重。

在探望病患时，必须随时观察老人的情况，决定停留时间。除非老人同意，否则不宜停留太久，因为大多数老人可能不好意思或没有力气回绝。当看到老人或家属显露疲倦、焦躁不安、长时间注视天花板、看手表，或闭目养神、不愿讲话时，就该告辞，以免消耗老人太多体力。

2. 尊重老人的信仰

关怀老人是鼓励安慰，不是说教传法。不强迫老人接受我们的观点，不勉强其改变原有信仰。强迫性的语气容易带给对方压迫感，从而排斥产生反效果。

3. 忌讳探及个人隐私及家务事

不要探问老人的私人生活及家务事。如果服务对象或家属肯主动告诉，得知之后要为其保守秘密。当老人诉说病情时，应表示同情，适时表达愿意分担痛苦的心意。如果老人或家属不愿告知，不要不断地询问实际病情，以免其不当联想。

4. 赞赏美德，肯定善行

关怀临终之人时，要强调其曾做过的好事，使其觉得生命是欢乐的、有意义的，将注意力集中在他的美德与善举上。尽量挖掘他的长处，如实地赞叹，使他能肯定自我。

5. 切勿用教导语气

心理工作者毕竟不是老人自身，无法完全体会临终者身体、心理、灵性的痛楚，不可以用自我的观点告诉老人要如何做。少说“你应该……”之类的语句。

6. 建议家人尽可能地陪伴老人

当老人的身体遭受病痛侵袭时，鼓励其家属悉心照料、陪伴左右，带给老人内心安定感。

7. 善于运用肢体语言

握着老人的手，轻拍其肩，轻轻替他按摩，整理衣裤，甚至倒茶递水、扶持如厕，这样可以带给他无比的安慰和舒适。点头示意、眼神关爱、略带微笑，也可以令其感到被肯定、被接纳。但对方如果是异性，必须分寸拿捏得宜，事先征得对方的同意。

但也不能让老人养成依赖性，即使其卧病在床、行动不便，也不要让他觉得自己一无是处。应鼓励其尽量持续日常生活，以发挥生命功能，创造生命意义。若老人自己主动要求帮忙，要适时协助，不要过度勉强。

8. 措辞委婉，避用“死”字

“死亡”是存活的对照词，中国人向来避谈忌用，因为它象征着恐惧与黑暗，意味着生命的终止。为临终老人提供服务时，措辞必须委婉，尽量少用“死亡”一词，以免对方不悦，产生反感。

9. 安慰的话

鼓励式：死亡是人生不可避免的事实。它是终点站，谁都不希望早日到达，这是生命的无奈，只能面对与接受。如同搭乘火车，我们要在车上时，就决定好在哪一站下车。

询问式：不知你对自己的临终与死后有何打算？我可以帮助你什么？

理解式：死亡也许令一般人觉得非常恐惧，那是因为他们没有找到人生的目标，不知何去何从。如果有了理想与归宿，对于死亡，可能就不会再恐惧与茫然。

10. 积极倾听

倾听是与临终老人交谈的最好方式。如果老人对你倾诉，请仔细聆听，勿转移话题，勿随意判断。倾听本身就是最大的安慰。听他抱怨、听他哭泣、听他欢笑、听他缅怀过去，听他寄望未来，或是讨论死亡。临终老人会主动告诉你知道的一切，譬如他可能会告诉你，他对自己病情的看法，甚至会谈谈他自己想如何离开人世。

11. 转移注意力

如果老人心情不愉快，可以拿点照片给他看看，讲过去的开心事，把问题解决掉。

三、方法技巧

（一）如何将真实病情告知罹患恶性疾病的老人

1. 何人告知

临床工作中，除非受家属委托，否则除了医师外，一般关怀者并不适合担任告知者。什么人最适合告知老人实情？有两项基本条件，即信任与亲善。家属常担心老人在知道自己罹患绝症后，或病程未达末期时，无法承受打击，会失去求生意志而自杀。其实若发生自杀，多是由于没有处理好负性情绪，例如恐惧、担心、孤独、焦虑、愤怒等，此时往往是由于无人倾听、了解、关心等。若能够在此时获得较多的关爱和陪伴，往往能够平静地走完生命旅程。

2. 何地告知

告知病情的地点，应该选择具有隐秘性、不被干扰、老人感觉舒适安全的环境。一般而言，前方有空间，可供其思考远眺，是最理想的地点。告知者可以适当布置四周环境，营造温馨的沟通气氛。

3. 如何告知

告知时，态度中肯，语气温和，神情自然，坐下来与老人保持大约手臂的距离。在他身侧约 45 度位置，高度比他略低，使他眼睛可轻微朝下，不致太疲惫。当对方静默时，不要急着找话讲，等他反应过来后，再接着开始下一个话题。

4. 告知内容

所谓实情告知，即必须依照对方个性，视对方反应，逐步将实情告知。允许对方表现出各种负性情绪，例如心中的怀疑、对死亡的恐惧、对家人遗弃的恐惧、对未来生活的担心、对治疗效果的疑惑等。应仔细聆听老人的提问后，再针对其问题及需要给以解答。

5. 何时告知

一般而言，应让老人主导，例如当病人主动询问时，或病人用隐喻含蓄的表达要交代遗愿或后事时，或病情有变化时。此时，可引导其表达更多的内心想法和感受，切勿中断家属与病人的交谈，或岔开话题，要静静聆听，以关怀接纳的态度，让病人感到被尊重、被了解，他就会将藏在心底的想法倾诉出来。我们可能会惊讶地发现，问题根本不是要告知病人病情，而是病人已孤独许久的情绪释放出来时有人聆听。

（二）针对临终期老人及家属开展心理辅导工作

一个人从得知自己患上不治之症开始，到晚期面临死亡的时候，其心理发展大致经历否认期、愤怒期、协议期、忧郁期和接受期五个阶段。这五个阶段并无明显的分界线，但这五个阶段的心理过程因每个病人情况的不同而有所差异。有时在极短的时间内，病人可能有两三种心理反应同时出现，也可能会重复发生，也有时病人可能会停留在某一心理阶段。每个个体所经历的各个阶段的时间也有一定的差异。

在不同的阶段，针对具体情绪可采取相对应的心理辅导措施。

1. 否认阶段

鼓励家人多陪伴他们，以帮助老人减轻恐惧感。观察老年人的面部表情和肢体语言，提醒家人理解他们的各种情绪表达。在否认期，提示家属应注意医护人员对老人情况的言语一致性，与老人坦诚沟通，既不要揭穿老人的自我欺骗，也不要对老人撒谎。根据老人对自己病情的认识程度，给予理解和支持，使之消除被遗弃感，时刻感受到家人的关怀，看到生存的希望。协助家属耐心倾听病人的诉说，并因势利导，使病人逐步面对现实。

2. 愤怒阶段

病人处于愤怒期时，采取方法平静老人的负面情绪。要充分理解病人的愤怒是发自内心的恐惧与绝望，病人常需要机会尽情地发泄其内心的愤恨和痛苦，将病人的发怒看成是一种有益健康的正常行为。首先，要做到静心倾听，倾听病人的心理感受，允许病人以发怒、抱怨、不合作行为来宣泄内心的不快，但应注意预防意外事件的发生。必要时在医生指导下配以辅助药物，帮助平息愤怒情绪。其次，要多陪伴病人，保护病人的自尊，尽量满足病人的心理需求。

3. 协议阶段

子女和护理人员要通过各种努力，得到老人的充分信任。一方面，顺应和配合他们想要改变现状所做的努力，如果老人想通过偏方、小窍门、食疗、运动等方式推迟死亡的到来，那么在不影响老人健康的情况下，可以尽可能配合他们，给他们寻找精神寄托。另一方面，在老人面前展露自信、热情，使老人内心感到安全、踏实。

4. 忧郁阶段

在这一阶段，鼓励老人尝试参加各种关怀小组，在团队治疗的帮助下，相互慰藉、相互鼓励。允许老人用不同的方式宣泄情感，如忧伤、哭泣等，但要注意安全，及时观察老人的不良心理反应，预防老人的自杀倾向。

5. 接受阶段

精神上的关爱和照顾是这一阶段的主要内容。多和老人聊一些积极、乐观的精神，让他们知道，家人会带着老人的遗愿积极活下去，从而减轻老人们的心理负担，使其无后顾之忧。

另外，尽可能创造一个温馨、舒适、熟悉的居住环境。可以通过一些小的改变，让老人感觉住在医院和住在家里其实是一样安全的。比如，允许老人穿着舒适的家居服，使用自己在家中的被褥枕头，在床头摆放自己喜欢的装饰品和照片等，让他们在舒适、温馨的环境中度过余生。

（三）注意事项

如果面对的是一个已经接近生命尽头，并且正考虑加速其死亡过程的老年人，专业人员应该考虑：

转介至精神科医生，评估精神状态；

评估患者做出知情同意的胜任力（如能否理解加速死亡决策的意义和影响）；

与伤病同时存在的心理状态、痛苦和折磨、整体生活质量、文化因素、经济状况以及对失去自主能力的恐惧；

患者是否有可提供支持的社会系统；

与患者一起探讨他们的临终选择问题，尽可能地让患者自己决定；

建议患者就做出的决定与家人沟通；

就会谈过程和结果进行记录。

同步训练

教师指导学生完成工作任务。

（1）是否需要告诉老人得了绝症的真相，万一当事人得知真相后，更容易死去怎么办？

参考答案：告诉当事人的时候，要看他是否有准备，可以先列举一些临终案例，看当事人的一些反应以及接受死亡的程度，然后再慢慢引导当事人，让他意识到自己的病情。不要在当事人毫无准备的情况下告诉他事实真相。

（2）如何协助临终患者家属度过恐惧？

参考答案：其实人本身对于死亡的恐惧对临终者来说更容易导致死亡，因此更大的意义在于培养健全的人格，使其坦然接受生死。

（3）如何为临终老人提供心理关怀服务？

参考答案：

一般，临终关怀分为身体关怀、心理关怀和人文关怀。

身体关怀是通过医护人员及家属的照顾减轻病痛，再配合健康饮食，提升身体能量；心理关怀是通过关怀服务来减轻恐惧、不安、焦虑、埋怨、牵挂等心理，令其安心、宽心，并对未来世界（指死后）充满希望及信心；人文关怀是回顾人生，寻求生命的意义或通过建立生命价值观寻求“永生”等。

为临终老人提供心理关怀时应遵循以下原则：

1）舒缓疗护原则。不以延长老年人的生存时间为主，而是以对老人的全面照顾为重点，提高老人临终阶段的生命质量，维护老人临终时的尊严与价值。

2）全方位照护原则。从生理、心理、社会等方面提供全面照顾与关心。

3）人道主义原则。对老人提供爱心、同情与理解。

具体心理关爱方法如下：

1）当老人处在否认期时，需诚恳、耐心地与老人进行沟通。

2）当老人处在愤怒期时，要给老人提供宣泄的机会。

3）当老人处在协议期时，可以采取适当的“欺骗”方法。

4）当老人处在抑郁期时，要给以安慰和鼓励。

5）当老人处在接受期时，要引导亲属多陪伴老人。

6）帮助临终者回顾人生，探寻生命与死亡的意义。

项目小结

对自杀未遂老年人实施心理疏导前，要开展其生理情况、心理状况等个人因素，以及家庭系统、社会支持系统等环境因素的评估。对自杀老人的心理疏导技术有怀旧、生命回顾、空椅子技术、生命线技术等。老年人容易产生死亡焦虑心理，对此可结合老年人的性格、文化素养和宗教背景等，对老人开展死亡教育。开展临终心理关怀时，可针对不同阶段的具体情绪采取相对应的辅导措施。

教学做一体化训练

● 重点概念

自杀、怀旧、生命回归、死亡焦虑、暴死愿望、临终关怀

● 简答题

1. 老年人常见的自杀手段有哪些？
2. 对自杀未遂的老人如何实施生命线技术？
3. 对自杀未遂的老人如何实施空椅子技术？
4. 老年人死亡心理有哪些类型？
5. 如何对老人开展死亡教育？
6. 请列举参与临终关怀工作对你产生的意义？
7. 请简述临终关怀心理服务的主要工作内容。

● 案例解析题

2010年1月27日，《北京晚报》刊登题为“我国每年至少10万55岁以上的老年人自杀死亡”的新闻报道。文章称，目前我国每年至少10万55岁以上的老年人自杀死亡，占每年自杀人群的36%，老年人已成为中国自杀率最高的一个人群。根据国内外学者的研究，中国自杀年龄分布呈马鞍状，两高峰段分别为20～29岁的青年人和60岁以上老年人。有学者报道，平均每年全国老年自杀死亡占意外死亡的比例为城市11.4%左右、农村32.5%左右。老年人的自杀致死性高于其他年龄组人群，自杀行动缺少冲动性，自杀意念不会轻易暴露。成功自杀比自杀未遂，年轻人为1∶200，老年人为1∶40。

请同学们分组，阅读资料后讨论：

（1）你如何看待资料中描述的中国老年人自杀率居高不下的现象？

（2）如何对自杀未遂老人实施心理干预？

(3) 对老人开展死亡教育是否太残忍?

(4) 你赞成安乐死吗?

延伸 阅读

奇想空调箱子变"棺材","死亡体验室"诞生

沈阳新华广场附近一家心理咨询中心推出"死亡体验"服务，采用死前感言、宣读墓志铭、婴儿新生、新生感言等模拟死亡的方式治疗来访者。目前已有数千人体验过这种减压方法。

据中心咨询师介绍，通过死亡体验可以让来访者自省，放下负担，珍惜人生。中心曾接待过一位国有企业女高管，以前的她控制不了自己的情绪，经常斥责自己的员工。当她体验过一次"死亡体验"后，丈夫和手下的员工都发现她性格变得随和、宽容了。一家企业的执行总经理才35岁，工作的高压使他看起来像55岁。这位总经理曾经四次试图自杀，都被家人、同事发现后救活。在充分体验了"假死一次"后，这位年轻的总经理的人生态度发生了很大的改变，主动提出降职，还经常到慈善机构去做义工。在他的"新生感言"中有这样一段话："过去的35年，我以为我追求的东西是我必须要得到的。可是，我现在才知道，我以为我需要一片海洋，其实我只需要一杯水；我以为我需要一栋别墅，其实我只需要一个温暖的家。"

死亡体验的程序是：走进体验室—面对棺材前的镜子—写下"死前感言"—躺进"棺材"—盖上纱布—5分钟后新生（先后伴有婴儿啼哭的声音和"今天是个好日子"的音乐）—结束体验。

死亡体验运用了心理学的暗示原理，暗示放下、暗示新生。暗示放下就是在假死的时候，每个人的感受是无，过往的一切都没有意义了，你只能放下。暗示新生是新生儿的哭声、"今天是个好日子"等音乐暗示现在的你是一个与过去完全不同的你，利用潜催眠的方式治疗人的心理创伤。

对于死亡体验，充满争议，需明确的一点是，并非人人适合。

（资料来源：《沈阳晚报》，2015年5月。）

附录　老龄心理服务工作用语

1. 对老年服务对象："我可以扶您吗?"

老龄心理服务并不是为了满足自己的爱心而提供服务，我们所提供的必须是服务对象能接受的，是他们需要的。在服务过程中，我们经常会主动帮长者们端茶递水、搀扶等，但是每个人都有自己的内心世界，有些人并不太愿意得到这些帮助，他们希望展现自己的能力，希望能做力所能及的事情。所以，在提供帮助之前，要询问并遵循他们意见："我可以扶您吗?""需要我帮您倒水吗?"。

2. 对老年服务对象："请让我和您一起慢慢来，可以吗?"

长者们接纳来自陌生人的关爱是需要时间的，即使他们很配合地和老龄工作者聊天，会主动提供一些工作者需要的信息，但是这些可能都是配合工作者完成任务的一些表面现象。真正与老年人建立良好的信任关系，需要时刻反思自己在与老年人的接触过程中是否真的做到了真诚地接纳。一开始就要求建立完完全全的接纳，对老人和工作者自身来讲，都会有压力。因此，老龄服务工作者一定要放慢脚步，保证每一步都走稳。

3. 对老年服务对象："您是否愿意让我抱一下?"或者"我可以抱抱您吗?"

肢体接触能够给弱势人群、不自信人群传递温暖，对建立或推进信任关系有着积极的作用。握手、拥抱、轻轻地按摩，会让服务对象感受到爱和关注，从而克服内心的恐惧感。老龄心理服务工作者在服务时，当了解到服务对象的情况不会危及自己的健康时，可以和服务对象有肢体上的接触，这比任何有声语言都有说服力，能缩小彼此的心理距离。需要注意的是，无论是肢体拥抱，还是轻微地触摸老人，都不要触摸老人的头部，以免引起反感。

4. 对老年服务对象："如果愿意的话，您不开心的事情可以和我说说，我很愿意帮您减少一些烦恼。您看好吗?"

有些老人对心理服务持有忧郁态度。心理咨询师要善于观察和倾听，通过观察肢体行为判断老年人是否隐藏心事；通过倾听老年人的讲述，发现其语言背后深层的东西，注重隐藏在问题背后的深层关系，才能够治标且治本。仅仅盯着问题看，永远都会有解决不完的问题。在对老年来访者言语关注的同时，配合适当的身体语言，能够让对方有被尊重与被关心的感觉，从而打开心扉。很少有直接拒绝主动向他致以友善的听众。

5. 对老年服务对象："我用现在这样的音量和您讲话，您能听清吗?"

老年人由于听力下降，会出现撞聋（弱听），在与人沟通方面会有障碍。但是和老年人讲话，并不一定要"大呼小叫"。将语速放慢一点，看着对方的表情和反应去判断对方需要，有耐心地和他们讲话，老年人是能够听明白的。对长者大呼小叫是一种不礼貌的行为。此外，不要让老人抬起头或远距离跟你说话，那样老人会觉得你高高在上、难以亲近，尽可能保持和老年人等高的位置，老人才会觉得你重视他。

6. 对老年服务对象："您的精神头真好!""您真漂亮!""您最近恢复得不错!""您越来越年轻了!"

无论是子女、家属，还是社区工作者、心理服务工作者，在与老年人沟通过程中，不妨尽可能地给老人以赞美。诚挚的赞美会对老年人产生积极的暗示，激发内心的潜能，还能有效地鼓励其维持和扩大社会交往活动，具有想象不到的“正性能量”。

7. 对老年服务对象：“最近您的身体状况怎么样?”

一些刚刚加入老龄心理服务工作的工作者，不知道如何与老年人展开对话，以致影响到后续相关信息的采集。若以关注老年人的身体状况提出问候式的对话，可能会帮助你建立一个很好的谈话氛围。在此基础上，若能够运用所拥有的知识或信息，为老人提供一些正确、恰当的养生保健指导，老年人会更愿意与你分享一些内心的故事。因此，工作之余要注意积累各学科的知识。

8. 针对咨询老年心理服务的家属的介绍

“如果有时间，可以把老人带到我们这里来，一方面，您可以陪同老人一起对我们的咨询进行实地考察；另一方面，也可以让我们咨询师和老人进行简单的面谈，以便了解他内心的想法。如果老人愿意，咨询师会根据他的具体情况，制定一个咨询计划。无论是否确定咨询，您对老人都能够有一个较为充分的了解，有助于日常生活中的照护。您看可以吗?”

9. 对老年服务对象的称呼

我国尊老敬老的传统美德，也表现在对老人的称呼之中。老先生、老人家、老前辈、老奶奶、老大娘、老伯、老丈等带老的称呼，都饱含着敬意。老家伙、老糊涂、老东西等称呼充满轻视、歧视、厌恶的意味，是对老年人不文明、甚至大不敬的称呼，必须加以抑制。在实际工作中，一些老年人不喜欢被称呼“老”，此时可以用先生、女士、叔叔、阿姨、伯伯、婶婶或者 xx 老师、xx 大夫等不突出年龄色彩的称呼。与老年人沟通，未经允许不能直呼老年人姓名。但是有些痴呆老人，会有不认识自己的疾病表现，此时为了帮助其记忆训练，可以有限地直呼其名。

10. 以下是一些与老年人沟通的语言误区，容易让老人产生反感，或是不被尊重的感觉。

(1) 懂道理的老人是不会这样做的。(说教式)

(2) 因为你偷吃，所以血糖才这么高！(批判式)

(3) 没时间了，我还有事情要做。(回避式)

(4) 再这样闹，我就把你送到别处去！(警告式)

(5) 你怎么能够这样做呢！(责问式)

(6) 事实摆在你眼前，你还狡辩！(争论式)

11. 老龄心理服务工作者对老年服务对象的语言准则

(1) 初次接待时：安慰性语言；

(2) 日常交往时：礼貌性语言；

(3) 交流沟通前：问候性语言；

(4) 情绪激动时：劝导性语言；

(5) 情绪反复时：鼓励性语言；

(6) 照护工作时：保护性语言；

(7) 健康教育时：指导性语言；

(8) 情绪好转时：激励性语言；

(9) 首次工作时：解释性语言；

(10) 工作失误时：致歉性语言；

(11) 每次工作后：致谢性语言。

12. 老龄心理服务工作者对高龄或危重病患老人的注意事项

社区心理服务工作者或提供上门居家养老服务的心理服务工作者，在陪护高龄老人或者危重病患者的时候，在陪护之前最好提前告知家属或者邻居，了解老人的最近情况。如果去到现场发现邻居反应很多天没有见到老人，需要保持冷静，然后在有第三者陪同的情况下进入老人的住处。如有任何异常的情况（如老人摔倒在地上等），切勿移动老人，先打急救电话，然后再通知社区和家属等。如果遇到家属情绪激动，或者自身的情绪无法调节等情况，一定要拨打电话给自己的上级业务指导人员，以寻求帮助。

参考文献

1. 许淑莲，申继亮．成人发展心理学．北京：人民教育出版社，2006.

2. 洪立，王华丽．老年期痴呆专业照护——护理人员实务培训．北京：北京大学医学出版社，2014.

3. 赵友文，盛树立，肖顺贞．老年性痴呆的咨询与治疗．北京：北京大学出版社，2004.

4. 于欣．老年精神医学新进展．北京：人民军医出版社，2011.

5. 于欣．老年精神病学．北京：北京大学医学出版社，2008.

6. 张伯华．心理咨询与治疗基本技能训练．北京：人民卫生出版社，2011.

7. 姜乾金．医学心理学．北京：人民卫生出版社，2005.

8. 王荣炳．老年心理关爱案例．北京：华夏出版社，2012.

9. 玺璺．老年心理障碍个案与诊治．广州：广州出版社，2004.

10. [美] Robert D. Hill 著．积极老年生活心理健康七法．王海梅，杨柳，高艳苹等，译．北京：中国轻工业出版社，2011.

11. 王大华，彭华茂．玩出年轻头脑——老年人脑力训练游戏．北京：北京师范大学出版集团，2011.

12. 徐坤，林雪，邓鸣菲．老年心理解码——如何提升晚年生活幸福感．北京：中国轻工业出版社，2013.

13. 刘彦君．心理问题和心理疾病——社区护理与自我管理．北京：人民军医出版社，2009.

14. 马志国．老年心理咨询典型个案解析．北京：金盾出版社，2006.

15. [美] 米歇尔·G·克拉斯克，戴维·H·巴洛（著）．驾驭焦虑和恐惧自助手册．张宁（合著），陈进（合著），杨华，王希，译．北京：中国人民大学出版社，2010.

16. 王华丽．老年心理辅导师实务实训．北京：北京大学医学出版社，2015.

17. 汪向东，王希林，马弘．心理评定量表手册（增订版）．北京：中国心理卫生杂志社，1999.

18. 中华人民共和国劳动和社会保障部．心理咨询师国家职业标准．2005.

19. 余运英．应用老年心理学．北京：中国社会出版社，2012.

20. 李欣．老年心理维护与服务．北京：北京大学出版社，2014.

21. 卢慕雪，郭成．空巢老人心理健康的现状及研究述评．心理科学进展，2013，2（2）：263－271.

22. 伍小兰，李晶．中国虐待老人问题现状及原因探析．人口与发展，2013，19（3）：85－91.

23. 陈立新．中西方老年心理健康标准的比较．市场与人口分析，2006，增刊：170－173.

24. 余登波，龚春林. 老年消费与消费心理分析. 市场经济分析，1999，6：58-59.

25. 梅慧生. 人体衰老与延缓衰老研究进展——人体老化的特征和表现. 解放军保健医学杂志，2003，5（1）：49-51.

26. XIE Z，et al. Development and Validation of the Geriatric Depression Inventory in Chinese Culture. International Psychogeriatrics，doi：10.1017/S1041610215000162.

27. 薛静华，欧阳文. 隔代养育利弊的心理学分析. 当代教育论坛，2008，2：62-63.

28. 欧竹青，席春玲. 对家庭暴力的心理学视角分析. 中华女子学院学报，2003，15（6）：15-18.

29. 彭慧，冯寿林，廖颖，付凤兰. 家庭暴力的社会工作干预策略. 老区建设，2014（2）：33-35.

30. 唐丹，王大华. 社区老年人焦虑水平及影响因素. 心理与行为研究，2014，1：47-53.

31. 杨灿，朱志先，王惠玲等. 心理咨询与心理治疗中的伦理问题探讨. 中国医学伦理学，2012，25（4）：524-525.

32. 张明园，ELENA YU，何燕玲. 日常生活活动能力量表. 上海精神医学，1995，7（增刊）：6.

33. 赵树雕，陈燕. 国外死亡焦虑研究概况. 医学与哲学（人文社会医学版），2008，29（4）：48-49.

34. 左小萍，吴壁锋. 老年人心理健康教育的若干问题. 中国医学伦理学，2001，78（4）：64-65.

35. 王胜鑫. 如何写策划——在民生之窗协会项目部的策划培训会上的交流材料. 2010，10：30.

36. 长沙民政学院卢桂珍教授“老年沟通与交流”授课课件.

37. 天津教科院教育心理研究所刘金明“心理咨询过程与技术讲座”授课课件.

38. 雒力静（海南医学院医学心理学教研室）心理咨询技术实践课培训材料.

图书在版编目（CIP）数据

老年心理慰藉实务/王婷主编．—北京：中国人民大学出版社，2015.11
职业教育工学一体化课程改革规划教材．老年服务与管理系列
ISBN 978-7-300-20307-2

Ⅰ.①老… Ⅱ.①王… Ⅲ.①老年人-心理保健-高等职业教育-教材 Ⅳ.①B844.4

中国版本图书馆CIP数据核字（2014）第276493号

职业教育工学一体化课程改革规划教材·老年服务与管理系列
北京劳动保障职业学院国家骨干校建设资助项目
总主编 王建民
老年心理慰藉实务
主 编 王 婷
副主编 杨 萍 王鹏云
Laonian Xinli Weijie Shiwu

出版发行 中国人民大学出版社
社　　址 北京中关村大街31号　　**邮政编码** 100080
电　　话 010－62511242（总编室）　　010－62511770（质管部）
010－82501766（邮购部）　　010－62514148（门市部）
010－62515195（发行公司）　　010－62515275（盗版举报）
网　　址 http://www.crup.com.cn
经　　销 新华书店
印　　刷 北京宏伟双华印刷有限公司
开　　本 787 mm×1092 mm 1/16　　**版　　次** 2015年11月第1版
印　　张 16　　**印　　次** 2024年6月第8次印刷
字　　数 420 000　　**定　　价** 38.00元
